향수 속의 한국 사회

• 이 도서의 국립중앙도서관 출판예정도서목록(CIP)은 서지정보유통지원시스템 홈페이지(http://seoji.nl.go.kr)와 국가자료공동목록시스템(http://www.nl.go.kr/kolisnet)에서 이용하실 수 있습니다.
CIP제어번호: CIP2017019885 (양장), CIP2017019884 (학생판)

향수 속의 한국 사회

Nostalgia and Korean Society

김왕배 · 박형신 · 정미량 · 이창호 · 홍성민 · 정수남 · 김남옥 · 길태숙 지음

한울
아카데미

책을 펴내며

우리가 한국 사회의 향수 현상에 대해 연구하겠다는 생각을 한 것은 2013년이었다. 2012년 대통령 선거의 해에 박정희 향수가 전국을 지배하더니, 다음 해에는 우리 사회의 모든 분야에서 향수의 물결이 일렁였다. 이를테면 과거 초등학교 앞에서 팔리던 불량식품이 추억의 과자가 되어 통신판매 되는가 하면, 〈콘서트 7080〉, 〈불후의 명곡〉 같은 지난날의 인기곡을 재현하는 음악 프로그램과 '응답하라' 시리즈와 같은 이전 시대의 사회적 삶을 소재로 한 드라마와 같은 매체 상품들이 '추억'의 이름으로 안방극장을 점령해 가고 있었다. 그리고 과거 교복 세대들은 교복 자율화 이전의 교복을 입고 동창회 모임을 개최하는가 하면, '추억'을 매개로 한 각종 관광 상품들이 속속 등장했다. 이렇듯 당시 향수는 한국인의 심성구조에 자리를 잡고 하나의 사회현상이 되어 일상생활 속으로 파고들고 있었다.

과거에도 고향을 그리워하는 마음이라는 '노스탤지어nostalgia'의 원래 의미로서의 향수가 존재하지 않은 것은 아니지만, 사회의 거의 모든 분야에서의 향수 폭발은 우리로 하여금 또다시 사회학적 상상력을 발동시켰다. 당시 한국 사회에서 일고 있던 향수 현상 역시 이전의 복고 열풍이나 유행같이 시간이 지남에 따라 사그라지겠지만, 사회학적으로 볼 때 "향수는 우발적으로 발생하는 것이 아니라 특정 시대의 상황성과 맥락성 — 그 시대의 긴장, 모순, 갈등, 권력 및 이해관계 — 에 기초한, 역사와 기억에 대한 인간의 집합적인 감정적 반응"이라는 생각이 우리의 머리를 스치고 지나갔기 때문이었다. 즉, 향수는 그 시대의 정치경제적 또는 사회문화적 변화가 만들어내는 감정적 분위기를 반영하는, 개인적인 것을 가장한 집합적 반응이다. 따라서 우리가 당시 한국 사회에서 확산되고 있는 향수 현상을 사회의 각 영역으로 확대해 분석하고 그 특성과 함의 등을 찾아낸다면, 그 당시 한국 사회와 문화의 시대적 특수성을 발견할 수 있을 것이라고 생각했다.

우리가 연구를 진행하고 글을 쓰던 2014년과 2015년에도 그 부침은 있었지만 향수 현상은 계속되었다. 그러나 한국 사회의 또 다른 분수령이 되었던 2016년과 2017년의 '촛불혁명'을 거치며 우리 사회의 향수 현상은 그 자국들로 남아있을 정도로 약화되었다. 따라서 혹자는 지금 왜 향수를 논의하고 그와 관련된 책을 내는가라고 말할 수도 있다. 그러나 우리는 이 책을 출간하는 현재 두 가지 흥미로운 사실을 발견한다. 하나는 당시의 향수 현상이 비단 한국 사회의 현상만이 아니었다는 것이고, 다른 하나는 한국 사회에서 향수 현상의 약화 역시 향수의 속성과 발생 논리에 의해 설명되거나 그것과 맞닿아 있다는 것이다.

우선 우리가 향수에 관한 연구를 시작한 시점에서 서구의 선행 연구의 현황을 살펴보고자 인터넷 서점 아마존에 들어가서 향수와 관련한 책을 검색했을 때, 사회과학적으로 향수에 접근한 책들은 그리 눈에 띄지 않았다. 그러나 현시점에서 동일한 작업을 진행했을 때, 3년 전까지 보이지 않았던 향수 관련 연구서들이 다수 발견되었다. 향수 현상이 한국적 특수성만을 반영하는 것이 아니라 글로벌 사회답게 전 세계적 상황이었고, 그것이 세계적 연구 대상이었다는 사실에 우리는 야릇한 기분이 들기도 했다. 우리 역시 그 연구에 동참하고 있었다는 것에 새삼 놀라기도 했고, 우리의 사회학적 상상력이 빗나가지는 않았구나하는 안도감이 들기도 했다.

둘째로, 이번 연구의 결과물을 책의 형태로 내놓으면서, 우리 역시 시대에 뒤진 뒷북치기를 또다시 하고 있구나 생각하기도 했다. 사회과학적 연구가 시대를 선도하기보다는 특정한 현상이 발생한 후에 그것의 발생 메커니즘을 연구하고, 학문적 토론과 검증의 과정을 거치다보니 그 결과물의 생산에는 오랜 시간이 걸릴 수밖에 없다. 그리하여 연구자들은 시대와 현상에 대한 기록에 의미를 두고 위안을 삼기도 한다. 그러나 우리는 향수 열풍이 지나간 자리에서 향수와 관련된 또 다른 사실들을 발견한다.

익히 알다시피 향수는 그 시대의 '음울한' 분위기를 반영한다. 우리의 연구는 어쩌면 그 음울함의 발생 구조를 탐색하는 것이었을 수도 있다. 그리고 그러한 감정적 분위기가 과거로 향할 경우 과거의 미화를 통해 현실에서는 향수로 발현된다. 그러나 우리가 이 책 서론에서도 지적했듯이, 향수는 "과거로 채색되기는 하지만 현재 실현되지 않는 욕망에 대한 불만과 그것을 야기한 현실에 대한 비판을 포함한다는 점에서 언제나 미래로 그 방향을 바꿀 수 있는" 것이기도 하다. 그 알 수 없던 음울함의 구조가 밝혀질 때, 사람들은 이제까지 자신들을 짓눌렀던 것들을 밟고 미래로 나아가기 위한 행동에 돌입하게 된다. 이제 감정은 행위의 동력으로 전환한다. 그것이 바로 그 긴 시간 광화문의 밤을 환하게 밝혔던 촛불들이다. 촛불은 '어둠'의 감정적 분위기를 '빛', 즉 희망의 감정적 분위기로 전화시키고자 하는 집합적 열망의 표현이었다.

다른 한편으로 최근까지 아니면 현재에도 한국 사회를 지배하고 있는 담론의 하나가 혐오이다. 혐오는 현재의 음울함의 구조를 인지하지 못하거나, 직시했다고 하더라도 그것을 애써 외면하고 현실에서 그 원인을 사회적 약자에게 또는 자신들이 설정한 적대 세력에게 돌릴 때 발생하는 행위 양식의 하나이다. 여성과 특정 지역민을 혐오하는 분위기의 형성이나 일명 태극기 집회에서 드러난 종북(좌파) 세력에 대한 혐오감정이 그 일례라고 할 수 있다.

돌이켜보니 우리는 이 책에서 시대의 음울함이 발현시키는 현상의 하나 — 시간적 과거 지향 — 만을 향수라는 이름으로 다루었을 뿐이다. 현재 지향과 미래 지향의 모습이 발현시키는, 그리고 앞으로 발현시킬 모습은 우리가 밝혀야 할 또 다른 과제들이고, 기회가 된다면 또 밝히는 작업에 착수할 예정이다.

독자들은 이 머리글이 자신들의 약점을 덮기 위한 정당화를 하고 있다고 생각할지도 모르겠다. 그러나 정당화 역시 인간존재의 삶의 모습 중 하나이며, 그것을 현실에서 입증해내기 위한 노력이 사회를 변화시키기도 한다. 다만 그것이 과거 지향성이 아니라 미래 지향성을 가질 때만 그러할 수 있기는 하지만 말이다. 우리는 과거를 보되 앞으로 나아갈 것이라는 약속을 여기에 밝히는 것으로 우리의 부족함과 때늦은 감에 대해 독자들의 양해를 구하고자 한다.

우리가 이 연구나마 할 수 있었던 것은 한국연구재단의 지원 덕분이었다. 한국연구재단은 우리에게 음울한 학술연구 분위기를 깨고 나갈 수 있는 계기를 제공해주었다. 한울엠플러스(주)는 마찬가지의 출판계 분위기 속에서도 우리의 결과물을 세상에 내놓을 수 있는 기회를 제공해주었다. 여러 출판물들을 살펴볼 때, 이제 한울엠플러스는 단지 출판사를 넘어 역사의 기록자라고 해도 될 것 같다. 두 기관에 감사를 표한다.

2017년 여름 폭우가 쏟아지던 날

집필자들을 대신하여

김왕배 · 박형신 씀

차 례

제2부 환상 속의 인물을 찾아서

제 3 부 시 대 의 추 억 속 에 서

서론

향수의 사회학

누가, 왜, 무엇을 그리워하는가?

김왕배

향수鄕愁란 글자 그대로 고향을 그리워하는 마음이나 시름을 뜻하는 말이다. 그리스 어원을 갖는 노스탤지어nostalgia는 전쟁에 참여한 군인들이 고향을 그리워하며 돌아가고 싶어 하는 병적인 귀향 감정을 지칭하기도 했다. 오늘날 매우 다양한 의미로 쓰이는 향수는 과거의 어떤 사건을 그리워하거나 혹은 과거의 시절로 되돌아가고 싶은 다소 막연한 감정을 의미한다. 이러한 과거 회귀의 감정이 최근 한국 사회의 곳곳에서 하나의 사회적 증후로 발견되고 있다. 복고의 유행, 역사 유산의 박물관 전시, 장소의 복원, 과거 산업화 시절의 독재자에 대한 찬양, 역경과 고난의 시대를 묘사한 대중영화의 흥행 등 산업, 일상, 정치를 비롯한 여러 방면에서 '향수'가 두드러진 사회현상으로 발견되는 것이다. 그러면 우리는 무엇을, 왜 그리워하는 것일까?

1. 불안/결핍 욕망과 향수의 시간학

정신분석학이나 사회심리학자들은 과거로의 회귀 감정이 현現존재의 불안 때문이라고 말한다. 이 불안은 삶의 욕망이 온전히 충족되지 않았기에 채워도 끝나지 않는, 오로지 죽음만이 끝낼 수 있는 '결핍 욕망'의 운명을 갖는다. 정신분석학적 견해에 따르면 이러한 원초적이고 실존적인 불안은 욕망의 갈증으로부터 발생하고, 그 갈증은 '영원히' 해소될 수 없기 때문에 항상 우리 내면에 잔존한다. 어머니의 자궁에서 벗어나 세상에 태어나는 순간, 인간은 원초적인 분리 불안을 갖게 될 수밖에 없다는 지그문트 프로이트Sigmund Freud의 말처럼, 태어난 현존재는 원초적이고 운명적인 생래적 불안으로부터 벗어날 수 없다(프로이트, 1997). 욕망은 잡히지 않는, 즉 결코 채워지지 않는 결핍으로 존재한다. 손에 잡을 수 없는 것, 채울 수 없는 것, 그러나 그것을 잡으려는 욕망이 항상적으로 존재한다. 자크 라캉Jacques Lacan은 인간이 근친상간과 같은 불가능한 본능적 욕망을 실현하고자 상상계 속의 환상을 동원하지만, 대大타자인 '아버지', 즉 욕망의 실현을 금지하는 법이나 윤리, 이데올로기 같은 상징계에 의해 좌절되고, 대신 현실에 순응함으로써 자신의 본능이 이루어질 것이라는 환상 속에 살아간다고 말한다(스타브라카키스, 2006). 향수는 무의식 속에 잠재되어 있는 결핍 욕망과 불안의 산물인 것이다.

향수는 존재론적 불안으로부터 터져 나오는 욕망, 즉 채워지지 않은 결핍 욕망으로 인한 무언가에 대한 그리움이다. 다시 말해 향수란 인간이 현존재로 태어나는 순간 무언가를 잃어버린 것에 대한 느낌으로서의 상실감과 상실된 것을 찾기 위한 끊임없는 욕망, 즉 잃어버린 것에 대한 그리움의 편린들이다. 그 잃어버린 대상이 다름 아닌 '과거'로 표상되는 욕망이다. 욕망의 잔존인 불안을 해소하기 위해 인간은 불투명한 미래보다 과거로 회귀하는 경향이 있다. 지금은 상실되었지만 과거는 이미 시·공간적으로 자신의 삶 속에 '존재'했다. 과거의 시·공간 속에서 자신이 어떻게 살아왔든, 즉 광영光榮된 삶을 살았든 비루鄙陋한 삶을 살았든, 호사스러운 삶을 살았든 가난한 삶을 살았든, 평범한 일상적 삶을 살았든 기구한 삶을 살았든 과거는 '견고하게 자리하고 있다'.

현재의 불안정한 존재자는 역으로 안정적인 존재가 되기를 원한다. 인간은 미래에 대해 그 욕망을 투사하기도 하지만, 미래는 아직 오지 않은 시·공간으로서, 그리고 미래의 사건은 아직 경험되지 않은 것으로서 불안을 가중시킬 뿐이다. 그러나 역설적이게도 과거를 회구하는 향수의 지점은 아직 다가오지 않은 미래이기도 하다. 과거로 채색되기는 했지만 실현되지 않는 욕망에 대한 그리움이라는 점에서도 향수는 다가올 미래를 꿈꾸고 있는 것이다. 향수 속의 과거와 미래의 시간은 서로 혼재되어 있다. 미래 지향적 향수, 예컨대 천년왕국에 대한 종교적 열망 속에 나타나는 천국 역시 과거 어느 시점에 존재했다(존재했다고 믿는다). 아담이 이브의 유혹을 받아 죄를 짓기 전의 세계, 요순堯舜 황제의 세계, 단군의 세계 등 과거에 있었던 완전한 세계가 비록 현세에는 잠시 사라졌지만 미래에 다시 올 수 있다는 기대를 거는 것이다. 그들은 과거에 완벽하게 존재한, 엄밀히 말하자면 존재했다고 믿는 메시아나 영웅의 재림을 꿈꾼다. 향수는 '과거의 보상적 현재화', 즉 과거를 현재의 것으로 만드는 것을 일종의 보상으로 간주하는 행위로서 개인의 정체성과 사회 구심점이 흔들릴 때 사라진 친숙함으로 보상하려는 심리인 것이다(전상진, 2011).

이렇게 보면 현재에서 상실한 것 같은 무엇을 찾아 그 과거 시간으로 돌아가고 싶은 욕망이 향수의 본질이라 해도 무방할 터이다. 그렇다면 과연 오늘날 상실했다고 느끼는 그 과거의 사건은 정말 존재했을까? 향수는 과거를 미화하는 속성이 있다. 과거는 상상을 통해 추상화되며 '아름답게 혹은 완벽하게 색칠'이 된다. 과거에 내가 '살아왔다'라는 것은 분명하지만, 내가 '지금/여기'에서 기억하고 상상하며 채색하는 사건은 과거 그 시점, 그 사건의 실체와 비록 유사할 수는 있어도 동일할 수는 없다. 현재의 불안(욕망의 결핍)으로부터 탈피하고자 하는 과거 회상의 욕망은 과거를 온전한 것으로 추상화하려 들지만, 그 추상적 온전함 속에는 구체적인 경험이 없고 다만 실루엣처럼 남아 있는 추억만이 존재할 뿐이다. 그러나 향수의 내용은 과거 그 자체가 아니라 현재의 욕망에 대한 갈증이기 때문에 그 갈증을 채우기 위해 돌아가고 싶은 과거는 굳이 구체적일 필요도 없고, 실체적일 필요도 없다. 이미 불안정한 과거로부터의 시간의 통로를 지나쳐 존재한 현재는 과거의 역사적 시간을 통해 존재의 무게를 얻는다. 현재의 나는 과거의 척박함을 극복했으며, 힘들고 어려운 시절을 참고 견뎌낸 존재자로서 타자로부터 '인정'받고 싶은 욕망 속에 놓이게 된다. 이 타자 안에는 또 하나의 자기도 포함된다. 과거 또는 '도래할 과거로서의 미래'를 찾으려는 향수는 타자뿐 아니라 나 자신으로부터 인정을 받고 싶은 자신의 결핍 욕망 때문일 것이리라.

2. 공동체와 메시아

1) 조국과 민족 그리고 고향

조국과 민족 그리고 고향은 집단 향수를 불러일으키는 전형적인 공동체다. 식민지 시기를 살아가던 사람들, 여러 이유로 고향과 나라를 떠난 사람들에게 조국과 민족, 그리고 고향은 자신의 삶을 보호해주던 울타리였다고 생각한다. 「고향의 봄」에 나오는 가사 "나의 살던 고향은 꽃피는 산골, 그 속에서 놀던 때가 그립습니다"에 등장하는 고향은 평안하고 행복했던 곳으로, 실재 여부는 중요하지 않다. 1970년대 가난했던 시절 유행한 대중가요의 한 구절, "진달래 먹고 다람쥐 쫓고, 물장구치던 어린 시절"에서의 과거 어린 시절은 너무나 완벽하게 행복했던 순간으로 회상된다. 하지만 진달래나 아카시아, 찔레꽃 등은 당시에는 가난에 못 이겨 허기진 배를 채우려 먹었던 꽃잎이었지 '낭만의 꽃'이 아니었다. 물뱀이나 장구벌레가 떠다니던 흙탕물에 뛰어들어 놀던 경험은 오늘날 낭만화된 향수로 가공되어 재경험될 뿐이다. 정지용의 시를 비롯해 식민지 시기 문학에 나타난 고향으로의 회귀의식은 상실된 땅과 어린 시절에 대한 그리움을 잘 나타내주고 있다(김태준, 2005; 오성호, 2002; 오태영, 2007).

가난의 상징이었던 '보리밥과 시래깃국'의 세대가 오늘날 이를 그리워하는 이유는 무엇일까? 앞서 말한 '미화된 대상'으로서의 과거에 대한 그리움이기도 하겠지만, 향수는 현재 삶의 장애물 때문에 과거의 상상적 사건으로 회귀하면서 역설적으로 미래를 꿈꾸는 모순적 감정의 재현이기 때문이다. 식민지 시기 나라를 빼앗긴 조선 사람들에게 과거의 어느 시 · 공간, 즉 식민지 이전의 대한제국은 곧 해방된 나라로 등장할 미래의 조국으로서 반영된다. 현재의 척박한 삶, 가난, 속박, 억압으로부터 벗어나고 싶은 욕망, 그 욕망이 실현될 미래의 해방된 조국은 과거에 존재했던 조국에 대한 상상을 통해 이미지화되고, 염원의 감정인 향수로 드러난다. '빼앗긴 들에서 봄'을 그리워하는 시인 이상화의 절규, 간도와 만주, 상해에서 조국 광복을 위해 투쟁하던 독립군(광복군이라 부르든, 레지스탕스 혹은 의열단이라 부르든)들의 염원은 조국에 대한 향수 중에서도 가장 강렬한 것이었으리라.

극심한 경쟁과 혼란, 분열에 빠져 있을 때 국가와 민족은 역사를 추동하는 이성이며 존재의 산실로 상상된다. 독일의 낭만주의자들과 역사철학자들은 그들의 예술과 사유를 통해 개인을 초월한 조국과 역사의 힘을 발견하고자 했다. 마르틴 하이데거Martin Heidegger(하이데거, 1998)가 말한 바처럼, 나약하고 초라하게 보이는 존재자들은 존재자들을 넘어선 존재, 즉 거룩한 존재에게 자신을 맡기기 원한다. 존재는 저 '대지의 숲'의 영령과도 같이 자신의 모습을 숨긴 채, 그러나 침묵의 위엄으로, 자상스럽게, 웅장하게 존재자들을 바라본다. 그리고 그들 존재자들은 언젠가 우주의 중심이었던 존재로의 귀향을 꿈꾼다. 언어와 사상, 철학, 문학, 음악, 미술에서 나타난 독일 낭만주의는 바로 그 거대한 조상의 품으로 돌아가고 싶은 향수를 대변했다. 영원하고도 장엄한, 그리고 그리스 문명을 시원으로 삼는 언어 문명이라는 독일 민족의 자긍심은 요한 고트프리트 헤르더Johann Gottfried Herder의 '질풍노도' 낭만주의 역사와 문학, 국가이성을 통해 절대정신의 자기실현을 바라본 게오르크 빌헬름 프리드리히 헤겔Georg Wilhelm Friedrich Hegel의 역사철학, 바위와 숲, 나무 등의 자연에서 '거룩'의 소리가 들린다는 루트비히 판 베토벤Ludwig van Beethoven의 교향곡, 리하르트 바그너Richard Wagner의 대서사극인 〈니벨룽겐의 반지〉 등에서 잘 나타난다. 세계 역사 속으로 내던져진 피투적彼投的 운명을 고민한 하이데거의 신비적 요소가 담긴 존재철학뿐 아니라 대지의 노모스Nomos(주권)와 총통론을 옹호한 카를 슈미트Carl Schmitt의 정치신학에서도 조국과 민족에 대한 향수가 짙게 나타난다.

한편 동족상잔을 겪어내며 영구 분단의 걱정을 안고 사는 한국인들에게 통일은 조국과 민족 향수의 접점이 되고 있다. 분단과 전쟁은 한국인들에게 씻을 수 없는 고통과 트라우마를 남겨주었으며, 고통의 트라우마는 내면 어단가에 '통일'에 대한 간절한 그리움으로 응어리져 있다. 가족과 고향을 북北에 두고 온 실향민의 향수, 전쟁 통에 이산된 혈육에 대한 그리움은 아직도 한국 사회에 '집단 슬픔'으로 남아 있다. 개혁개방 이후 '한국 바람'이 불어 조상들이 일군 마을을 떠나 한국과 도시로 젊은이들이 몰려가면서 쓸쓸히 공동화된 마을에 외롭게 남아 있는 조선족 노인들은 개혁개방 이전의 마을 공동체와 집체 생산을 그리워한다(김왕배 · 이수철, 2008). [통일 조국에서도 '알게 모르게' 또는 '노골적인' 차별과 함께 소외를 경험하는 일부 구舊 동독인들은 상대적 박탈감을 느끼며, 관료제적이고 빈궁했지만 비교적 공평하게 자원이 분배되었던 사회주의 보장 체계를 그리워한다(Schmitt and Maes, 2002)].

여기저기 흩어져 살아가는 디아스포라diaspora에게 조국과 민족은 수수께끼 같은 그리움의 대상이다. 디아스포라는 글로벌 이주 시대의 인류가 유목민적인 삶을 살아가고 있다는 상징적 은유를 내포하기도 한다. 긴 역사를 가지고 있음에도 오늘날 다시 디아스포라가 관심을 끄는 것은 초국적 글로벌 자본주의 시대에 이르러 난민, 이주민, 단기 이주 노동자, 탈북자, 국제결혼자 등 여러 범주의 사람들이 더욱 빈번하게 공간 이동을 하면서 글로벌 차원의 정치, 경제, 문화 등에 주요한 영향을 미치고 있기 때문이다. 디아스포라의 정체성 중의 핵심은 귀향 의식, 즉 모국에 대한 향수의 감정이다. 물론 오늘날 디아스포라의 유형과 성격은 매우 다양해서 그들의 세계를 '혼돈의 질서화'라고 표현하듯 반드시 조국으로 돌아가려는 태도를 보이는 것은 아니지만, 그들은 여전히 이방인적 삶의 불안정으로 인해 '상상의 공동체'인 조국, 심지어 현실의 조국이 그들을 배제하고 주변화시킴에도 불구하고 '모국의 따스한 품'을 그리워하는 경향을 드러낸다(김왕배, 2016).

2) 영웅

사람들은 현재 삶의 질곡으로부터 자신을 해방시키고 경제적 · 정치적 난국을 수습할 탁월한 지도자, 범부凡夫와 다른 영웅적 인물의 도래를 손꼽아 기다리기도 한다. 그들의 과거 삶이나 공적이 후손들에 의해 각색되고 미화되는 경우도 있지만, 민족을 외적으로부터 보호했거나 외적을 점령해 나라의 위세를 떨친 전사戰士, 국민국가의 탄생과 함께 나라의 부강을 이룬 카리스마적 정치가는 여전히 호명의 대상이 된다. 가난한 시대를 살았던 사람들에게는 통치자가 법치法治를 했든 인치人治를 했든, 민주주의자였든 독재자였든 부국강병의 구현 여부가 영웅의 잣대가 되기도 한다. 이런 영웅을 그리워하는 이유는 무엇일까? 간단히 말하자면 세인世人들은 현실 정치나 경제, 사회에 대한 불만, 즉 결핍된 욕망 때문에 시대의 불안을 가장 잘 해소해주었던(해소해주었다고 믿는) 과거의 영웅을 그리워하는 것이다(Kasinitz and Hillard, 1995; 박상도, 2009). 기득권을 유지하기 위해 현존의 체제 질서가 더욱 견고하게 유지되길 원하는 상류층이나, 상대적 박탈감에 빠져 있는 중산층, 가난에 빠져 출구가 없는 서민층은 현실이 불만족스럽고 혼란스럽다고 느낄 때 자신들의 안녕을 보호하고 구원해줄 영웅을 고대한다.

탐욕은 가난해서가 아니라 더 큰 욕망 때문에 생기기도 하고, 결핍은 가난해서가 아니라 탐욕 때문에 항존恒存하기도 한다. 결핍 욕망이 있는 사람들은 '배를 채워도 항상 배가 고프며' 현재 빼앗긴 듯한 상실감을 과거의 영웅이 나와 해소해주기를 기대한다. 약소민족에게 과거 영웅에 대한 향수는 정신적 위안과 희망이 되기도 한다. 오늘날 소국小國이 되어버린 몽골의 후손들이 초원의 대지 위에 칭기즈칸Chingiz Khan의 대형 동상을 세우는 것 역시 유럽과 중국을 멸망시키며 대제국을 건설했던 과거 영웅에 대한 향수의 표현이자 그 위업을 심리적으로 재현하려는 시도로 볼 수 있다. 현재의 약자들은 과거의 강했던 조상을 그리워하고, 그 그리움은 정신적 위안뿐 아니라 민족에 대한 자긍심과 정체성, 그리고 미래에 대한 희망을 심어주기도 한다(Batcho, 1998; Beller, 1996; Best and Nelson, 1985; Gabriel, 1993; 구재진, 2007; 김승욱, 2009).

어떤 정치적 향수는 권력의 이해관계가 걸린 일부 집단들에 의해 조작되기도 한다. 채워지지 않는 원초적인 욕망에 대한 불만이 항상 향수로 전환되어 나타나는 것은 아니다. 내재적으로 잠재화된 향수의 감정은 특정한 행위자 집단에 의해 촉발되어 외부화되기도 하고(혹은 소멸되기도 하고), 어떤 외부적 조건에 의해 그 내용과 강도, 지속성이 달라지기도 한다. 정치적 권력층의 이해관계에 의해 의도적으로 과장되거나 왜곡된 '영웅의 향수화'는 체제를 정당화하는 지배 전략 또는 이데올로기로 기능하기도 한다(Kasinitz and Hillard, 1995: 박상도, 2009). 통치자의 어두운 측면은 가려지고, 그가 이룩한 공적이 부각되며, 동상과 기념관이 세워지고, 다양한 전기류의 책자가 발행된다. 그 배후에는 특정 권력 집단(중심부 집단과 지지 집단)의 동맹적인 이해관계가 숨어 있는데, 이른바 박정희 향수가 대표적일 것이다. 물론 50~60대 이상의 세대가 보이는 박정희 향수를 단순히 권력 쟁탈과 유지를 위한 특정 집단의 전략의 산물로만 간주하기는 어렵다. 식민지와 분단, 한국전쟁, 그리고 가난에 찌든 삶을 살아온 중·장년 이상의 세대에게 박정희는 독재자이기에 앞서 '조국과 민족의 부흥'을 이룩한 강력한 지도자로 평가받는다. 일본 천황을 위해 만주군 장교가 되었던 친일 전력이나 한때 군 내부에서 사회주의자로 활동한 일, 동료들을 고발하고 살아남은 이력이나, 반독재·민주주의 투쟁가들을 형장의 이슬로 사라지게 하고 자유와 인권을 밟았던 박정희의 행실은 그들에게 그다지 큰 문제가 되지 않는다. 설령 그러한 부정적 측면을 인정한다 하더라도, 전쟁과 가난이라는 '비극'의 시대를 살아온 장년층에게 박정희는 미증유의 산업화를 이룩함으로써 그들을 해방시켰고, '공산주의자들'로부터 국가 안보를 지켜냈으며, 후진국에서 선진국으로 도약하는 발판을 마련하는 데 성공한 영웅인 것이다.

박정희 향수는 자유, 평등, 시민성 등 보편적 · 정신적 가치보다는 군사적 · 경제적 강대국을 소망하는 집단들, 현실의 질서를 옹호하는 상류층, 보다 많은 '경제적 물질'을 욕망하는 중산층, 가난에서 벗어나려는 하층민 등의 욕망이 작동된 결과로서 나타난다. 그리고 그 이면에는 박정희 향수 전략을 통해 정치 욕망을 달성하려는 특정 집단의 이해관계가 숨어 있기도 하다.

3. 기억의 정치와 파토스

향수를 보유한 자는 상상의 정신적 작용에 그치기도 하고, 이를 적극적인 행동으로 옮기기도 한다. 정신적 평안을 누리고 싶은 욕구에서 잠시 과거에 대한 회상에 젖어보는 경우가 있는가 하면, 일상생활의 습관과 사회제도를 바꾸기 위해 다양한 행동으로 옮기는 경우도 있다. 예컨대 향수에 젖어 흘러간 옛 노래를 듣는다든지, 옛날의 추억을 더듬어 여행을 간다든지 소소한 개인적인 일상적 행위를 할 수 있고, 누군가는 공동체가 사라지는 것에 대한 아쉬움이나 울분 등을 과거의 향수 속에서 적극적으로 표현하기도 한다. 급속한 근대화로 사라진 골목길 풍경에 대한 그리움으로 빛바랜 사진을 들여다보거나(김홍중, 2008), 민주화 투쟁기 사회변혁의 기수가 되었다고 자부하는 노동자 집단이 사회운동에 참여하는 경우 등이다. 일부 노동자들은 노동조합이 파편화되고 개별화되어 연약한 세력으로 쇠락하는 것을 아쉬워하기도 하며, 미디어나 국가에 의해 사회를 위협하는 존재로 규정될 때 '그 옛날의 투쟁과 공동체의 삶'을 그리워하면서 오늘날의 부당한 처사에 울분을 토하기도 한다(김준, 2010). 그런가 하면 누군가는 과거 체제와 지도자를 그리워하며 동상, 기념관 설립이나 집회 등의 사회운동에 참여하기도 한다.

이른바 '기억의 정치'는 과거에 대한 향수와 매우 밀접한 연관을 맺고 있다. 조상들의 삶과 역사적 사건을 의례를 통해 기억하는 집단 행위는 일종의 공동체 향수를 불러일으켜 집단의 정체성을 심어주고 사회통합의 기능을 담당한다(Schwartz, 1997; Schuman and Rieger, 1992; Middleton and Edwards, 1990; 김영범, 1999). 예컨대 개천절, 3 · 1 운동, 4 · 19 혁명 등에 대한 의례는 국가의 정통성을 주기적으로 확인시키는 기억의 정치 행위이며, 기념관이나 박물관, 동상이나 추모비 건립 등을 통한 역사의 재현 과정도 '기억 정치'의 일환이다.

그러나 이러한 기억의 정치도 집단, 세대, 민족, 지역 등에 따라 서로 긴장과 대립의 형태로 전개된다. 기억의 정치 이면에는 망각의 정치가 자리잡고 있다. 망각의 기제는 사실의 부정, 사건 의미의 축소, 왜곡, 분리, 분열의 과정으로 작동한다. 과거의 어느 사건을 기억하려는 집단이 있는가 하면 망각하거나 부정하는 집단이 존재하고, 그 양자 권력의 기울기에 따라 기억과 망각의 대립과 긴장 정도가 규정된다. 기억과 재현의 정치에는 특정 집단들의 이해와 권력관계가 개입하고, 이해를 달리하는 집단 간에 충돌이 빚어지기도 하며, 나아가 의례의 형태와 내용을 둘러싸고 대립을 불러일으키기도 한다. 최근 5 · 18 항쟁에 대한 용어(5 · 18 항쟁인가, 5 · 18 민주화운동인가) 선택이나, 5 · 18 기념식의 추모곡인 「님을 위한 행진곡」 제창을 금지한 박근혜 정부와 제창을 주장한 기념사업회 간의 갈등은 그 한 예다.

그런데 향수가 병리적 증상을 보일 때, 즉 현재의 불안이 향수의 증상으로 강렬하게 분출되어 무기력, 분노, 좌절, 우울증 등 신체 증상으로 나타나 일상생활의 장애가 될 때 이를 향수병이라 한다(Kasinitz and Hillard, 1995; Rosen, 1975; Werman, 1977). 앞서 말한 대로 향수를 일컫는 노스탤지어는 고향을 떠난 병사들이 전쟁을 수행하면서 자기의 고향을 그리워하는 우울 증상이었다. 또한 어떤 뜻하지 않은 사건이나 역사적인 학습을 통해 발생한 정신적 외상, 즉 트라우마를 회피하기 위한 정신적 활동이 향수병의 원인이 되기도 한다. 트라우마에 대한 기억과 과거의 향수는 서로 반대의 축에 서 있다. 전자는 정신 속에 남아 있어 지워야 하는 아픈 흔적이고, 후자는 그리움의 대상을 불러일으키려는 심리적 작동이다. 마음속의 아픈 흔적으로 남아 있는 트라우마를 그리워할 사람이 있을까? 그러나 이 양자는 매우 밀착되어 있다. 예를 들어 사고나 전쟁으로 자식을 잃은 부모의 트라우마가 깊어질수록 자식에 대한 그리움이 커지고, 향수는 마침내 우울과 좌절, 낙담의 병적 증상으로 확산되는 것이다(Hertz, 1990).

향수의 병적 증상은 침체된 우울이나 좌절뿐 아니라 광적인 개인·집단 행위를 불러일으키기도 한다. 병리적 그리움으로 인해 자살을 기도하는 경우가 개인적 현상이라면 최근 유럽과 미국에서 심심찮게 등장하는 신新나치주의나, 혐嫌한류를 주도하며 천황제 부활을 꿈꾸는 일본의 극우 집단들의 행태는 바로 집단적 향수 병리의 대표적 현상이라고 볼 수 있다. 과거 아리안족의 영광을, 천황의 광영을, 제국의 힘을 염원하는 집단들은 현실 정치와 사회에 대한 불만을 과거의 영광에 대한 광적인 향수를 통해 해소하려 한다. 이를 '향수병의 정치'라 부를 수 있을 것이다.

4. 복고 혹은 여행: 향수의 상품화

향수는 시장의 상품으로서 판매되는 교환가치의 대상이 되기도 한다. 복고의 재현과 연관된 향수들, 예컨대 의복, 디자인, 영상, 음악, 건축의 복고적 외형과 그 속에 내장된 그리움이 상품화되고 판매됨으로써 이와 연관된 향수 산업들이 다양한 영역에서 확산되고 있다. 이러한 현상을 '향수의 상품화'라 했을 때 '국지성locality', '재미fun'와 '복고' 등을 강조하는 상업주의적 포스트모더니즘 사조思潮들도 이와 무관하지 않다. 절대주의적 진리, 이성, 거대서사, 중심성, 엄숙함과 계몽, 진보 등을 내세우는 계몽주의적 모더니즘 사조를 반反인본주의로 규정하고, 상대성과 지엽성, 작은 이야기, 유연함, 다중성 등을 강조하는 포스트모더니즘은 자연스러운 인간의 본능에 귀를 기울인다. 그 자연스러운 인간의 본능 중에는 '재미'를 느끼고 즐기고 추구하는 본성, 그리고 기존의 것들을 의심스러운 눈초리로 바라보며, 견고한 형식과 낡은 중심적인 가부장적 사유를 해체하려는 성향이 존재한다. 예컨대 거대서사의 사상과 진보, 효율성, 생산 중심의 사고를 반영하는 모더니즘적 건축이 거대한 (주로 사각형의) 공간과, 웅장한 대형 조형물, 반듯한 구획, 잔디밭, 고급스러운 대리석 등의 위용을 자랑하며 인간에 대해 고압적이고 우월적인 경향을 보이는 반면, 포스트모던 건축은 아기자기함, 소형 구조물, 곡선형의 구획, 그리고 정형적인 보색 개념을 탈피한 색깔의 혼합, 효율적인 공간 배치보다는 비효율적이면서도 재미있는 '사람' 중심의 공간을 강조한다(하비, 2013). 이는 도시계획에서도 그대로 드러난다. 장대한 건축물, 수직·수평으로 뻗은 도로, 인위적인 가공물과 기능성, 효율성 등을 강조하는 계획도시형 공간이 모더니즘적이라면 자연적 배열과 구부러진 길목, 재래시장, 복잡함, 전통 등을 강조하는 도시계획은 포스트모더니즘적이다. 1970

년대부터 번성하기 시작한 건축양식, 예를 들어 바로크와 로코코식의 고전적 건축양식과 현대 건축양식이 혼합된 건축물들, 혹은 과거와 현재의 흥미로운 복합 디자인을 보이는 건축물들은 포스트모던한 세계관을 잘 보여준다. 이러한 포스트모더니즘적 사고가 주목하는 것이 '복고'다. 복고는 전통과 사라진 것(사라지려는 것)을 '현재'로 호명한다. 전통의 호명을 통한 복고풍의 등장과 유행은 잃어버린 것에 대한 그리움, 즉 향수의 기획으로 나타난다.

따라서 다소 비판적인 관점에서 본다면 오늘날 향수는 자본에 의해 관리·자극·조작되는 욕망이기도 하다(Dann, 1994; Goulding, 2001; Holbrook, 1993; Miller, 1990; Strangleman, 1999). 향수 산업이란 과거 지향적 분위기나 감성을 이용, 이를 반영한 다양한 상품(서비스, 관광, 건축, 재화 등)을 개발해 이윤을 취하는 산업 영역을 말한다. 복고풍 유행은 '흘러간 것에 대한 그리움'을 자극함으로써 이 감정을 상품 소비와 연관시키려는 향수 산업의 판촉 전략이다. 복고는 결코 사라지지 않고 지속적으로 순환한다. 학창시절의 교복을 입고 매체에 나서는 성인 보컬그룹들, 선생님이나 훈육주임에게 매를 맞으며 다니던 학교의 풍경을 재생한 영화들, 아날로그 시대의 음향 장치들, 흘러버린 시대에 유행한 의상 등이 모두 향수 마케팅으로 등장한 것들이다. 박물관 사업 역시 복고(향수) 산업의 대표적인 영역이다. 시간의 흐름, 삶과 영웅, 고난과 극복, 사건과 사태, 울분과 즐거움, 죽음, 전쟁, 기술, 정보 등 모든 역사가 향수 산업의 대상이 되는 것이다.

오늘날의 여행과 관련된 관광 상품 역시 향수와 밀접한 연관을 맺고 있다(왕, 2004; 박자영, 2004; 렐프, 2003). 사람들은 이방인의 감정을 피하려 하면서 역설적이게도 일상을 탈피해 이방적 감정을 느끼고 싶어 하는 이중적 심리가 있다. 일상의 견고함, 태어나고 죽는 순간까지의 수많은 관계, 즉 자신의 의지와 상관없이 맺어지는 많은 사회적 관계, 무의식 속에 침전되어 있는 익명적 타자들의 망網 속에 살아가는(살아갈 수밖에 없는) 인간은 소외감, 무력감 또는 게으름과 권태 등을 안고 살아간다. 일상을 깨보려 하는 행위는 일부 적극적인 사람들에게는 모험의 여행으로, 일부 사람들에게는 다소 수동적인 여행으로 나타난다. 오늘날 많은 여행은 그리움의 탐방이다. 이방인이 되지 않으려고 노력함에도 우리는 일상의 지루함을 벗어나기 위해 이질적 시·공간의 흐름 속에서 이방인의 감정을 느끼고자 한다. 그러나 여행을 통해 우리 신체가 도착하는 그곳이 이방인에 대한 묘한 향수를 모두 채워주지는 않는다. 여행은 다시 일상으로의 회귀를 재촉한다. 여행과 일상은 서로 향수와 현실의 관계처럼 반복될 수밖에 없는 순환 고리를 형성한다. 우리는 끊임없이 떠나고 다시 되돌아오는 것이다.

관광 상품은 이러한 여행 향수를 자극함으로써 다양하게 확장된다. 관광 상품은 일상의 견고함과 지루함, 권태로부터 벗어나려는, 아늑하며 편하고자 하는, 종교적 신이나 메시아의 흔적을 육감하려는(성지순례) 욕망을 불러일으키며, 자연경관의 파노라마로 사람들을 유혹한다. 또한 성인들에게는 어린 시절의 추억을 불러일으킴으로써 가족 소비를 유도하는 디즈니랜드형 산업이 번성하게 된다. 딘 맥켄널Dean McCannal(1994)이 말한 대로 사람들은 여행객이 아니라 관광산업의 소비자, 즉 투어리스트(관광객)가 되는 것이다.

5. 전통을 폐기한 근/현대화의 역설

향수가 복고를 상품화하는 산업의 형태로 등장하든, 보다 순수한 문학·서사·건축으로 등장하든, 아니면 현대인의 심상 구조 속에 불현듯 등장하든 오늘날 한국 사회에서 발견되는 전통에 대한 향수는 한국 사회의 근/현대화에 대한 성찰을 포함하기도 한다. 일제강점기의 식민지 근대성에 대한 논의는 일단 차치하고, 잘 알려진 바와 같이 한국 사회의 근대화는 곧 선진국을 닮아가는 서구화, 특히 미국 사회를 모방하는 과정이었다. 폐쇄적인 민족주의 색채가 강한 사회로 묘사되기도 하지만, 한국 사회는 전통을 축으로 삼기보다 전통을 폐기하는 근대화 전략을 택했다. 사회를 보편성과 특수성, 발전과 저발전, 서구와 비서구 등의 이분법적 범주로 나누고 후자로부터 전자로의 이동을 역사 및 사회의 진보 과정으로 간주한 근대화론은, 가능한 한 후자의 범주에 속한 우리의 전통을 버리고 전자의 서구를 적극 모방하고 따르는 것을 강조했다. 스튜어트 홀Stuart Hall(Hall, 1992)이 말한 대로 지구상에는 수많은 민족과 문화가 존재하지만 단 두 가지의 유형, 즉 서구the West와 나머지the Rest로 범주화되고, 전자의 기표에는 발전, 태양, 빛, 문명, 개화, 바람직함 등의 파생적 기의記意가, 후자에는 저발전, 달, 그림자, 비非문명, 야만 등의 파생적 기의가 부착된다. 이러한 의미 구조는 정치적이고 역사적이며 사회적인 과정을 통해 구성된 것으로, 대代를 이어 습득 · 사회화됨으로써 재생산된다. 후자의 범주에 속했다고 우리 스스로가 규정한 한국 사회의 근대화는, 따라서 '우리의 것'(전통, 관행, 제도, 법, 사고방식, 가치, 규범, 언어)을 하대하며 지워버리고, 전자의 것들을 적극적으로 수용하며 우대하는 태도, 즉 오리엔탈리즘을 넘어 '내 안의 오리엔탈리즘'적 태도를 보여왔다(Sprinker, 1993). 서구를 지향한 한국 사회의 산업화와 근대화는 앞만 보고 질주하는 속도와 경쟁의 산물이었다. 우리가 버린 '옛것'에 대한 '그리움과 복고'는 속도전으로 밀어붙인 서구 중심의 양적 근대화에 대한 자기 성찰적 향수의 반영이 아닐까? 우리 자신의 핏줄과 전통을 솎아내고 외국의 그것으로 채워 넣으려 하지만 결코 채워지지 않고 남아 있는 빈 공간 속에서, 자신의 정체성을 다잡아야 할 필요성에 대한 자각이 아닐까? 산업화의 반열에 오르고 글로벌 시대의 선진 경제국의 한자리를 차지하면서 주체, 자아, 정체성, 한韓민족 등에 대한 관심과 함께 우리가 버려온 역사와 전통을 다시 회고하게 되었다. 꽁보리밥과 뭇국으로 끼니를 때우던 가난한 시절은 우리가 극복한 대상으로 반추되고, 서양의학에 비해 열등하다고 간주된 한의학은 민족 주체 의학으로 관심을 받으며, 한복과 전통 가옥은 외국인 관광객들에게 한국의 '주체이며 특수한 고안물'로 부각되고 있는 것이다.

제국에 의해 강제로 문이 열린 개항기 이후, 그 어떠한 사회보다도 시·공간 압축 변화를 경험하고 있는 한국 사회의 근대화는 과거를 '버리고 지우는' 과정이었다 해도 과언이 아닐 것이다. 근대화는 곧 서구화를 의미했으며, 서구화는 전통의 말소를 통해 진행되었다. 전통적인 것은 후진적이고 열등한 것, 미개한 것, 주술적인 것, 그리고 서구적인 것은 보편적이고 선진적이며 우월한 것, 탈주술적이고 과학적인 것으로 간주되었다. 일부 사람들에게는 '민족적 주체'라는 개념이 강조되긴 했지만, 한국인의 고유한 사고방식과 전통은 늘 열등한 것으로 진단되었으며, 하루속히 청산되어야 할 대상이었다.

우리에게는 항상 서구가 우세했다. '서구'의 기표는 단순한 기표가 아니라 진보와 발전이라는 파생된 기의를 갖는 용어로 등장했다. 서구의 기독교는 전통 종교라고 할 수 있는 불교나 유교적 가치체계를 순식간에 압도했고, 지식인은 서구의 유학을 통해 재생산되었으며, 서구의 브랜드가 항상 한국의 전통을 앞질렀다. 영어가 한글과 한자어를, 팝송과 청바지가 국내 가요와 한복을, 백색이 황색보다 더욱 선호되었던 사회, 이제 한국 사회에서 향수가 등장한다면 바로 그 잃어버린 것에 대한 그리움이다. 전통에 대한 성찰의 여유가 없었던, 오히려 전통을 말소시키며 서구화를 추진한 산업화의 주역이던 세대들의 향수 지점은 잃어버린 것에 대한 주체성이다.

6. 디지털 모빌리티 사회의 향수

향수는 여행을 자극한다. 여행은 몸과 정신이 시・공간적으로 이동하는 현상이다. 그러나 오늘날 인터넷 등과 같은 정보통신의 발달과 함께 획기적으로 등장한 사이버 공간에서는 몸과 정신이 분리된 채 여행할 수 있게 되었다. 기존의 대면적 관계가 발생하는 시・공간과 판이하게 다른 무한대적인 확장 공간, 즉 사이버 공간에서의 유람 혹은 유영遊泳이라고 부를 수 있을 것이다. 무한대적 개방성과 현실・가상이 융합된 혼종성hybridity, 그리고 무제약적 상호작용이 발생하는 모빌리티의 사회, 이미 카를 마르크스Karl Marx가 『공산당 선언Manifest der Kommunistischen Partei』에서 운을 띄웠으며, 데이비드 하비David Harvey(하비, 2013)가 주목했던 '시간에 의한 공간의 소멸'이 매우 빠르고도 복합적인 형태로 발생하고 있다. 폴 비릴리오Paul Virilio는 이러한 압축된 시・공간의 사회를 '질주의 사회'라 부르며 속도의 정치가 발생하는 현상에 주목하기도 했다(비릴리오, 2004). 너무나 빠른 지구의 자전 속도 때문에 우리가 무감각한 속도감과 평형상태에 놓여 있는 것처럼, 시간의 돌진 속에 공간적 지점은 정지되어 있다. 시간의 질주와 모든 것이 파노라마처럼 유동적으로 진행되어가는 사회 속에서 한 시대의 문화와 제도, 특정한 가치와 생활 방식에 머무르는 시간은 매우 단축되어 있다.

존 어리John Urry가 말한 모빌리티 시대의 공간들은 동일한 시간 속에 다층의 영역으로 존재한다(어리, 2014). '비동시성의 동시성'이 한 공간에서 연출되는 상황이 펼쳐지는 것이다. 앤서니 기든스Anthony Giddens(Giddens, 1997)가 말한 바와 같이 거리화distanciation는 무한정 늘어나며, 노동시장과 작업방식의 유연화는 우리에게 더 이상 고착되고 예측적인 삶의 리듬을 제공하지 않는다. 자극, 흥분, 유행, 재빠른 순환, 이미지, 정보, 디지털 화폐 등이 충만한 소비사회, 스스로를 허구적 상품으로 변신시키며 폭발적으로 양을 증대시키는 주식 상품의 시대, '카지노 자본주의' 혹은 '빛보다도 빠른 속도의 이윤 사냥'의 시대는 지그문트 바우만Zygmunt Bauman(바우만, 2009)이 묘사한 '액체근대'를 넘어 '기체근대' 시대로 묘사하는 것이 타당할지 모른다.

극도의 신경 자극을 받아가며 살아가는 사람들은 매우 피로하다. 피로는 극대화된 정보와 시·공간의 속도를 제대로 소화하고 따라가지 못하는 허덕임 속에서 누적된다. 피로는 개개인의 신체적 조건이 아니라 이미 체제 속에 구조화된 요소로 작동한다(보드리야르, 1992). 피로함으로 인해 게으르고 나태한 증상은 이미 초기자본주의 대도시에 거주하는 사람들에게 발견되었고, 게오르크 짐멜Georg Simmel은 이러한 근대적 태도를 블레이제blasé라 불렀다(짐멜, 2005). 합리적이고 이성적이며 교양 있는 '댄디dandy'와 구별되는 권태로운 현대인의 모습이다. 발터 벤야민Walter Benjamin은 자본주의의 새로운 시·공간 경험을 수용하는 거리의 탐방자, 즉 만보객fleuneur(산보객)의 출현을 예고하기도 했다(벤야민, 1983). 오늘날 후기자본주의 모바일 시대에 디지털 세계 속의 어떤 목적을 찾아 순례하는 자로서 디지털 필그리머digital pilgrimer, 혹은 디지털 세계의 정보를 찾아 여기저기 클릭click을 멈추지 않는 디지털 산보객으로서 행위자는 이들의 진화된 형태일 것이다.

어떠한 시·공간에서도 소통이 가능해야 하는, 침묵이 소멸한 '카카오톡'의 시대, 로봇 기술이 발달하면서 인간과 기계의 경계를 허물어뜨릴 수도 있는 혼종형 생명체의 등장이 단순한 망상이 아닌 시대, 모든 것이 유동적이며 이동하는 시대에 존재론적 불안은 더욱 심화된다. 존재론적 불안이 심할 때 우리는 늘 무엇인가를 그리워하고 갈망한다. 떠나버린 것, 상실된 것뿐 아니라 다가오지 않은 것, 결코 잡아보지 못한 것에 대한 욕망들이 향수의 그물망에 걸려 있다. 향수는 과거뿐 아니라 다가오지 않은 미래에 대한 욕망이기도 하다.

현재는 너무나 빨리 과거로 변해버린다. 현재의 시·공간 경험과 생활 방식은 오래지 않아 과거의 그것으로 퇴적당한다. 현재의 몸속에는 매우 다층적인 생활양식과 경험, 세계관 등이 동시적으로 누적되어 있다. 지난 한 세기에 시·공간 압축 성장을 경험한 한국 사회는 오죽할까. 한국 사회에는 아직도 조선 시대의 유교적 가치와 식민지 근대성, 전쟁의 상흔, 퇴행적 이념 분쟁과 산업화, 소비자본주의의 즉흥성과 디지털 모빌리티를 자신의 한 세대에 동시적으로 경험하는 세대가 존재한다. 또 사회 해체의 지표라 할 수 있는 이혼율, 자살률, 고령화율, 저출산율이 OECD 국가들 중 가장 높다는 지표가 말해주듯, 전통적인 가족 중심 공동체는 급격히 와해되고 있다. 시·공간 압축 성장 기간의 엄청난 교육열과 경쟁은 그만큼 빠른 시간에 산업화를 성취하는 동력이 되었지만, 아울러 개인의 파편화와 불평등의 심화, 사회적 안전망의 부재로 인한 사회적 불안(감)이 팽배한 사회를 형성하기도 했다.

이루었음에도 허전한 마음을 주체할 수 없고, 나락으로 떨어질까 봐 노심초사하는 사회, 시·공간의 변화가 너무 빨라 현재가 바로 과거가 되어버리는 유동적 사회는 존재론적 불안을 가중시킨다. 이러한 사회에서 견고함(이미 자신의 삶 속에서 경험했으므로 견고했다고 믿는 과거의 지점, 그러나 때로 미래에 도래할 것으로 기대하기도 하는 그 어떤 지점)에 대한 향수는 바로 이 존재론적 불안을 먹고 자란다.

7. '지금/여기'의 주체에 대하여

이처럼 향수에 대한 쟁점과 내용은 매우 다양하다. 브라이언 터너Bryan

Turner는 서구 문화 향수의 패러다임을 황금시대의 역사적 상실과 쇠락감, 개인적 정체성과 도덕적 확실성의 부재 혹은 상실감, 순수한 사회적 관계의 소멸, 진정성과 감정적 자발성, 단순성의 상실감 등으로 나눈다(Turner, 1987). 요약하건대 향수는 현재에 대한 '결핍/욕망'으로서 불안의 표상이다. 무엇을 상실한 (듯한) 느낌, 목표를 채우고 지위를 성취한 듯함에도 부족하게 다가오는 현존의 마음, 아니면 실제로 감내하는 어려운 현실과 이로부터 도피하고 싶은 바람, 천년의 약속을 그리워하는 간절한 소망, 마음의 허전함, 허무한 마음이 향수의 본원이다.

인간은 견고했던(견고했다고 믿는) 과거를 현재로 불러옴으로써 불안한 삶의 욕망을 해소하고 싶어 한다. 지나온 과거의 무게가 현존에 실려 있을 때 '지금/여기'의 '나'의 존재는 불안하고 허전한 삶의 조류에 쉽게 휩쓸리지 않을 것이다. 과거 삶의 편린들을 기억을 통해 호명하는 근본적인 이유는 현재의 불안, 결핍 욕망, 허전한 마음 때문이다. 인간은 사실상 형체가 불분명한 과거의 추억들인 '그때/거기'의 사건들에 다소 몽환적인 낭만의 감정을 부여하면서 현재의 불안으로부터 회피하려 한다.

향수는 '다시 돌아오지 않을 것, 그래서 영원히 잡히지 않을 과거의 추억을 낭만적으로 미화하는 경향'이 있다. 심지어 가난하고 힘들었던 과거마저도 '잃어버린 것, 다시 돌아오지 않는 것'에 대한 아쉬움으로 재현된다. 향수가 깊어질 때 자칫 현실을 도피하려는 병적 증상이 나타나기도 하지만, 향수의 시대성은 기든스(1997)가 말한 성찰적 근대성의 감수성을 담고 있기도 하다. 과거를 되돌아본다는 것은 앞만 보고 달려온 산업화에 대한 자기 점검의 한 전략이기도 하다. 향수는 과학기술과 시장의 성장, 미래의 진보를 둘러싼 맹목적 믿음에 대한 자기 성찰이기도 한 것이다. 특히 역사의 전통을 근현대사회의 걸림돌로 인식하고 소거해버린 한국 사회와 같은 이른바 개발도상국이 추동한 산업화에 대한 평가의 감정이기도 하다. 오로지 지위의 상승과 욕망의 달성을 위해 온몸의 노력을 경주해온 자신의 삶에 대한 되돌아봄이며, 진정한 삶의 가치에 대한 물음이기도 하다. 개개인의 행복과 즐거움보다는 가족과 조직, 국가에 헌신한 집단주의적 자아가 불현듯 자신의 삶의 의미를 문제시하는 감정 아니겠는가?

그렇기 때문에 향수는 현재의 자기 삶에 대한 반성과 성찰, 기다림과 쉼의 의미를 내포하기도 한다. 한국 사회에서 가난 · 억압 · 혼란의 시대를 살아온 세대, 오늘날 존재론적 불안의 정점에 서 있는 세대들의 향수는 과거를 불러와 현재의 불안을 떨치려 한다. 향수는 그들이 살아온 역사적 존재감을 타 세대로부터 인정받고자 하는 욕망의 표현이다. 한 세대가 지내온 삶의 역사를 반추하고 재현함으로써 그들의 고혈로 이룬 역사를 후세가 함부로 무시하지 못하게 하기 위함이다.

향수는 자신을 역사 속의 존재로 확인시키면서 역설적이게도 그 역사로부터 다소간의 소외감을 느끼게 하는 양가적 감정을 지닌다. 향수를 느끼는 지금/여기의 '당신'은 현실의 경계인으로서 이방인의 삶을 살아가는 타자일지도 모른다(김광기, 2013). 이방인의 감정은 현실로부터 소외되어 있다는 거리감과 배제된 듯한 느낌이다. 주류 사회의 언어를 익숙하게 구사하지 못하고, 그들의 농담에 자연스러운 웃음으로 대응하지 못할 때 느끼는 소외감 같은 것이다. 공기나 물처럼 너무나 자연스러워 그 존재를 의심하지 말아야 할 대상을 회의하게 된다면, 혹은 그 대상에 대해 긴장을 품는다면, 심지어 내가 어제도 오늘도 속한 공동체의 동료들로부터 배제된 듯한 소외감을 느낀다면, 그의 삶은 이방인적인 것이다.

그러나 우리 모두가 '그'다. 전통과 역사로 이어지는 삶의 무대에 우리는 잠시 머물렀다가 사라진다. 본원적인 불안과 함께 사회적으로 불안정한 존재로 살아가는 우리는 현재의 시대를 장악하는 진정한 주인이 될 수 없다. 시대는 우리를 진정한 주인으로 잡아두지 않으면서 오히려 '죽음'으로 우리를 밀어낸다. 우리는 모두 현재의 이방인이다! 그래서 이방인이 아니었던 (아니었다고 생각하는) 과거를 지향하는 향수가 항상 우리 곁에 붙어 있다. 돌아오지 않을 것, 잃어버린 것에 대한 그리움은 사라지지 않는다. 향수를 통해 기억하는 과거의 실체는 신기루처럼 결코 실재한 적이 없는 상상의 산물일 수도 있지만, '나'가 분명 과거의 시·공간을 살아왔다는 사실은 존재론적으로 가장 확실하게 주장할 수 있는 것이다. 과거 삶의 내용이야 어떻든 시·공간의 형식은 '어제/거기'에 분명 존재했다. 나의 불안한 현존재는 확인되지 않은 미래보다 확인된 과거에 안착하려 한다. 과거에 대한 향수는 '지금/여기'의 삶에 대한 자기 성찰의 재현인 것이다.

부유浮遊하는 개인들을 결속해주는 현대사회의 공동체는 매우 다양한 형태로 나타난다. 보자기처럼 싸고 다시 풀어놓고, 다시 싸고 풀어놓는 '상황적인situational' 공동체와 유목민적 삶의 조건들이 점차 확산되고 있다(Delanty, 2010). 휩쓸리고 밀려가며 이동하고 부유하는 사회 속에서 가장 그리워하는 것이 있다면 자신에 대한 '주체'일 것이다. 주체는 프리드리히 니체Friedrich Nietzsche가 말한 대로 누구와도 비교될 수 없으며, 가라타니 고진柄谷行人(가라타니 고진, 2013)이 말한 대로 단독성singlurarity을 지닌 생명체라는 사실을 확인하고 싶은 욕망일 것이다. 엄밀히 말하면 그 주체성은 소실된 것이 아니라 미완의 존재로서 찾아야 할, 혹은 만들어야 할 대상이다. 존재 불안의 시대에 향수는 과거의 삶에 대해 타자로부터 인정을 획득하고, 지금/여기의 현장에서 견고하게 살아가고 싶은 주체에 대한 간절한 욕망 아닐까.

참고문헌

가라타니 고진(柄谷行人). 2013. 『트랜스크리틱』. 이신철 옮김. 도서출판 b.

구재진. 2007. 「〈종군위안부〉의 역사 전유와 향수」. ≪한국현대문학연구≫, 21호, 381~406쪽.

기든스, 앤서니(A. Giddens). 1997. 『현대성과 자아정체성』. 권기돈 옮김. 새물결.

김광기. 2013. 「멜랑콜리, 노스탤지어, 그리고 고향」. ≪사회와 이론≫, 23호, 173~203쪽.

김승욱. 2009. 「근대 상하이 도시 공간과 기억의 굴절」. ≪중국근현대사연구≫, 41호, 115~140쪽.

김영범. 1999. 「알박스(Maurice Halbwachs)의 기억사회학 연구」. ≪사회과학연구≫, 6권 3호, 557~594쪽.

김왕배. 2016. 「디아스포라의 민족주의: 미주 한인 후예들의 정체성 형성을 중심으로」. 『전통의 변주와 연대』. 김명희 외 지음. 한국문화사.

김왕배 · 이수철. 2008. 「1930년대 만주의 조선족 마을 공동체: 흑룡강성 오상현 조선족 마을 형성과정을 중심으로」. ≪동방학지≫, 144호, 33~73쪽.

김준. 2010. 「다시 못 올 것에 대하여」. ≪사회와 역사≫, 85호, 83~124쪽.

김태준. 2005. 「한민족의 마음의 고개, 아리랑 고개」. 『문학지리 · 한국인의 심상공간2』. 논형.

김홍중. 2008. 「골목길 풍경과 노스탤지어」. ≪경제와 사회≫, 77호, 39~68쪽.

렐프, 에드워드(E. C. Relph). 2003. 『장소와 장소상실』. 김덕현 · 김현주 · 심승희 옮김. 논형.

맥켄널, 딘(D. McCannal). 1994. 『관광객』. 오상훈 옮김. 일신사.

바우만, 지그문트(Z. Bauman). 2009. 『액체근대』. 이일수 옮김. 강.

박상도. 2009. 「미요시타쓰지 '일본인의 향수' '그리운 일본론': 시인의 애국심」. ≪일본학연구≫, 27호, 311~331쪽.

박자영. 2004. 「상하이 노스탤지어: 중국 대도시문화현상 사례와 관련 담론 분석」. ≪중국현대문학≫, 30호, 91~122쪽.

벤야민, 발터(W. Benjamin). 1983. 『발터 벤야민의 문예이론』. 반성완 편역. 민음사.

보드리야르, 장(J. Baudrillard). 1992. 『소비의 사회』. 이상률 옮김. 문예출판사.

비릴리오, 폴(P. Virilio). 2004. 『속도와 정치』. 이재원 옮김. 그린비.

슈미트, 카를(C. Schmitt). 1995. 『대지의 노모스』. 최재훈 옮김. 민음사.

스타브라카키스, 야니(Y. Stavrakakis). 2006. 『라캉과 정치』. 이병주 옮김. 은행나무.

어리, 존(J. Urry). 2014. 『모빌리티』. 강현수 · 이희상 옮김. 아카넷.

오성호. 2002. 「「향수」와 「고향」, 그리고 향토의 발견」. ≪한국시학연구≫, 7호, 163~194쪽.

오태영. 2007. 「'향수(鄕愁)'의 크로노토프」. ≪한국어문학연구≫, 48호, 207~234쪽.

왕, 닝(N. Wang). 2004. 『관광과 근대성』. 이진형 · 최석호 옮김. 일신사.

짐멜, 게오르크(G. Simmel). 2005. 「대도시와 정신적 삶」. 『짐멜의 모더니티 읽기』. 김덕영 · 윤미애 옮김. 새물결.
프로이트, 지그문트(S. Freud). 1997. 『프로이트 전집12: 억압, 증후 그리고 불안』. 황보석 옮김. 열린책들.
하비, 데이비드(D. Harvey). 2013. 『포스트모더니티의 조건』. 구동회 · 박영민 옮김. 한울.
하이데거, 마르틴(M. Heidegger). 1998. 『존재와 시간』. 이기상 옮김. 까치.

전상진. 2011.2.26. 「세시봉의 사회학」. ≪세계일보≫.

Batcho, K. I. 1998. "Personal Nostalgia, World View, Memory, and Emotionality." *Perceptual and Motor Skills*, 87, pp.411~432.
Beller, S. 1996. "The World of Yesterday Revisited: Nostalgia, Memory, and the Jews of Fin-de-siecle Vienna." *Jewish Social Studies*, 2, pp.37~53.
Best, J. and E. E. Nelson. 1985. "Nostalgia and Discontinuity: A test of the Davis hypothesis." *Sociology and Social Research*, 69, pp.221~233.
Dann, G. 1994. "Tourism: the nostalgia industry of the future." in William F. Theobald(ed.). *Global Tourism: The nest Decade* (pp.55~67). Oxford: Butterworth-Heinemann Ltd.
Delanty, G. 2010. *Community*. London: Routledge.
Gabriel, Y. 1993. "Organizational Nostalgia-Reflection on 'The Golden Age'." in S. Fineman (ed.). *Emotion in Organization*. London: Sage.
Goulding, C. 2001. "Romancing the Past: Heritage Visiting and the Nostalgic Consumer." *Psychology & Marketing*, 18(6), pp.565~592.
Hall, S. 1992. "The West and the Rest: Discourse and Power." in Stuart Hall and Bram Gieben(eds.). *Formations of Modernity* (pp.275~320). Cambridge: Polity Press.
Hertz, D. G. 1990. "Trauma and Nostalgic: New Aspects of the Coping of Aging Holocaust Survivors." *Israeli Journal of Psychiatry and Related Sciences*, 27, pp.189~198.
Holbrook, M. B. 1993. "Nostalgia and Consumption Preferences: Some Emerging Patterns of Consumer Tastes." *Journal of Consumer Research*, 20, pp.245~256.
Kasinitz, P. and D. Hillard. 1995. "The Old-timers' Tale: The Politics of Nostalgia on the Waterfront." *Journal of Comtemporary Ethnography*, 24, pp.139~164.
Middleton, David and D. Edwards(eds.). 1990. *Collective Remembering*. New York: Sage.
Miller, C. 1990. "Nostalgia Makes Boomers Buy." *Marketing News*, 24, pp.1~2.

Rosen, G. 1975. "Nostalgia: A 'Forgotten' Psychological Disorder." *Psychological Medicine*, 5, pp.340~354.

Schmitt, M. and J. Maes. 2002. "Stereotypic ingroup bias as self-defense against relative deprivation: evidence from a longitudinal study of the German unification process." *European Journal of Social Psychology*, 32, pp.309~326.

Schuman, H. and C. Rieger. 1992. "Collective memory and collective memories." in M. A. Conway et al.(eds.). *Theoretical Perspectives on Autobiographical Memory* (pp.25~52). Springer.

Schwartz, Barry. 1997. "Collective Memory and History: How Abraham Lincoln Became a Symbol of Racial Equality." *The Sociological Quarterly*, 38(3), pp.469~494.

Sprinker, M.(ed.). 1993. *Edward Said: A Critical Reader*. Wiley.

Strangleman, T. 1999. "The Nostalgia of Organization and the Organization of Nostalgia: Past and Present in the Contemporary Railway Industry." *Sociology*, 33(4), pp.725~746.

Turner, B. 1987. "A Note on nostalgia." *Theory , Culture & Society*, 4, pp.147~156.

Werman, D. S. 1977. "Normal and Pathological Nostalgia." *Journal of the American Psychoanlytic Association*, 25, pp.387~398.

제 1 부

대상과 환상 사이에서

제1장

음식 향수

'어머니 손맛'의 사회동학과 감정동학

박형신

1. 머리말

현재 우리 사회에서 음식에 관한 관심이 뜨겁다. 이것은 우리 사회에서 이른바 '맛집 열풍'을 불러일으켰고, TV에서는 수많은 사람들로 북적이는 이른바 '대박집'이 연일 방송되고 있다. 필자는 이러한 맛집 열풍의 사회동학과 감정동학을 연구하고, 그것을 "끝없이 새로운 것을 갈망하는" 음식 소비 경향에서 찾은 바 있다(박형신, 2011). 하지만 최근 음식 소비 경향에는 또 다른 추세가 관찰되고 있다. 바로 과거로의 회귀 경향, 즉 '음식 향수'다. 이러한 현상은 '시골밥상', '어부밥상', '종갓집 음식' 등의 표현에서 잘 드러나며, 이제 TV의 카메라도 재래시장의 골목집을 찾는 것을 넘어 낡은 고택과 산골 쓰러져가는 집 부엌에서 음식을 만드는 것은 물론, 어선 위에서의 투박한 한 끼 식사 모습을 비춘다. 앨런 워드Allen Warde가 말한 '미각의 이율배반' 중의 하나인 "새로운 것과 전통"의 이율배반이라고 일컬을 수 있는 현상이 발생하고 있다(Warde, 1997). 그렇다면 근대 소비의 강력한 추동력인 새로운 것에 대한 갈망(캠벨, 2010)에도 불구하고, 현시점에서 전통적인 음식에 대한 향수가 강력하게 발현되는 이유는 무엇인가?

이러한 분위기를 반영하듯, 현재 '어머니의 손맛'은 음식 관련 TV 프로그램에서 하나의 중요한 테마가 되었으며, TV 화면 속에서 그리고 현실 속에서도 식객들 또한 전통적인 음식을 먹고 나서, 이구동성으로 "그래 이 맛이야, 어머니의 맛!"이라고 말하며 즐거워한다. 하지만 음식 제조의 특성상 동일한 맛은 생산될 수 없기 때문에, 자신의 '어머니의 맛'은 다른 어느 곳에도 있을 수 없다. 그렇다면 왜 사람들은 전통적인 음식에의 애착을 '어머니의 손맛'으로 규정하고, 그것을 '향수화'하는가? 이 글은 현재 우리 사회에서 일고 있는 이러한 음식 향수 현상을 감정사회학적으로 설명하고자 한다.

사회학에서 향수에 대한 연구는 서구에서 프레드 데이비스Fred Davis의 개척적 연구가 있었지만(Davis, 1979), 그 후 향수 현상을 직접적으로 다룬 사회학적 연구는 찾아보기 힘들다. 향수는 사회학보다는 주로 문학, 역사학, 심리학 분야에서 더욱 연구되어온 것으로 보인다. 하지만 그러한 연구들 중에서도 향수의 사회적 측면을 다룬 것을 찾아볼 수 있는데, 그러한 연구로는 스베틀라나 보임Svetlana Boym의 연구를 꼽을 수 있다(Boym, 2001). 국내에서도 향수는 주로 문학평론(박자영, 2004; 구재진, 2007; 임철규, 2009)과 영화평론(문재철, 2002), 그리고 관광학(황병일, 1999)의 소재였다. 사회학에서 향수를 직접적으로 다룬 것으로는 골목길 풍경의 향수를 다룬 김홍중(2008)의 연구와 노동자의 향수 감정을 다룬 김준(2010)의 연구를 꼽을 수 있다. 하지만 음식 향수를 다룬 사회학적 연구는 찾아볼 수 없다. 다만 수필(고경일 외, 2004)과 소설(최일남, 2004b)의 소재로 등장할 뿐이다.

전통적인 음식에 대한 향수는 다양한 각도에서 설명될 수 있을 것으로 보인다. 첫째는, 포드주의적 식품 생산체계가 만들어낸 "맛의 단일화에 대한 반발"로 해석할 수 있다. 음식 소비자들이 '음식의 상업화'가 파괴한 과거의 고유하고 독특한 맛을 찾아 나선다는 설명이 그러한 것이다. 하지만 이러한 설명은 음식 소비자들이 과거의 음식뿐만 아니라 끝없는 식품 혁신을 통해 만들어지는 새로운 음식과 맛을 찾아 나서기도 한다는 사실, 그리고 어쩌면 이것이 욕망을 충족하는 좀 더 손쉬운 방법일 수도 있다는 점을 설명하지 못한다. 둘째로, 음식 소비자들의 자연과 건강에 관한 관심의 증대에서 기인하는 것으로 설명할 수도 있다. 이러한 설명은 지역의 조리법, 지역의 음식 및 향신료에 대한 관심을 불러일으키는 '슬로푸드 운동'과 관련지어질 수도 있다. 하지만 이러한 설명은 전통적 음식과 건강을 직접 연결시킨다는 데 문제가 있다. 특히 건강에 관심을 기울이는 사람들은 전통적 음식보다도 유기농 식품이나 건강식품에 더 많은 관심을 기울일 수도 있기 때문이다. 셋째는, '전통 음식의 상업화'를 강조할 수도 있다. 최근 현대 먹거리 체계와 관련한 위험 의식은 '위험의 상품화'(벡, 2006)와 함께 안전한 음식으로서의 전통 음식의 이미지를 부각하는 먹거리 산업을 번창시켜왔다. 그러나 이것 역시 전통 음식이라기보다는 새롭게 상업화된 '만들어진' 전통 음식(홉스봄 외, 2004)일 뿐이며, 왜 사람들이 과거의 음식에 향수를 품는지는 설명해주지 못한다.

이러한 설명방식들은 앞서 지적한 한계에도 불구하고, 전통 음식에 대한 음식 소비자들의 선호를 구조적 측면에서 설명하기는 한다. 하지만 이 글이 초점을 맞추고 있는 음식 향수 그 자체에 대해서는 설명하지 못한다. 특히 앞서 지적했듯이, 어머니의 손맛은 집 밖 어느 곳에도 존재할 수 없음에도 불구하고, 왜 음식 향수를 어머니의 손맛을 통해 표현하는지 설명하지 못한다. 이 글은 바로 어머니의 손맛이라는 음식 감정구조의 형성 메커니즘을 밝

힘으로써 음식 향수를 감정사회학적으로 (재)구성하는 것을 목적으로 한다.

이를 실행하기 위해 필자는 기존의 어머니 손맛/음식 향수와 관련한 기존의 담론들 — 학술적 논의는 물론 소설, 수필, 다양한 언론 보도 및 음식 관련 방송 프로그램 — 을 분석하고, 필자가 그간 비공식적으로 학생 및 지인들과 나눈 수많은 대화들, 그리고 학생들의 보고서를 적극 활용하고 있다. 이는 그러한 문헌들과 연구방법이 연구자의 의도에 영향을 받지 않으면서도 음식과 관련한 감정을 가장 진솔하게 드러내거나 드러낼 수 있게 하는 유용한 방식이기 때문이다.

2. 집밥, 식당밥, 어머니의 손맛

1) 어머니 손맛의 감정적 (재)구성: 집밥과 식당밥의 사이에서

우리의 먹기 행위는 일반적으로 집에서 먹기와 외식으로 구분된다. 그리고 흔히 이 둘은 사적 공간에서의 생존을 위한 일상적 먹기와 공적 공간에서의 식도락적인 즐거움을 위한 먹기로 이분법적으로 이해되기도 한다. 하지만 근대사회에서 집과 일터의 분리는 집 밖에서의 일상적 먹기를 관행화해왔다. 그리고 거듭되는 밖에서 먹기의 싫증은 또 다른 구분, 즉 집밥과 식당밥이라는 차원을 먹기 관행에 도입하게 했고, 이는 감정적으로 집밥의 그리움을 생산해왔다. 그리고 이러한 갈망의 정점에 있는 것이 바로 어머니의 손맛이다.

앞의 논의에서도 암시되듯이, 일반적으로 집밥의 특징은 식당밥을 준거점으로 하여 그 역의 특징에 의해 규정된다. 이는 개별적이고 사적이었던 집밥은 어떤 정의定義적 특성의 준거점이 될 수 없다는 학문적 논거에 의해 정당화될 수도 있지만, 근대도시에서의 상업화된 비슷비슷한 음식의 먹기에 대한 지겨움이 어머니가 해준 과거의 음식에 대한 인지적 · 감정적 이상화를 통해 집밥을 규정짓게 했기 때문이다. 실제로는 우리가 여전히 어머니의 음식에 투덜대고 또 그것을 일시적으로 벗어나기 위해 온 가족이 외식을 하러 간다는 사실은 이러한 집밥의 이상화된 성격을 잘 보여준다.

우리가 통상적으로 말하는 집밥과 식당밥은 이상형적으로 구성된 표 1-1이 보여주듯이 상호 대립적 속성에 의해 규정된다. 이 범주화가 이상형적인 것은 그 속성에 완벽하게 부합하는 집밥과 식당밥은 실제로 찾아보기 힘들다는 데 있다. 이를테면 가정의 요리에서도 일상적으로 인공 조미료를 사용하고 일부 식당은 천연 조미료만을 고집하기도 한다. 그리고 보다 많은 사람들의 입맛에 맞게 평균적이고 보편적인 맛을 추구하는 식당 음식의 맛 — TV 맛집 프로그램에서 인터뷰하는 요리사들은 한결같이 "간의 기준은 손님들에게 맞게"라고 말한다 — 이 가족만의 입맛에 맞게 간을 하는 어머니만의 특이한 음식 맛 — 어머니들은 항상 자신의 입맛이면서도 가족 성원의 입맛에 맞춘다고 말하고 그 음식을 먹는 가족들 또한 그것이 자신의 입맛이 아니라 어머니의 손맛이라고 말한다 — 과 서로 일치하기란 쉽지 않다. 이처럼 집밥과 식당밥 간에는 일정 정도 또는 상당한 간극이 있을 수밖에 없다. 하지만 식객과 식당 주인은 항상 이 인지적 부조화를 감정적으로 조화시키고자 하며, 그 상상적 융합의 산물이 바로 어머니의 손맛이라는 인지적 · 감정적 구성물이다.

소설가 최일남의 표현을 빌리면, 어머니의 손맛은 "회상하는 자의 자유로움으로 다시 초 치고 된장을 풀어 상상의 천하진미를 저 좋을 대로 만들고 빚는 것이다." 그리고 그 상상의 음식은 "눈으로 그려 혀로 담되, 가슴도 덩달아 같이 먹자고 덤비기 일쑤다. 홀로 먹은들 나쁠 것이 없으나 여럿이 공

표 1-1 _ 집밥과 식당밥의 이상형

구분	집밥	식당밥
음식 속성	자연적/전통적/토속적	인공적/현대적
외형적 모습	투박함/소박함	세련됨/화려함
차림의 모습	단출함/정갈함	풍부함/깔끔함
맛의 속성	독특함/특이함	평균적/보편적
먹기의 지향점	정/그리움	맛/색다름
식사의 분위기	자연스러움	격식적
음식 감정	정성과 사랑	미각의 즐거움

감하며 헛제삿밥을 먹듯 우르르 달겨들면 더욱 감칠맛이 난다. 시도 때도 없고 물리는 법도 없다"(최일남, 2004b: 115). 이러한 어머니 손맛이 집밥과 식당밥 사이에서 어떻게 감정적 · 인지적 · 사회적으로 구성되고 재구성되는지를 살피는 것이 바로 이 글의 목적이다.

2) 어머니 손맛의 몇 가지 의미들

현실에서 사용되는 어머니의 손맛이라는 용어는 서로 다른 의미들을 포함하고 있다. 첫째는 자신의 어머니가 만든 '실제' 음식의 현실적 맛이다. 이때 어머니의 손맛은 앞서 범주화한 집밥의 구성요소에 완전히 부합하지 않으며, 식객 또한 이 사실을 알고 있다. 그러나 이 경우에도 사람들은 맛있는 음식을 자신의 어머니의 손맛과 상상적으로 일치시킨다. 이를테면 한 젊은 여성은 식당에서 순두부찌개를 맛있게 먹고 나서 "깔끔하고 조미료가 안 들어가 엄마가 집에서 만든 것 같다"고 말하지만(KBS2, 〈생생정보통〉, 2014.6.19), 어머니가 집에서 음식을 만들 때 조미료를 사용한다는 것을 알고 있다. 또 다른 방송분에서는 한 대학생이 음식 맛의 평가를 부탁받고 "엄마가 해준 맛!"이라고 자연스럽게 말하지만 "엄마 음식 잘해요?"라는 PD의 질문에 "앗! 못해요"라고 말한다(KBS2, 〈생생정보통〉, 2013.12.31). 이들 사례의 경우 사람들은 식당에서 먹은 맛있는 음식과 그에 미치지 못하는 어머니의 음식을 맛이 아니라 '마음'으로 등치시키고 이상화한다. 그렇지만 이 용례에서 실제 어머니의 손맛은 여전히 현실에 근거하여 판단된다.

둘째는 음식점 주인의 입장에서 또는 식품 생산업자나 광고업자의 입장에서 식당밥 또는 자신이 생산한 식품을 인위적으로 '집밥화'하기 위해 사용하는 '상업화된' 어머니의 손맛이다. 이것의 결과물이 전통/토속 음식점과 어머니의 손맛을 이용하는 편의 식품 광고들이다. 특히 '대박집'으로 소문난 음식점들 중 많은 곳이 '대를 이은' 어머니의 손맛을 자랑하고, 그것이 자신들의 성공 비결이라고 내세우는 것은 이를 잘 보여준다. 그리고 이러한 음식점들은 여전히 허름한 시골 고향집의 모습을 그대로 유지하거나 새로 건축을 하더라도 예스러운 건축양식을 적극 반영한다. 또한 편의 식품들 역시 공장 내에서 대량생산됨에도 불구하고 가정 내에서 자신들의 식품이 생산되는 모습을 광고에서 보여주며 어머니의 손맛을 구현하고 있음을 암시한다. 심지어는 인공 조미료의 광고에 어머니의 손맛을 이용하기까지 한다. 그러나 이러한 식으로 현실에서 '제조되는' 어머니의 손맛은 그 손맛의 생명, 즉 특별함을 상실한 '감동 없는' 어머니의 손맛이다.

그럼에도 불구하고 어머니의 손맛을 내세우는 음식점과 식품이 성공을 거두는 이유는 무엇인가? 이것이 바로 어머니 손맛의 세 번째 의미, 즉 '향수'로서의 어머니의 손맛 때문이다. 이 세 번째 의미 유형의 특징은 자신이 상상하는 어머니의 손맛이 실제로 존재한다고 믿으며 특정한 음식 맛과 어머니의 손맛을 일체화시키거나 그것을 찾는다는 데 있다. 하지만 그것은 여전히 상상의 기억이자 어린 시절의 음식 기억의 낭만화일 뿐이다. 이는 호주의 여류 사회학자 데버러 럽턴Deborah Lupton이 인터뷰하여 분석한 다음의 사례에서 분명하게 드러난다.

> 독일에서 태어나고 자란 유르겐(Jurgen)이 좋아하는 음식은 크림소스를 친 붉은 고기다. 그는 그러한 요리가 어린 시절 어머니가 해준 요리에 대한 즐거운 기억을 불러낸다고 말했다. "나의 어머니는 구운 고기 요리를 하곤 했어요. 그리고 그녀는 항상 야채에 화이트소스를 뿌려줬어요. 그리고 화이트소스가 고깃국물과 육즙과 합쳐졌을 때, 그것은 정말 내 입에 딱 달라붙는 맛이었고, 따라서 나는 지금도 얼마간 그것을 좋아해요." …… 하지만 최근에 유르겐이 가족을 만나기 위해 독일에 갔을 때, 그가 자신의 어머니가 준비한 음식을 싫어한다는 것에 놀랐다. "나는 더 이상 그 음식에 견딜 수가 없었어요. 왜냐하면 그것은 너무나도 조리되어 흐물흐물해졌고, 고기는 너무 메마르고 맵고 질겼기 때문이에요. 따라서 이제 내게 어머니 음식은 끔찍해요"(럽턴, 2015: 98).

그렇다면 향수로서의 어머니의 손맛은 어떻게 창조되어 작동하는가? 이에 대해서는 다음에서 구체적으로 분석된다.

3. 음식 향수: 어머니 손맛의 감정구조

1) '육체화된' 음식 기억과 어머니에 대한 그리움

우리 사회에 먹기와 관련해 회자되는 말 중에 "음식을 먹는 것은 추억을 먹는 것"이라는 말이 있다. 이 말처럼 음식 향수를 잘 표현해주는 말은 없다. 그리고 음식 기억만큼 강력하고 강렬한 것도 찾아보기 힘들다. 그 이유는 음식은 단순히 머릿속에만 기억되는 것이 아니기 때문이다. 음식 기억은 음식의 '체내화'를 통해 몸에 각인되어 자신의 먹기 습관과 음식 선호를 틀 짓는다. 그리고 그러한 기억은 혀(맛), 코(냄새), 귀(음식을 만들 때 나는 소리)라는 신체 기관 모두를 통해 자극된다. 그리하여 특정한 음식의 냄새와 맛, 소리가 행복했던 또는 이상화된 어린 시절의 기억과 연결될 때, 그 음식은 강력한 향수를 불러일으킨다.

음식 향수는 '제거'와 '재연결'이라는 이중의 과정을 통해 발생한다. 그것은 먼저 먹기로부터 경험한 즐거움과 관련한 요소들[음식 제공자(주로 어머니), 함께 먹은 사람, 식사 분위기 등]을 제거하고 음식이라는 대상 자체에 그 이상화된 즐거움의 기억을 이전시킨다. 그다음으로 그것은 특정한 음식이 그 기억의 욕구를 충족시키는 순간, 그간 제거시켰던 요소들을 다시 조합해 내며 자신의 음식 욕구를 인지적 · 감정적으로 완성시킨다. 전자의 과정이 만들어내는 것이 개인들의 음식 선호와 먹기 습관이며, 후자의 과정에서 동원되는 것이 어머니/할머니, 시골집 그리고 생일 등 특별한 날의 음식 이벤트이다. 그리고 이 둘의 결합이 음식 향수를 발생시키며, 그 결합의 핵심에 자리하고 있는 것이 바로 어머니의 손맛이다.

그렇다면 왜 '어머니'의 손맛인가? 이것은 어머니가 집안에서의 음식 제공자라는 것만으로는 결코 설명될 수 없는 은유적 표현이다. 왜냐하면 세상에 음식 맛의 종류는 어머니의 숫자만큼 존재하고, 모든 어머니가 음식 솜씨가 좋지도 않으며, 모든 자식이 어머니의 모든 음식을 좋아하지도 않기 때문이다. 어머니와 음식을 결합하고 있는 이 어머니의 손맛은 어머니-젖-음식의 삼각관계가 만들어내는 또 다른 이상형을 의미한다. 젖으로 상징되는 어머니가 제공하는 음식은 영양분을 제공하는 것을 넘어 이상형적으로

"순수성, …… 오염되지 않은 자연, 무조건적인 사랑과 헌신, 모든 음식 중 가장 고귀한 음식"을 상징한다(럽턴, 2015: 92). 이러한 어머니의 음식의 개념화는 앞서 논의한 집밥의 이상형과 그 속성을 상당 부분 공유하지만, 식당에서 마주친 이 집밥의 맛은 어머니 음식만의 고유성은 지니고 있지 못하다. 바로 이 간극은 어머니에 대한 그리움으로 채워지며 향수를 불러일으킨다. 하지만 이 어머니의 손맛은 젠더와 생애주기에 따라 서로 다른 감정으로 경험된다.

2) 어머니 손맛과 젠더

우리는 식사 후에 음식의 맛있음을 어머니의 손맛으로 표현하는 사람이 흔히 중년 이상의 남성들임을 볼 수 있다. 그렇다고 여성들이 어머니의 손맛을 그리워하지 않는 것은 결코 아니다. 그렇다면 왜 이러한 현상이 일어나는가? 그것은 바로 어머니 손맛에 대한 그리움의 구조에서 파생하는 감정이 젠더별로 다르기 때문이다. 이는 기본적으로 음식과 관련한 현실의 성별 분업구조의 반영이라고 할 수 있다. 그럼에도 현존하지 않는 어머니 손맛의 절대성에는 젠더별 차이가 전혀 없다. 어머니 손맛과 관련하여 젠더 차이가 만들어지는 까닭은 현실의 상품화된 음식이나 자신이 만든 음식의 맛과 절대화된 어머니 음식의 맛 간의 간극을 메우는 감정양식이 다르기 때문이다.

음식의 맛은 언제나 기억에 의해 평가된다. 즉, 새로운 음식의 맛도 항상 자신이 먹어본 음식의 맛과 비교해 인식된다. 음식 향수에 관한 한, 어머니의 손맛이 모든 평가의 절대 기준이다. 그것은 "비교의 차원을 넘는 불가침의 영역"이다(최일남, 2004a: 38). 그렇다면 이 절대 기준과 현실의 간극을 중년 이상의 남녀들은 어떻게 메우는가? 우선 중년 남성들은 어떤 맛있는 음식에서 어린 시절 어머니의 음식이 떠오를 때(그 음식의 맛과는 사실 무관할 수도 있다) 그 음식의 맛을 어머니의 손맛으로 규정한다. 그리고 그들은 그것을 정당화하기 위해 어머니가 그 음식을 어떻게 만들었는지를 마치 수다 떠는 여성들처럼 장황하게 그리고 자랑스럽게 떠벌린다. 하지만 그는 곧바로 음식의 모양이나 차림새 그리고 허름한 음식점 분위기가 고향집의 어머니를 생각나게 하지만 어머니의 손맛에는 미치지 못한다고 말한다. 그런 다음 그는 그 이유는 그 음식 속에는 '어머니'의 사랑과 정성이 없기 때문이라고 단언한다. 이처럼 남성들의 어머니 손맛의 감정 속에는 항상 사랑과 정성의 느낌이 자리 잡고 있다. 그렇기에 자신들이 느낀 이른바 '감정적 허기'를 채우기 위해 계속해서 음식 기행을 떠나기도 한다.

반면 여성, 특히 기혼 여성들이 어머니 손맛에 대해 느끼는 감정구조는 좀 더 복잡하다. 집 밖의 장소에서 맛있는 음식을 접할 때, 여성들의 머리에 먼저 떠오르는 생각은 "나는 왜 이렇게 만들지 못하지!"라는 생각과 "어떻게 이렇게 맛있게 만들 수 있지!"라는 것이다. 그렇지만 그와 동시에 그것은 더더욱 맛있었던 어머니의 음식과 중첩되고, 이는 어머니에 대한 그리움을 생산한다. 여성들에게도 역시 그 맛은 어머니의 손맛에는 미치지 못한다. 음식을 만드는 여성들에게 어머니의 손맛은 애써 배워보고자 하지만 "흉내도 내지 못하는"(홍미숙, 2002: 250) 그런 것이다. 이는 여성들에게 이중의 감정을 가지게 한다. 다시 말해 여성들은 한편에서는 어머니의 솜씨에 대한 '부러움'을 느끼고, 다른 한편으로는 그것에 한참 뒤지는 자신의 음식 맛에 대해 '수치심'을 느낀다. 이것이 바로 여성들이 어머니의 손맛에 대해 잘 이야기하지 않고 또 남편의 어머니 손맛 타령을 좋아할 수 없는 이유이다.

하지만 여성들 역시 음식과 관련한 어머니에 대한 그리움은 남성 못지않게 간절하다. 여성들의 경우에 꼭 그러하지는 않지만 대체로 음식 만들기는 결혼을 시간적 경계로 하여 '하고 싶을 때' 즐기던 여가 활동에서 급식 노동으로 전환된다. 여성들은 바로 그러한 기쁨을 잃은 음식 노동 속에서 어머니를 연상하며, 그 간극을 어머니에 대한 '그리움'으로 채운다.

> 그러나 오로지 잃어버린 마음만 있는 것은 아니다. 입을 다물고 묵묵히 파를 썰거나 마늘을 찧다보면, 수십 년 재래식 부엌에서 그 복잡한 절차를 거쳐서 끊임없이 따뜻한 음식을 만들어내던 어머니가 떠오른다. 예전에는 그냥 한순간의 어머니였는데, 이제는 그 재래식 부엌에서 보낸 어머니의 전 생애가 떠오른다. 따뜻한 음식을 만들어 가족에게 먹이는 일로 전 생애를 보내신 어머니. 그래서 불행했다고 단 한 번도 말씀하신 적이 없지만, 그래서 딸인 나조차도 당연하게 여겼던 어머니의 음식 만들기가 이제야 침묵 속에서 이루어진 희생으로 다가와 마음이 복받치는 것이다(신경숙, 2004: 65).

이 인용문이 보여주듯, 딸은 같은 어머니로서의 처지에 대한 공감과 동감을 통해 어머니에 대한 '미안함'과 '부끄러움'을 느끼는 것은 물론 그 음식의 정성과 사랑을 되새긴다. 하지만 남성들과는 달리 여성들에게 그 정성과 사랑은 '맛'보다는 어머니가 들인 '시간'과 '노력'이다.

3) 어머니 손맛과 생애주기

흔히 말하기를 어렸을 때 먹었던 음식을 찾게 되면 나이가 들었다는 증거라고 한다. 이렇듯 통상적으로 어머니 손맛 찾기는 중년 이상의 현상으로 인식된다. 그리고 이것이 앞서 어머니 손맛과 젠더의 관계에서 그것을 나이 든 사람들을 대상으로 삼아 논의한 이유이기도 하다. 하지만 젊은 사람들이라고 어머니 손맛을 찾지 않는 것은 아니다. 다음에서 논의하듯이, 가족의 '이산공동체적' 성격, 그리고 개인화 · 파편화된 라이프스타일은 음식 향수의 연령을 낮추고 있다.

특히 필자가 대학생들과 가진 대화와 그들의 보고서를 토대로 분석해볼 때, 집을 떠나 있는 젊은이들은 어머니 손맛을 자신들이 처한 낯선 환경 및 음식에서 오는 불안감과 집의 포근함과 안락감, 그리고 어머니의 따뜻함이 주는 위안감 간의 간극을 메워주는 것으로 곧잘 이야기했다. 그러나 그들의 이야기에서 특징을 이루는 것은 어머니의 음식이 밖에서 먹은 음식보다 반드시 더 맛있는 것은 아니라는 점을 인정한다는 것이었다. 한 학생은 자신이 처한 먹기의 상황을 다음과 같이 솔직히 기술하기도 했다.

> 나는 어린 시절 할머니께서 해주신 밥을 먹고 자랐고, 무엇보다 쌀로 이루어졌던 할머니께서 해주신 밥을 나의 편식하는 음식에 대한 태도로서는 '즐겨' 먹기가 상당히 어려웠다. 할머니는 …… 내가 열 살 때 75세의 연세셨으므로, 나에게 맛있는 반찬을 해주기도 어려운 나이셨다. 그 당시 겨우 밥을 넘길 수 있는 최고의 반찬은 계란 프라이였던 것으로 기억이 나는 것을 보니, 나의 특수 상황은 여기서 그치지 않고, 어머니께서 초등학교 5학년 때 신장암 투병을 하신 이후 우리 집의 반찬은 그나마에서 더욱 악화되어 온갖 건강식으로 바뀌어버려 나를 식탁에 앉을 수 없게 만들었다. 발암 음식에 치를 떠시고 항암 음식만을 찾아 엄마가 해준 된장찌개는 온갖 몸에 좋다는 것을 다 빻아놓은 갖가지 이상한 가루들이 들어가고 국물 색깔이 검게 변하고, 그것을 보는 나의 시각이 또 거부감을 심어놓아 결코 맛있게 느끼지 않고, 이런 악순환이 반복되어 통탄스럽지만 나는 엄마가 해준 밥을 맛있다고 생각해본 적이 거의 없다. _ 서울 소재 대학 대학생 최OO

이러한 기술은 매우 극단적인 상황일 수 있지만, 모든 어머니의 손맛이 맛있지는 않다는 것을 역설적으로 보여준다. 그렇지만 이 학생은 곧바로 어머니의 손맛을 어머니 음식의 '상대적' 맛이 아니라 어머니의 '절대적' 사랑과 연결시킨다. 바로 이 같은 어머니 음식의 '상대성'이 어머니 사랑의 '절대성'과 연결되는 방식이 다음에서 설명할 어머니 손맛의 핵심 메커니즘을 구성한다.

4. 어머니 손맛의 사회동학

1) '상상적 공존체'로서의 가족: 어머니 손맛의 시 · 공간성

앞서 언급한 생애주기 개념은 가족의 시 · 공간적 구성에서 중요한 의미를 지닌다. 출생, 교육, 결혼, 직업 수행, 사망이라는 생애주기는 가족 내 성원의 결합, 분산, 재결합, 사별의 과정을 만들어내고, 그 결과 실제로 현실에서 부모와 자식이 한집에 거주하는 '이상형적' 가족생활이 이루어지는 경우는 생애주기의 일정 기간에 불과하다. "가족의 실제 성원들은 지리적으로 멀리 떨어져 있거나 심지어는 죽었다." 따라서 실제 가족 관계는 항상 대면적 상호작용으로 구성될 수 없다. 하지만 가족 성원들은 항상 "상상적으로 공존"(Urry, 1990: 170)하며, '상상의 가족'(Cooper, 1972)을 형성한다.

이러한 '상상적 공존체'로서의 가족은 '뿌리 없음'이라는 공허함의 상태에 놓이고, 항상 허전함의 감정을 불러낸다. 이상형적 가족생활에 문화적으로 부여되어 있는 행복감과 현실 속 상상의 가족 밑에 깔려 있는 공허감은 '심리적 모순'(Elster, 1985: 44)을 야기한다. 이러한 심리적 부조화를 감정적으로 극복하는 방법의 하나가 다시 뿌리내리기다. 그중에서 특히 가족의 토대로 상징되는 어머니의 따뜻함과 어머니의 음식이 주는 위안감은 이 간극을 메워줄 수 있는 가장 대표적인 기제이다. 어릴 적 먹은, 어머니의 손맛이 담겨 있는 마음을 달래주는 음식이라는 의미의 '컴포트 푸드comfort food'의 등장은 이를 상징적으로 보여준다.

역사적으로 음식 향수는 주로 시간적 차원을 지니는 것이었다. 집과 일터가 결합된 농업공동체에서는 죽음만이 가족 관계를 단절시켰고, 시간 이동의 불가능성은 특히 어머니에 대한 그리움과 갈망을 더욱 강렬하게 했다. 근대사회에서는 떠나온 고향이 어머니와 결합되며 더욱 향수를 불러일으키기도 하지만, 고향은 어머니의 손맛을 달래주는 또 다른 기제로 작동하기도 한다. '향토' 음식점의 번성은 이러한 향수 현상의 또 다른 반영물이다.

근대사회에서 어머니의 손맛 현상은 더욱 공간적 성격을 띤다. 근대사회의 높은 이동성은 가족을 '이산공동체'로 만들고, 어린 시기부터의 교육을 위한 지리적 이동은 어머니 손맛의 기억이 없는 상태에서 가족을 공간적으로 분리시키기도 한다. 그리하여 음식 향수는 젊은 세대로까지 시간적으로 확장되지만, 그 강도는 약화된다. 왜냐하면 어머니의 손맛은 여전히 공간 이동을 통해 경험할 수 있고, 또한 재평가의 대상으로 남아 있기 때문이다. 그럼에도 불구하고 직장과 학교 주변에 '어머니 식당'이라는 간판이 빠지지 않는다는 점은 어머니 손맛에 대한 그리움이 항존함을 보여준다.

이처럼 어머니의 손맛은 시간적 · 공간적 이질성(불연속성)에서 심적 안정감을 얻고자 하는 욕구에서 표현되는 감정이다.

2) 메뉴 다원주의: 강요된 먹기에서 음식 선택으로

앨런 비어즈워스Alan Beardsworth와 테레사 케일Teresa Keil은 현대 식생활의 특징을 '메뉴 다원주의'라고 규정한 바 있다(비어즈워스 · 케일, 2010: 121). 이는 "개인들이 대안적인 메뉴들 사이에서 얼마간 신중하게 선택함으로써 자신만의 개인적 식생활을 구성하고, 자신의 메뉴 선택을 자신의 기분이나 경제적 여건 또는 식사가 이루어지는 장소에 적합하도록 조정할 수 있는" 상황을 의미한다. 이는 어머니의 손맛 분석에서 중요한 의미를 지닌다. 왜냐하면 어머니 손맛의 음식 찾기는 기본적으로 선택을 전제로 하기 때문이다. 하지만 여기에는 중요한 역설이 존재한다. 그 까닭은 어머니의 음식은 선택의 여지가 없는 이미 결정된 음식이었기 때문이다.

대부분의 사람들은 어릴 적 어머니가 만든 음식의 먹기가 강요된 먹기였던 기억을 가지고 있다. 그것이 강요된 것이었던 까닭은 한편으로는 먹기 싫은 음식도 다 먹어야 한다는 어머니의 엄명 때문이었고, 다른 한편으로는 배고픔을 달랠 다른 선택의 여지가 없었기 때문이다. 하지만 집을 떠난다는 것은 앞서 언급한 것처럼 "공간과 거리의 재질서화와 관련하여 하나의 전환점"(모건, 2012: 227)일 뿐만 아니라, 어머니의 강요된 음식으로부터 해방되어 자유롭게 음식을 선택할 수 있다는 것을 의미한다. 이러한 집 밖에서의 음식 먹기는 새로운 음식에 대한 끝없는 갈망을 만들어내고 그것을 일정 정도 충족시키는 것을 가능하게 해준다.

그러나 상업화된 식당밥은 앞서 언급했듯이 보다 많은 손님들의 욕구를 충족시키기 위해, 그리고 편의성을 위해 점점 더 표준화 · 규격화된다는 특징이 있다. 각각의 식당들은 각자만의 독특한 맛을 선전하고 심지어 어머니의 손맛을 자랑하지만, 식객의 입장에서는 그 맛이 그 맛이다. 이른바 식당밥은 "다양성 속의 비슷함"을 특징으로 한다. 그 까닭은 표준화 · 대량화의 과정에서 그 식당만의 '고유성'을 상실했기 때문이다. 이것이 맛집으로 소문난 대형 체인 음식점이 식객들에게, 그리고 특히 미식가나 음식 평론가들에게 평범한 음식으로 평가받는 이유이기도 하다. 반면 어머니의 손맛은 고유성을 특징으로 하며, 그것의 유일함은 '진정함'으로 감정적으로 채색된다. 그리고 어머니의 손맛만이 진정한 맛을 찾는 식객의 유일한 기준이 된다. 시골 장터의 허름한 작은 국밥집이 어머니 손맛 집으로 소문나고 식객들로 붐비는 것도 바로 이러한 이유에서이다. 이처럼 메뉴 다원주의 상황이 초래한 표준화와 고유성의 역설이 어머니 손맛 찾기의 또 다른 원천이다.

3) 음식 평가 기준의 변화: '자연성'의 숭배

인간의 먹기 활동이 생존을 위한 것이라는 데는 이의가 없다. 하지만 그것에 시간의 차원을 도입하면, 여러 가지 논의가 가능해진다. 먼저 단기적 욕구 충족이라는 생존을 위한 먹기와 장기적인 건강한 삶을 위한 먹기 간의 구분이다. 이 문제는 지금까지 두 가지 측면에서 접근되어왔다. 하나는 시대적 상황에 따라 결핍의 시대와 풍요의 시대라는 구분에 근거하여 설명하는 것이고, 다른 하나는 계급 차원에서 노동계급과 중간계급의 먹기 양식의 차이로 설명하는 것이다. 하지만 이 문제는 영양학적 측면에서 몸에 에너지를 전달하는 '연료'로서의 음식의 '양'과 '질'의 문제로 수렴된다. 그리고 포만감을 중시하는 양적인 먹기에서 건강을 고려하는 질적인 먹기로의 전환은 당연한 것으로 전제된다.

하지만 오늘날 음식의 질적 차원에서도 조리에 걸리는 시간이라는 측면과 관련해 중요한 인식상의 변화가 일어났다. 근대 식품 산업의 발전은 편리한 가공/편의 식품들을 양산하며 근대사회의 '빠른' 시간성에 부합해왔고, 이것들은 영양학적 · 위생학적 지식에 의해 건강에 좋은 음식으로 광고되었다. 하지만 '고도 근대' 사회에서 자연-음식-몸의 관계의 중요성이 인식되면서 '인공성'과 '자연성'의 대립이 음식 평가의 질적 차원을 한 단계 끌어올렸다. 이러한 인식은 사회 속에서 '자연식품'의 선호를 낳았고, 유기농 식품, 로컬푸드, 슬로푸드라는 이름을 등장시켰다.

이러한 이름으로 불리는 음식들은 집밥의 특성과 중첩되며, '자연성'의 숭배를 핵심적 특징으로 한다. 하지만 이러한 음식들도 가공식품보다 자연과의 거리가 가까울 뿐이며, 인공성으로부터 완전히 자유로울 수 없다. 그럼에도 이는 사람들의 음식 선택의 기준도 바꾸어놓았는데, 그것이 바로 건강에 좋은 음식에서 건강에 '덜 나쁜' 음식을 찾는 것으로의 변화다. 이 간극을 메우는 것이 바로 '자연'으로서의 어머니의 은유이며, 어머니의 손맛 찾기다. 그러나 위생학적 측면에서 어릴 적 어머니의 음식은 식품 과학에 기초해 엄격한 가공 처리를 거친 식품보다 건강에 좋지 않을 수도 있다. 하지만 불결했을 수도 있는 어머니의 음식은 음식을 준비하던 어머니의 정성과 노력으로 감추어진다. 그리고 자신이 지금까지 건강하게 살고 있음은 그 어머니의 음식 때문인 것으로 추단된다. 이제 자연적이고 건강한 어머니의 음식은 숭배의 대상이 된다.

5. 어머니 손맛의 감정동학

1) 기억에서 추억으로

시인이자 교수가 쓴 「어머니가 해주시는 밥」이라는 짧은 (그러나 인용문으로는 긴) 단상은 음식 향수의 성격을 아주 잘 보여준다.

어렸을 때 밥상머리에서 반찬 투정, 밥투정을 많이 했다. 문방구점을 처음에는 소매로, 나중에는 도매로 하신 어머니는 부엌살림을 살 형편이 아니었다. 큰 밥솥에 밥을 하면 나중에는 고두밥이 되는데, 그 밥을 사나흘 간 먹어야 했다. 국 하나에 반찬 네 가지를 넘어간 적이 없었다. 김치는 기본 반찬이고, 시금치나물과 계란찜, 멸치조림과 콩자반 중 세 가지가 나왔다. 국은 콩나물국, 김칫국, 미역국 중 한 가지였다. 고깃국이 나오거나 생선구이가 나오면 그날 밥상은 성찬이었다. 상차림이 늘 이러니 나는 깨지락깨지락 밥을 먹기 일쑤였다. ……

중학교에 가서 어묵요리와 계란말이를 처음 먹어본 것 같다. 된장찌개와 김치찌개, 생선찌개도 자주 먹지 못했다. 어머니가 가족의 불만을 잠재우기 위해 고안한 요리는 떡만둣국과 떡라면이었다. 끓는 물에 재료 몇 가지만 넣기만 하는 이 음식을 나는 계절을 안 가리고 먹어야 했다. 아침부터 밤까지 가게를 봐야 하는 어머니로서는 재빨리 음식을 해 식구들에게 먹이는 것이 우선 과제였다. 영양가에나 맛에는 신경을 쓸 겨를이 없었지만 그런 것을 이해할 수 있을 만큼 나는 철들지 않았다. 그저 우울한 얼굴로 작은 밥 한 공기만 먹고 한숨을 내쉬며 숟가락을 내려놓곤 했다.

고등학교를 두 달 만에 그만둔 뒤 객지 생활을 하면서 어머니가 해주신 음식들이 왜 그렇게 그리운지 알다가도 모를 노릇이었다. 사람들은 한 음식을 오래 먹으면 질린다고 하는데 나는 이상하게도 앞서 열거한 음식 맛에 길들여져 그런지 지금도 시금치나물과 계란찜, 멸치조림과 콩자반을 좋아한다. …… 간간이 먹어본 고깃국보다 허구한 날 먹었던 콩나물국, 김칫국, 미역국을 훨씬 더 좋아한다. 지금도 분식집에 가면 떡만둣국을 시킨다. …… 어머니의 손맛이 그립다. 2년 반 전에 …… 돌아가신 어머니.

"왜 그것밖에 안 먹노?" 근심어린 표정으로 나를 보시던 눈빛이 잊히지 않는다. …… 이 세상에서 제일 맛있는 음식은 어머니가 해주시는 밥이다(이승하, 2009: 84).

이 인용문은 앞서 논의한 어머니의 손맛의 거의 모든 특징을 포함하고 있다. 하지만 이 기억 속에서 단출한 상차림은 항시 어릴 적 불만과 좌절과 불행의 원인이었고, 언제나 바빴던 어머니의 음식은 정성과 노력보다는 편의식품에 가까울 신속성을 그 특징으로 한다. 이 인용문의 필자 역시 왜 그러한 어머니의 음식이 그리운지 궁금해한다. 그 답은 이 인용문의 저자가 언급하고 또 사람들이 흔히 말하듯, "입안에 인이 박혀서" 그런 것은 아닐 것이다. 대체 왜 그러할까?

데이비스(Davis, 1979: 14)에 따르면 "향수라는 감정에는 우리가 흔히 부정적인 것으로 생각하는 감상들(이를테면 불행, 좌절, 절망, 증오, 수치심, 학대)이 거의 조금도 스며들어 있지 않다." 향수는 "과거가 이제 다시 얻을 수 없는 기쁨을 주었다는 느낌"에 집착한다. 향수 속에서 과거는 그러한 느낌을 위해 이상화된다. 그리하여 과거는 더욱 생생해지지만, 그 어떠한 부정적 흔적도 탈각되어버린다(Stern, 1992: 11). 그 결과 "향수에서는 기억이 조금도 작용하지 않는다"(래시, 2014: 92). 개인적 향수는 실제로 행복했던 어린 시절에 의지하는 것이 아니라 오히려 재구성된 허구에 의존한다(Stern, 1992: 16). 이렇듯 과거의 실제 삶은 향수화 과정을 통해 "기억에서 추억으로" 전환된다. 바바라 스턴Barbara Stern은 바로 이러한 점에서 "개인적 향수는 특정한 음식의 소비가 좋은 시절의 추억을 되살아나게 할 경우 평범한 음식도 신성시하게 한다"고 지적한다(Stern, 1992: 19). "가난했지만 행복했던 시절의 음식"이라는 형용모순적인 진부한 표현은 음식 향수의 이러한 특성을 잘 보여준다.

우리는 어머니의 손맛에서 작용하는 기억의 탈각화 과정을 주변에서 흔히 발견할 수 있다. 먼저 동료들의 회식 자리에서 맛있는 음식을 먹으며 그 맛을 이구동성으로 어머니의 손맛으로 칭찬하는 경우를 살펴보자. 당연히 서로 다른 가족 배경과 어머니의 음식을 먹고 살아온 '개인적 전기'에도 불구하고, 사람들은 자신들의 어머니의 음식을 망각한 채 식당의 음식을 어머니의 음식과 일체화시킨다. 정반대의 경우에서도 마찬가지다. 각기 다른 살림을 하고 있는 형제들이 오랜만에 음식점에서 가족 모임을 갖고 있다. 어느 형제가 음식을 먹으며 어머니의 손맛을 느끼는가 하면, 다른 형제는 이에 반발하며 급기야 어머니의 손맛을 놓고 말다툼을 벌인다. 그리고 맏형의 맛 평가로 그 언쟁은 일단락된다. 이 과정에도 중요한 단서가 숨어 있다. 그 하나는 어머니의 손맛은 어머니의 실제 손맛이 아니라 자식들에 의해 편집되고 추가되고 윤색된 어머니의 음식에 부여된 의미라는 점을 분명히 보여준다는 것이다. 다른 하나는 그 의미 부여의 권력은 추억화의 정도 – 나이 많은 맏형이 이를 상징한다 – 에 의해 결정된다는 것이다. 이는 앞서 논의한 어머니의 손맛과 생애주기의 관계를 통해서도 뒷받침된다. 이러한 점에서 어린아이들이 음식점에서 "엄마가 해준 것이 더 맛있니, 아니면 이 식당 음식이 더 맛있니?"라는 질문에 서슴없이 "이 식당 음식이요!"라고 답하는 것도 해명할 수 있다. 일반적으로 우리는 아이들의 '순진무구함'에서 답을 찾지만, 그 순진무구함은 바로 아직 아이들에게는 음식과 관련한 추억화의 과정이 일어나지 않았기 때문이다.

2) 맛에서 정으로

앞의 인용문에서도 언급되었듯이, 대부분의 사람들은 어릴 적 어머니의 음식과 관련하여 맛있었던 기억보다 반찬 투정한 것, 먹지 않는다고 꾸지람 들으며 심지어는 매 맞은 것, 음식 때문에 형제들과 싸운 것 등에 대한 기억을 가지고 있다. 그렇지만 향수는 앞서 살펴보았듯이, 하나의 조화로운 과거를 구성함으로써 그러한 부정적 감정을 숨긴다. 그렇다면 기억 속에 각인된 그러한 부정적 감정은 향수를 통해 어떻게 표현되고 어떠한 과정을 통해 마음속에서 배제되는가? 데이비스는 이를 다음과 같이 설명한다.

> 향수는 여전히 슬픔 또는 우울함으로 물들어 있다. 그렇지만 그것은 '기분 좋은 종류의 슬픔'으로 묘사되는 경향이 있다. '좋기도 하고 슬프기도 한'이라는 때때로 사용되는 말이 이를 표현하는 적절한 용어다. 이것은 슬픔의 요소가, 되찾은 기쁨과 만족감의 질을 강화하는 데 기여할 뿐이라는 것을 함의한다. …… 실제로 향수적 분위기는 과거에 고통스러웠거나 매력적이지 않았을 수도 있는 모든 것을 …… 자애로운 아우라로 덮어 가리는 것이다. 상처, 불쾌감, 실망, 노여움은 '다 잘되라고 그랬던 거야/그것 때문에 잘됐다'라는 태도를 통해 너그럽게 걸러내어진다(Davis, 1979: 14).

그럼 음식 향수에서 부정적 감정을 탈각시키고 긍정적 감정을 고양시키는 '아우라'는 무엇인가? 그것이 바로 어머니가 음식 속에 투여한 것으로 상상되는 '정'이다. 그리하여 어릴 적 먹었던 음식과 관련한 기억은 '맛'에서 '정'으로 변하고, '추억'으로 표현된다. 우리는 이러한 감정적 전환을 우리 주변의 대화에서 쉽게 발견할 수 있다. 이를테면 사람들은 편식하며 음식 투정을 한 자신을 꾸짖던 어머니는 자식의 올바른 발육과 성장을 걱정한 것이었고, 자신을 야단치셨지만 무척이나 예뻐했다고 추억한다. 그리하여 어머니는 억압자/통제자에서 따뜻한 자식 지킴이가 된다. 그리고 음식 못한다고 그렇게도 구박했던 시어머니는 손맛의 전수를 위해 무던히 애쓰신, 그리하여 지금의 내가 있게 만든 고마운 분으로, 존경의 대상이 된다.

그리고 어릴 적 먹었던, 싫증나고 심지어는 토할 것 같았던 당시의 초라

한 음식들, 이를테면 보리밥과 청국장은 향수화를 거치며 새로운 생명을 부여받는다. 그 싫어했던 청국장의 냄새는 '정겨운' 시골집을 연상시키는 감각적 자극제가 되고, 지겹도록 먹었던 깔깔한 보리밥은 건강에 좋은 자연식품으로 별미의 대상이 된다. 그 결과 어린 시절 음식과 관련하여 자신이 벌였던 반항 행동들과 가난했던 초라한 식생활의 모습은 '숨기고' 싶은 창피한 일이 아니라 이제는 자신이 극복해온, 충분히 '드러낼' 수 있는 아름다운 과거가 된다. 그리고 어렸을 적 먹은 보잘것없던 음식을 자랑스럽게 말할 수 있는 것은 자신의 현재의 성공을 보여주는 징표이며, 그러한 성공의 토대가 된 것이 바로 어머니의 걱정과 배려와 정성이었다.

그러나 아직 과거의 어려운 시절을 극복하지 못했거나, 그 상태에서 벗어났다고 하더라도 기억을 추억으로 전환시키지 못한 경우에는 과거는 여전히 고통으로 남아 있다. 만화가 홍승우는 자신의 아버지의 경험을 이렇게 기록하고 있다. "아버지는 청국장을 드시지 않는다. 사업에 실패하고 여관을 전전할 때 한동안 드셨던 음식이 청국장이다. 음식은 기억이다"(홍승우, 2004: 107). 청국장과 함께 대표적으로 거론되는 추억의 음식이 보리밥이다. 구활은 『죽어도 못 잊을 어머니의 손맛』에서 어린 시절 가난 때문에 먹을 수밖에 없었던 보리밥을 이렇게 표현한다. "보리밥은 맛으로 먹는 음식이 아니라 추억으로 먹어야 제맛이 나는 아주 멋진 음식이다"(구활, 2010: 79). 그런데 필자가 아는 지인의 아버지는 보리밥을 드시지 못한다. 그 이유는 어릴 적 질리게 먹었던 보리밥의 기억이 지금도 소화불량을 야기하기 때문이다. 이 사례에서 기억은 강력하게 '육체화'되어 있다. 이는 어머니 손맛의 추억화 과정을 반증해준다. 하지만 두 사례의 성격은 서로 다르다. 전자의 사례는 성인기에 집 밖에서 겪은 음식 경험으로, 어머니의 정과 연결될 수 없는 것이며, 따라서 음식 향수로 이어지지 않는다. 그렇지만 이는 음식 기억 자체가 향수의 근원이 아님을 분명하게 보여준다. 후자의 사례는 특정 음식에 대한 부정적 감정이 너무나도 강력해 몸이 거부하는 수준에까지 이르러 그것에 반감을 가지게 되는 경우이다. 이는 기억이 음식에 대한 호오를 어떻게 틀 짓는지를 보여주는 것이며, 이러한 특정 음식의 거부 과정은 또 다른 연구를 필요로 한다.

3) 근대적 쾌락주의에서 전통적 쾌락주의로의 회귀?

지금까지 논의한 어머니의 손맛 찾기는 우리의 먹기 활동이 '생존을 위한 먹기'에서 '즐김을 위한 먹기'로 전화하고 있음을 보여준다. 게다가 음식 향수는 어렸을 때 억지로 음식을 먹던 고통과 불쾌함마저도 기쁨과 쾌감으로 바꾸어놓고, 식객들이 '그리운 옛 맛'을 찾아 떠나게 하기도 한다. 이는 새로운 맛을 찾는 식도락 기행과는 정반대의 현상처럼 보이기도 한다. 그렇다면 과연 이 둘은 서로 모순되는 것인가? 콜린 캠벨Colin Campbell이 구분한 전통적 쾌락주의와 근대적 쾌락주의의 구분은 이러한 논의를 위한 주요한 준거를 제공해준다.

캠벨에 따르면, 전통적 쾌락주의가 자신이 과거에 경험했던 즐거움을 재차 추구하는 것을 특징으로 한다면, 근대적 쾌락주의는 새로운 것이 가져다줄지도 모를 즐거움을 끝없이 추구하는 것을 특징으로 한다. 언뜻 보기에 이러한 구분은 음식 향수를 근대적 쾌락주의에서 전통적 쾌락주의로의 회귀로 생각하게 할 수도 있다. 하지만 보다 면밀한 탐구는 이에 대한 다른 해석을 가능하게 한다. 캠벨이 이 두 쾌락주의를 구분할 때 중요한 기준으로 삼은 것 중의 하나가 바로 '상상'의 역할이다(캠벨, 2010: 165). 그에 따르면, 전통적 쾌락주의자들이 '기대하는' 즐거움은 대체로 그 사람들이 즐거운 것으로 '기억하는' 것이다. 따라서 상상이 그리 중요한 역할을 하지 않는다. 반면 근대적 쾌락주의자들은 비록 기억으로부터 소재를 이용하고 있기는 하지만, 새로운 것이 가져다줄 만족과 즐거움을 상상을 통해 사색하고 그것을 실제의 욕망 대상에 부착시킨다.

우리가 즐거움을 대상이 아닌 상상에 초점을 맞출 경우, 어머니 손맛의 창조 과정은 캠벨이 '자기환상적 쾌락주의'라고 지칭하는 근대적 쾌락주의와 맞닿아 있다. 앞서 설명했듯이, 어머니의 손맛은 이미 추억화의 과정을 통해 현실에서는 충족할 수 없는 '환상의 영역'이다. 소설가 박완서(2004: 25~26)가 기록하고 있는, 어릴 적 먹었던 참게장의 맛 — 그녀의 표현으로는 "맛의 오지, 궁극의 비경" — 을 찾아 헤매다가 느꼈던 실망은 이를 잘 보여준다. 자기환상적 쾌락주의의 특징은 이처럼 욕구와 획득 간의 간극이 실제로 결코 메워질 수 없다는 데 있다(캠벨, 2010: 78).

이론적으로 볼 때, 향수로서의 어머니 손맛은 결코 현실에서 실현될 수 없다. 사람들은 실제로 어머니 손맛 찾기 기행에서 그 맛을 찾을 수 없다. 그 음식에 대한 '갈망'은 욕구를 '환상적 쾌락'의 수준으로 끌어올리고, 그 높아진 기대는 실망을 낳을 수밖에 없기 때문이다. 이는 우리가 소문난 맛집을 찾아서, 또는 멋진 레스토랑에서 외식을 할 때, 한껏 기대했다가 더 큰 실망으로 음식점을 나서는 것과 같은 이치이다(박형신, 2011 참조). 그렇다면 사람들은 언제 왜 어머니의 손맛을 느끼고 환호하는가?

현실에서 느끼는 향수로서의 어머니 손맛의 특징은 우선 '갑자기' 다가온다는 데 있다. 즉, 기대하지 않은 순간에 느끼는 뜻밖의 맛있는 친숙한 음식이 어머니 손맛을 '감정적으로' 연상시킨다. 몇 가지 실례를 살펴보자. 하나는 많은 사람들이 경험하는 경우로, 혼자 지친 몸을 이끌고 허기진 배를 채우러 그냥 근처의 식당에 들어가 무심코 음식을 주문하고 앉아 있다가 힘없이 들었던 수저에서 익숙한 구수한 맛을 느낄 때다. 이 경우 어떤 사람은 어머니 생각에 복받쳐 울컥하기까지 한다. 두 번째는 예상과는 전혀 다른 볼품없는 음식에서 뜻밖의 맛을 느낄 때다. 한 예를 들어보자. 모 TV 방송에는 음식 전문가들이 소문난 맛집을 탐방하고 실제로 그 맛을 평가하는 프로그램이 있다. 한 방송분에서 전문가들은 그들 앞에 나온 음식의 투박함과 생소함에 실망감을 잔뜩 드러내며 잘못된 정보를 듣고 찾아온 것이 아닌가 의아해한다. 그러나 그 음식을 먹어보고는 한결같이 외친다. "이거 정말 어머니 손맛이야!"

세 번째는 낯선 곳에서 익숙한 맛을 느끼는 경우다. 해외여행 중에 한 식당에서 '우연히' 발견한 우리 음식을 먹을 때가 대표적이다. 심지어 모 TV 방송에서는 정글에서 밥과 된장을 먹고 각기 어머니의 손맛을 외치며 환호한다. 네 번째는 음식과는 별개의 상황에서 어머니 손맛을 느끼는 경우다. 이를테면 누추해 보이고 심지어 불결해 보이는 욕쟁이 할머니의 음식점이다. 그저 평범한 음식 맛에 수저를 놀리고만 있는데, 멀리서 들리는 할머니의 욕하는 소리는 어머니를 떠올리게 한다. 갑자기 들리는 욕쟁이 할머니의 거친 욕설은 음식 깨지락거린다고 꾸짖던 어머니의 모습과 중첩된다. 그리고 그 욕쟁이 할머니 집은 정이 있는 단골집이 된다.

이처럼 어머니의 손맛 찾기는 전통적 쾌락주의가 아니라 캠벨이 말하는 '자기환상적 쾌락주의'의 또 다른 형태이다. 이제 식객이 찾는 어머니의 손맛은 희미한 기억의 옛것이 아니라 환상을 통해 생생하게 머릿속에 재창조된 새것이다. 그리하여 어머니의 손맛은 시간과 공간의 바깥에, 즉 사람들의 마음속에 자리 잡는다. 때문에 어머니의 손맛은 현실에 존재하지 않는다. 하지만 앞서의 설명처럼, 어머니의 손맛은 어디에서든 어느 때나 '우연히' 그 창조의 조건들과 결합될 때 '갑자기' '밀려온다'. 이것 또한 어머니의 손맛이 마음속에 존재하기 때문이다. 그렇기에 어머니의 '손맛'은 어디에도 존재하지 않지만, 어머니의 손맛 '현상'은 어디에나 항상 존재한다. 이것이 바로 어머니 손맛의 '신비성'의 근원이다.

6. 맺음말: 먹기의 공동체성의 회복을 위하여

음식 향수의 배후에는 사별, 이산, 분산의 슬픈 그림자가 드리워져 있다. 하지만 현재는 그 슬픈 드라마마저 상실되지나 않을까 하는 우려가 가득하다. 많은 사람들은 편의 식품의 만연, 그로 인한 정성과 배려의 잊힘이 어머니의 손맛 감정을 사라지게 하지 않을까 걱정한다. 다음의 인용문은 이러한 우려를 직설적으로 표현하고 있다.

> 그런데 요즘 아이들은 엄마의 손맛을 제대로 알고 크기나 할까. 밥상의 기본이 되는 김치, 된장, 고추장을 사다 먹는 것은 기본이다. 철마다 간장이나 된장, 고추장에 박아두었다 수시로 밥반찬으로 올려주시곤 했던 깻잎장아찌, 콩잎 장아찌, 마늘장아찌 같은 음식들도 시장에서 사다 먹는다. 간식은 또 어떤가? 패스트푸드나 인스턴트식품으로 대체한다. 이런 식생활을 하는 아이들에게 기억되는 엄마의 손맛이라는 게 있을까. 행여나 무슨 무슨 표 회사의 무슨 무슨 음식을 엄마의 손맛으로 기억하는 것은 아닐까 걱정스럽다(홍쌍리, 2008: 70).

앞의 인용문이 시사하는 것은 어머니 손맛 향수의 '향수화' 가능성이다. 편의 식품의 범람 속에서 이제 어머니 손맛은 그리운 옛 시절의 이야기 속에 등장하는 신화 같은 것이 될 수도 있다는 것이다. 그러나 이러한 걱정은 일견 예견되는 사실일 것 같지만, 그 가능성은 그리 없어 보인다. 왜냐하면 앞서 길게 인용했던 글에서도 볼 수 있듯이, 편의 식품과 유사한 어머니의 음식 속에서도 어머니의 그리움은 유발되기 때문이다. 즉, 음식 향수의 핵심은 무엇을 먹는가에 있지 않다. 그리고 음식의 맛 자체에도 있지 않다. 더구나 아이들은 어머니가 해준 건강에 좋은 음식보다도 햄버거 등 편의 식품을 더 좋아하고, 그 맛에서 더 즐거움을 느끼기도 한다. 그리고 부모님이 금지한 음식을 '몰래' 먹으면서 느꼈던 기쁨은 또 다른 음식 향수를 만들어내기도 한다. 이른바 '불량식품'에 대한 향수가 그것이다. 그렇지만 그러한 즐거움에는 어머니에 대한 '거부와 저항'이 자리하고 있기 때문에(럽턴, 2015: 113), 어머니의 손맛에 대한 그리움은 만들어내지 못한다.

따라서 어머니 손맛 향수의 향수화에 대한 우려는 다른 곳에서 찾아야 한다. 앞서도 분석했듯이 음식 향수의 요체는 음식의 맛을 가장한, '정'으로 표현되는 가족 감정이다. 따라서 어머니 손맛의 감정구조에서 보다 중요한 것은 무엇을 먹는가가 아니라 누구와 어떻게 먹는가 하는 것이다. 현대 가족 성원들의 먹기 관행의 특징 중 하나는 그것이 개별화되었다는 것이다. 한 여론조사 결과에 따르면, 직장인이 일주일 동안 온 가족과 식사하는 횟수는 평균 2.4회에 불과한 것으로 나타났다(≪파이낸셜 뉴스≫, 2014.2.4).

게오르크 짐멜Georg Simmel에 따르면, 가장 원초적이고 이기적이며 자연주의적인 먹기를 초개인적인 사회적 상호작용의 영역으로 고양시킨 것이 바로 공동의 식사이다(짐멜, 2005: 142~143). 이 '먹기 공동체'가 갖는 사회학적 의미는 맛을 공유한다는 것이 아니라 그것이 만들어내는 감정적 유대다. 먹기 행위의 공유는 사람들을 하나의 공동체로 만들어낸다(럽턴, 2015: 49~50). 하지만 그것은 단지 함께 먹는다는 사실에서 나오지 않는다. 특히 '가족 식탁 공동체'의 경우, 어머니가 음식을 만들며 달그락거리는 소리, 코끝을 자극하는 냄새, 그리고 그 기다림의 초조함과 즐거움 등이 복합적으로 생산하는 정겨움, 바로 그것에 기초한다. 이것의 중심에 어머니가 있고, 어머니의 손맛은 그 정겨움의 다른 표현이다.

따라서 어머니 손맛 향수는 먹기의 공동체성의 상실에 대한 개별화·파편화된 현대인의 감정적 반응이며, 그 희미한 기억 속에서 추억화된 그리운 옛 시절에 대한 갈망이다. 어머니 손맛 향수의 향수화에 대한 우려는 그 우려를 넘어 먹기의 공동체성을 복구하기 위한 노력으로 나아가야 한다. 오늘날 가족 내의 요리 담당자들은 가족이 함께 식사할 수 있는 시간을 만들어내기 위해 가족 성원들의 다양한 일정과 계획을 조정하는 데 따르는 어려움을 호소하고 있기는 하지만(DeVault, 1991: 90), 이러한 맥락에서 '가족 식사 함께하기' 운동의 필요성은 시사하는 바가 크다 할 것이다. 최근 가족 식사의 중요성을 강조하는 책들(이를테면 와인스타인, 2006; 파일러, 2014)이 꾸준히 출간되는 것도 아마도 이 때문일 것이다.

참고문헌

고경일 외. 2004.『잊을 수 없는 밥 한 그릇』. 한길사.

구재진. 2007.「최인훈 소설에 나타난 노스탤지어와 역사 감각」. ≪한국문학이론과비평≫, 11권 1호.

구활. 2010.『죽어도 못 잊을 어머니의 손맛』. 이숲.

김준. 2010.「다시 못 올 것에 대하여: 노동자 구술증언 속의 '향수' 또는 '과거의 낭만화」. ≪사회와 역사≫, 85집.

김홍중. 2008.「골목길풍경과 노스탤지어」. ≪경제와 사회≫, 77호.

래시, 크리스토퍼(C. Lasch). 2014.『진보의 착각』. 휴머니스트.

럽턴, 데버러(D. Lupton). 2015.『음식과 먹기의 사회학: 음식, 몸, 자아』. 박형신 옮김. 한울.

모건, 데이비드(D. H. Morgan). 2012.『가족의 탐구』. 안호용 옮김. 이학사.

문재철. 2002.「영화적 기억과 문화적 정체성에 대한 연구」. 중앙대학교 첨단영상대학원 박사학위논문.

박완서. 2004.「이 세상에 맛없는 음식은 없다」. 고경일 외 지음.『잊을 수 없는 밥 한 그릇』. 한길사.

박자영. 2004.「상하이 노스탤지어: 중국 대도시문화현상 사례와 관련 담론 분석」. ≪중국현대문학≫, 30호.

박형신. 2011.「맛집 열풍의 사회동학과 감정동학」. ≪사회와 이론≫, 18집.

벡, 울리히(U. Beck). 2006.『위험사회』. 홍성태 옮김. 새물결.

비어즈워스(A. Beardsworth) · 케일(T. Keil). 2010.『메뉴의 사회학: 음식과 먹기 연구로의 초대』. 박형신 · 정헌주 옮김. 한울.

신경숙. 2004.「어머니를 위하여」. 고경일 외 지음.『잊을 수 없는 밥 한 그릇』. 한길사.

이승하. 2009.「어머니가 해주시는 밥」. ≪좋은 생각≫, 8월호.

임철규. 2009.『귀환』. 한길사.

와인스타인, 미리엄(M. Weinstein). 2006.『가족식사의 힘』. 김승환 옮김. 한스미디어.

짐멜, 게오르그(G. Simmel). 2005.『짐멜의 모더니티 읽기』. 김덕영 · 윤미애 옮김. 새물결.

최일남. 2004a.「전주해장국과 비빔밥」. 고경일 외 지음.『잊을 수 없는 밥 한 그릇』. 한길사.

_____. 2004b.『석류』. 현대문학.

캠벨, 콜린(C. Cambell). 2010.『낭만주의윤리와 근대 소비주의정신』. 박형신 · 정헌주 옮김. 나남.

파일러, 부르스(B. Feiler). 2014.『가족을 고쳐드립니다: 작은 불편에도 큰 불행에도 흔들리지 않는 가족 만들기』. 이영아 옮김. 알에이치코리아.
홉스봄, 에릭(E. Hobsbawm) 외. 2004. 『만들어진 전통』. 박지향 · 장문석 옮김. 휴머니스트.
홍미숙. 2002. 『추억이 그리운 날에는 기차를 타고 싶다』. 한국문학도서관.
홍승우. 2004. 「음식에 대한 열 가지 공상」. 고경일 외 지음. 『잊을 수 없는 밥 한 그릇』. 한길사.
홍쌍리. 2008. 『밥상이 약상이라 했제』. 청년사.
황병일. 1999. 「소비자행동과 광고에서 향수에 관한 연구」. ≪광고홍보연구≫, 6권 2호.

≪파이낸셜 뉴스≫. 2014.2.4. "직장인, 가족식사 일주일 평균 2.4회".

Boym, S. 2001. *The Future of Nostalgia*. New York: Basic Books.
Cooper, D. 1972. *The Death of the Family*. Harmondsworth: Penguin.
Davis, F. 1979. *Yearning for Yesterday: A Sociology of Nostalgia*. New York: The Free Press.
DeVault, M. 1991. *Feeding the Family: the Social Organization of Caring as Gendered Work*. Chicago, IL: University of Chicago Press.
Elster, J. 1985. *Making Sense of Marx*. New York: Cambridge University Press.
Stern, B. 1992. "Historical and personal nostalgia in advertising text: the fin de siècle effect." *Journal of Advertising*, 11(4).
Urry, J. 1990. "Time and Space in Giddens' Social Theory." in C. Bryant and D. Jary(eds.). *Giddens's Theory of Structuration: A Critical Appreciation*. London: Routledge.
Warde, A. 1997. *Consumption, Food and Taste*. London: Sage.

제2장

베이비붐 세대의 학창시절 향수와 '교복 추억 여행'

정미량

1. 머리말

'추억의 경주 수학여행'이라는 여행 상품이 있다. 1960~1970년대 학창시절 수학여행 '성지'였던 경주에서 검정 교복을 입고 불국사, 첨성대, 대릉원 등을 둘러보며 학창시절 추억에 잠기는 여행이다. 이 여행 상품은 입소문을 타고 중년층에게 알려지며 인기 있는 여행 상품으로 자리 잡아가고 있다. 2007년에 시작된 이후 10년째 지속되고 있는 이 수학여행에는 매년 2000여 명 정도가 참가했고, 현재 누적 여행객 수는 총 1만 6000여 명 이상에 달한다(김성웅, 2016.5.3).

사실, 교복을 입고 여행한다는 것은 불편할 뿐만 아니라 예사로운 일이 아니다. 여성들은 꽉 죄는 상의와 너풀거리는 치마의 불편함을 감수해야 하고, 남성들은 목까지 차오르는 상의의 불편을 감수해야 한다. 중년의 남녀들이 검정 교복을 입고 거리를 활보하는 것 자체도 다른 사람들의 이목을 집중시킬 수 있는 희한한 광경이다. 한국의 해외여행객들이 단체로 등산복 차림을 하고 다니는 것이 현지의 예절 및 문화와 상충되어 국제적 문제를 야기할(SBS, 〈모닝와이드〉, 2016.5.9) 정도로 중·장년층 여행복의 대세는 아웃도어 의상이다. 가볍고 편리하기 때문이다. 그런데도 불편하고 어색하기 짝이 없는 교복 여행에 많은 중년층이 즐거이 동참하는 이유는 무엇인가? 왜 그들은 교복을 불편함과 어색함이 아닌 편안함과 행복함의 복장으로 받아들이는 것인가?

이 글은 그 이유를 찾아 나서고자 한다. 찾아 나서는 방식은 오늘날 중년층의 '향수nostalgia' 현상을 통해서다. 현재까지 향수에 대한 일치된 개념적 정의는 없다. 그러나 옥스퍼드Oxford 사전에서 향수란 "어떤 시기나 장소에 대해 개인적으로 연관성이 있는 행복했던 과거에 대한 감성적 갈망, 또는 동경하는 애착심"으로 정의된다(*New Oxford Dictionary of English*, 1988). 콜린스Collins 영어사전은 "과거의 환경, 사건 등으로 돌아가고 싶어 하는 열망" 또는 "책이나 영화 등을 통한 그러한 감정의 고취"라고 정의한다. 사전적으로 향수는 '과거로의 회귀 감성'을 공통 요소로 하고 있지만, 이때의 과거란 시간, 장소, 환경, 사건 등을 포괄하는 광범위한 대상이며, 회귀 감성은 동경, 애착, 갈망, 열망, 감정적 고취 등을 망라하는 다양한 감성인 것이다. 이러한 이유로 시대의 변화와 함께 향수의 의미는 그 개념이 등장한 17세기 이래 현재까지 많은 변화를 겪어왔다. 즉, 17세기에 향수란 고향을 떠난 전쟁터 군인들이 낯선 이국에서 방황하며 고국을 그리워하는 치명적인 신경의학적 질병(Rosen, 1975)의 의미로 쓰이기 시작했다. 그러나 19세기에 들어서자 향수에서 질병의 의미는 약화되고 낭만적 감수성의 요소가 강조되어 쓰이기 시작했다. 향수는 회복할 길 없이 단절된 세계 또는 삶의 방식에 대한 부질없는 그리움이자 근대적 삶의 양식이 야기한 사회적 질병 또는 감정(Smith, 2000: 505)으로 이해되기도 했고, 민족주의와 결합해 자기 민족만의 고유한 정조를 향수로 표현하기도 했다(Boym, 2001: 11~13). 더불어 심리학의 발달과 함께 향수 감정에 대한 원인과 결과에 대한 이해가 추가되기 시작했고, 세계대전을 겪으면서 향수에 대한 관심은 크게 증가되어 다양한 방향의 해석으로 확장되었다. 개인의 보수화 현상(Jameson, 1984)으로 해석되기도 하고, 과거 지향적이며 공동체 지향적 속성 때문에 개인에 대한 집단의 우선성과 규범에 대한 자발적 복종 등을 내세우는 반진보적이며 퇴행적인 정치 현상으로 지적되기도 했다(Shircliffe, 2001). 계층적인 시각에서 향수는 근대 대중문화에 대한 엘리트적 비판(Radstone, 2007)으로 이해되기도 했다. 이러한 과정을 거치면서 향수에 대한 이해의 폭과 깊이는 확대되었고, 오늘날 향수의 대상 혹은 매체는 구체적 장소(고향)를 넘어 무한히 확장되었으며, 과거의 거의 모든 것이 향수의 대상이 되었다. 지나간 사건, 사람, 시간, 공간, 경험 등은 모두 향수의 대상이 되기도 했다. 이로 인해 신분이나 나이를 초월해 인간이면 누구나 일생에 걸쳐 존재할 수 있는 보편적 경험으로 받아들여지기도 했다(Batcho, 1998). 그러나 한편으로 향수는 어떤 한 대상으로 환원되지 않으며, 추상적이기도 하고, 향수의 주체가 경험했는지 혹은 실재했는지조차 불분명한 이상화된 어떤 상태로의 회귀 욕망으로 해석되기도 했다(Beller, 1996: 37).

그렇다면 '추억의 경주 수학여행'은 이러한 여러 종류의 향수 중에 어떠한 종류의 향수인가? 그리고 "여행을 다녀온 후 2~3일 동안 심장이 쿵쾅쿵쾅 뛰는 것을 진정시키지 못"(백승목, 2010.10.19)하는 사람들은 누구이며, 그 이유는 무엇인가? 이것을 알아보기 위해 이 글은 한국 중년층의 학창시절 향수 여행에 대한 분석을 시도한다. 구체적으로 이 글은 첫째, 누가 '교복 추억 여행' 상품을 소비하는가를 알아본다. 즉, 2007년 이후 '교복 추억 여행' 상품의 주요 소비자로 등장한 베이비붐 세대가 지나온 한국 사회는 어떠한 변화를 거쳤으며, 그 시대를 살아온 그들은 어떠한 세대인지를 정리한다. 둘째, 베이비붐 세대는 학창시절에 어떤 경험을 했는지 알아본다. 베이비붐 세대가 중·고등학교를 다녔던 1970년대 당시의 교육 상황과 당시 이들의 감수성은 어떠했는지를 파악한다. 셋째, 베이비붐 세대에게 학창시절의 향수를 불러일으키는 매체인 교복은 어떠한 표상으로 유통되는가를 알아본다. 교복이 학창시절을 상징하는 기표로 등장하게 된 배경과 이것이 오늘날의 향수 산업인 '교복 추억 여행'과는 어떠한 관계를 맺게 되었는지를 밝혀본다. 넷째, 베이비붐 세대에게 학창시절 향수를 불러일으키는 요소를 알아본다. 즉, '교복 추억 여행'이라는 향수 산업 상품은 어떠한 프로그램 요소로 구성되었으며, 그러한 요소에 공감하려는 베이비붐 세대의 내면은 어떠한지 살펴본다. 다시 말해, 베이비붐 세대가 '교복 추억 여행'이라는 향수 상품 소비를 통해 얻고자 하는 바는 무엇인지를 알아봄으로써 오늘날 중년층인 베이비붐 세대의 내면을 살펴본다. 즉, 이 글의 목적은 학창시절에 대한 향수를 향유하려는 베이비붐 세대의 내면 풍경을 포착해보는 것에 근본적 목적이 있다.

2. '교복에의 향수', 그 시기와 주체

1) 언제에 대한 '향수'인가

향수의 대상은 지나간 과거에 있다. 시간적으로 이미 흘러간 것이다. 근대 이후 시간관념이 반복이나 순환이 아닌 직선으로 확립되면서, 향수는 "인간에게 돌아갈 수 없는 멀리 있는 것"(Boym, 2001: 10)이 되어버렸다. 다시는 되돌아갈 수 없는 과거에 대한 감정인 것이다. 그렇다면 최근 '교복 추억 여행' 상품화 현상으로 표출되는 중년층의 교복 향수는 얼마나 먼 과거를 대상으로 하는 것인가?

우리나라 학생들이 근대적 교복을 착용하게 된 것은 1886년부터였다. 서양 선교사 메리 스크랜튼Mary Scranton에 의해 이화학당이 학생들에게 교복을 착용하도록 규정하면서, 이 학교 학생들이 양장 교복을 입게 된 것이 시초였다. 이후 교복은 각 시대 상황을 반영하며 오늘에 이르고 있다. 근대 이후 학생들이 착용한 교복은 시대에 따라 그 사회적 의미가 상이하다. 예를 들어 한일 강제합병 이후 민족적 주체성에 대한 자각이 높아지자 개화기 양장의 원피스 교복 대신 한복 교복에 대한 유행이 일어났다. 1910년대 한복 교복은 민족 주체성이라는 사회적 의미를 지니게 된 것이다. 그러나 1930년대 일제는 한국 고유의 풍습을 없애려는 의도에서 교복을 거의 모두 양장으로 개정하고, 한복으로 된 교복은 입지 못하게 했다(남윤숙, 1990). 이에 따라 남학생 교복은 스탠드칼라의 학생복이 주종을 이루었고, 여학생 교복은 세일러복이 대세를 이루게 되었다. 특히 태평양전쟁 말기에 이르러 일제는 중·고등학생 교복을 전국적으로 통일해 군국주의적 색채를 더했다. 1930년대부터 1945년까지의 교복에는 일제에 의한 민족 주체성 말살과 군국주의의 강요라는 사회적 의미가 담기게 되었다. 그 후 1945년 해방과 함께 일제강점기 제복 형태의 교복은 학생용 교복의 주종을 이루게 되었다. 해방과 더불어 교복은 학생 신분을 나타내는 기표로만 남게 되었다. 그런데 이러한 제복 형태의 교복은 1950~1960년대를 거쳐 1969년 중학교 평준화 시책이 시행되면서 전국적인 남녀 중·고등학생 교복으로 획일화되어 착용되었다

(이경자, 1983: 323). 해방 이후 한국 사회는 급격하게 재조직되었고, 경제성장과 민주화의 사회 분위기 속에서 1969년 교육계는 중학교 평준화 정책을 시행하는 동시에 전국의 교복을 균일화하는 정책을 시행했다. 전국의 학생들은 동일한 색깔과 모양의 검정 교복을 입게 되었고, 심지어 가방, 신발 등도 동일한 것을 착용했다. 이러한 교복 형태의 통일에 대해서 당시에는 그 누구도 반론을 제기하지 않았다. 오히려 공교육의 평등성 강화 정책으로서 평준화 정책은 반드시 필요하며, 전국적인 교복 균일화 정책도 당연한 것으로 받아들여졌다. 1969년에 시작되어 1983년까지 지속된 전국적 교복 균일화 정책은 한국 사회의 급속한 경제성장과 민주화 시기라는 역사적 · 사회적 · 문화적 배경 속에서 차별 없는 평등의 의미를 지니고 있었던 것이다.

그러나 이러한 교복 균일화 정책과 의미는 1983년 교복 자율화 조치로 완전히 퇴색되었다. 신교육의 도입과 함께 착용된 신식 교복은 그 모양과 사회적 의미의 변천은 있었으나 근 100년 동안 지속되어온 교육제도였다. 그러나 1983년에 발표된 전면적인 교복 자율화 정책은 이러한 교육제도를 폐기하는 것이었다. 학교에서 어떠한 형태든 획일화된 교복 채택은 불가하다는 것이었다. 이러한 정부의 교복 자율화 방침이 발표되자 청소년을 포함한 성인 전반의 의식과 생활에 '자율'이 필요하다는 사회적 논의가 열풍처럼 확산되었다. 교복은 일제강점기의 잔재이며, 획일적이고, 청소년의 개성 및 창의성을 방해한다는 불만이 제기되었다. 이로써 그간 학생 교복이 표방하던 '평준화' 또는 '균등화'의 의미는 획일화된 국가주의적 강제성을 나타내는 일제강점기의 잔재로 해석되었다. 그러나 교복의 자율화 정책은 실시한 지 1년이 채 되기도 전에 반대 의견의 속출로 흔들리기 시작했다. 교복 자율화 정책은 계층 간에 위화감을 조성하고, 학부모의 의복비 부담을 증가시키며, 학생들에 대한 생활지도를 어렵게 한다며 그 지속 여부에 대한 반대 의견이

들끓었다. 그러자 몇몇 학교에서는 학생들이 다시 교복을 입기 시작했고, 1986년 9월 1일에 문교부는 교장의 허락 아래 자율적인 형태의 교복을 입어도 좋다는 지시를 학교로 전달했다. 이에 따라 1986년에는 교복을 착용하는 중·고등학교의 비율이 전체에서 1%에 불과했으나, 1988년에는 중학교 3.5%, 고등학교 14%로 늘어났고, 1991년에는 중학교 72.2%, 고등학교 76.8%로 급증했다(신혜준, 2008). 2016년 현재는 중·고등학교의 90%가 교복을 착용하고 있다. 이처럼 자율적인 형태의 교복이 점차 보편화되면서 교복은 한국 경제 수준의 성장, 디자인 산업의 발달, 개성에 대한 호의적 사회의식 등으로 점차 청소년들의 미적 감각을 드러내는 수단이 되었다. 좋은 소재와 디자인에 대한 개인적 취향을 교복에 반영하다 보니 교복 가격은 급등했고, 이에 따라 교복 가격을 줄일 수 있는 방안 등에 대한 의견이 분분했다. 최근에는 사회복지 정책이 확대되고, 일부 지역의 초등학교와 중학교에 무상급식이 실시되면서 무상교복 정책을 실시하는 지역까지 등장하게 되었다. 교복은 자율과 개성의 확대라는 사회적 의미뿐 아니라 보편적 복지 정책의 확대라는 사회적 의미까지도 드러낸다.

이처럼 교복을 둘러싸고 전개된 사회적 정책과 여론은 일정 시기의 교복이 특정한 의미를 담고 있음을 시사한다. 그리고 '교복 추억 여행'의 소비자인 중년층에게 학창시절의 향수를 불러일으키는 매체인 교복은 대체로 이들이 중·고등학생이었던 이른바 '교복 시대', 즉 교복 균일화 정책 시기의 교복이다. 다시 말해, '교복 추억 여행'의 교복은 1969년부터 1983년까지의 교복 시대에 입었던 교복을 대상으로 하며, 중년층의 교복 향수도 대체로 1970년대 시기에 대한 향수라 할 수 있다.

2) 누구의 '향수'인가?

교복 향수 시기를 1969~1983년으로 규정하는 것은 이를 향유하려는 주요 주체가 1969~1983년에 중 · 고등학교를 다닌 사람들이라는 것을 뜻한다. 이들은 대체로 1951~1969년에 태어난 사람들이며, 1970년대 초반부터 1980년대 초반까지의 시기에 중 · 고등학교를 다닌 세대다. 이러한 중년층은 정치적 경험과 관련된 세대 용어 386 세대의 출생자들과 일부 중첩되며, 문화적 세대 용어 7080 세대의 출생자들과도 일부 중첩된다. 또한 1955~1963년에 출생한 사람들에 대한 인구학적 세대 용어인 베이비붐 세대와는 전체적으로 일치한다. 이에 이 글에서는 교복 시대에 대한 향수를 느끼는 주요 세대를 베이비붐 세대로 설정하고자 한다.

베이비붐 세대란 1955년부터 1963년 사이에 태어난 사람들로서, 2016년 현재 만 52세에서 60세, 즉 대략 50대에 해당하는 이들이다. 이들의 부모는 1950~1960년대에 잿더미 같은 한국 경제를 발전시키기 위해 열심히 일한 세대다. 이들은 가난을 벗어나고자 자식 교육에 헌신적이었으며 자식의 성공을 위해 자신의 일생을 모두 바친 세대다. 헌신적인 부모 세대의 교육열을 기반으로 베이비붐 세대는 유년기에 빈곤함을, 10대에는 권위주의적인 교육 환경과 사회 환경을, 20대에는 반독재 민주화운동과 급속한 경제화를 체험한 이들이며, 30대에는 IMF를 맞이했고, 40대와 50대에는 세계화와 디지털화의 급속한 수용에 따른 새로운 문화를 추진한 세대이다. 이들은 부모 세대와 같은 가족 중심 가치관을 가지고 있으면서도 개인적인 즐거움을 추구하는 사람들이며, 아날로그적인 감성을 지녔으면서도 디지털 기기에 익숙한 세대다. 이들은 새로운 감성의 대중음악을 즐긴 세대이며, 의료 기술의 발달과 건강에 대한 관심으로 100세 시대를 살아갈 세대이다. 특히 이들은 일을 우선시하는 동시에 여가 활동에 대한 요구가 높은 세대다. 이들은 전문적인 자원봉사, 자신의 취향에 맞는 문화예술 향유, 문화예술 교양강좌 참여, 젊은 세대의 취향 습득 등 새로운 실버 문화를 형성하고 있다. 베이비붐 세대는 8.3%만이 부모로부터 문화예술 활동 기회를 제공받았음에도 불구하고 성인기에 13.2%는 문화자본을 획득하게 되었으며, 37.8%가 자녀에게 더 높은 수준의 문화자본을 이전하는 세대, 더욱 높은 수준의 여가 활동에 대한 요구가 예상되는 세대(한경혜 외, 2013)다.

이러한 베이비붐 세대는 2010년 현재 714만 명으로 전체 인구의 14.6%를 차지(통계청, 2010)할 정도의 대규모 인구다. 이로 인해 베이비붐 세대가 오늘날 한국의 정치, 경제, 사회, 문화, 예술 등에 미치는 영향력은 엄청나다(최숙희, 2010). 이들은 부모 세대의 교육적 지지와 사회적 경제성장을 기반으로 현재 한국 사회의 정치, 경제, 사회, 문화 트렌드를 형성하고 이끌어온 주체다. 이 베이비붐 세대가 바로 오늘날 중년층을 겨냥한 향수 상품을 소비하는 주요 주체다. '교복 추억 여행'은 이들 세대의 기호와 취향, 특성을 파악하고 이를 반영해 탄생시킨 향수 상품인 것이다.

3. 베이비붐 세대의 학창시절

1) 학창시절의 외적 조건

해방 이후, 한국 교육은 폭발적인 성장을 지속했다. 일반적으로 한국 교육은 전쟁으로 인한 교육 정체기인 1950년대, 교육 기반 구축기인 1960년대, 다양한 교육정책 모색과 함께 교육의 양적 성장을 꾀한 1970년대, 양적 성장을 기반으로 한 질적 성장기인 1980년대로 구분된다(윤정일, 1985: 5). 해방 이후 한국 교육의 전반적인 발전 과정에서 1970년대는 교육 대상과 교육기관이 양적으로 크게 팽창한 시기인 것이다. 그런데 1970년대에는 교육의 양적 팽창 중에서도 특히 중등교육의 양적 팽창이 강하게 나타났다. 팽창의 원인은 베이비붐 세대의 성장과 중학교 의무교육제도의 정착, 한국전쟁 이후 고조된 부모 세대의 교육열 등으로 압축된다.

한국 사회의 출산율은 한국전쟁 직후인 1955년부터 크게 급증했고, 1963년 가족계획정책이 시행되면서 점차 둔화되었다. 이 시기를 보통 베이비붐 시기라고 하며 이 시기에 태어난 이들을 베이비붐 세대라고 한다. 이 베이비붐 세대가 초등교육 인구로 유입되면서 1960년대 초등교육 인구는 급속히 증가했고, 이들의 중·고등학교 진학은 1970년대 중등교육 팽창의 본질적 요소로 작용했다. 아울러 1950년대 들어 정부는 초등 의무교육 6개년 계획(1954~1959)을 추진했다. 이에 따라 1959년에 이르러 초등학교 취학률은 96.4%에 이르렀고(교육부, 1998), 초등학교 취학률의 증가는 초등학교 졸업생의 증가와 중학교 입학생의 증가로 이어질 수밖에 없었다. 이러한 사정에 따라 당시 학생 수는 가파르게 증가했다. 학교를 새로 짓고 교실을 증축해도 수요를 따라잡지 못하는 형편이었다. 초등학교를 마친 학생들이 상급 학교로 진학하면서 중·고등학교로 이어지는 과밀학급 연쇄반응을 몰고 왔던 것이다. 이에 따라 1970년대에 상당수 학교는 오전과 오후로 나눠 2부제 수업을 하거나, 야간까지 3부제 수업을 했다. 학급당 학생 수는 70명을 넘었고, 좁은 교실에 학생들은 빽빽하게 앉아 수업을 했다. 그 모습이 콩나물시루와 같아서, 당시 '콩나물 교실'이라는 용어가 보편적인 유행어가 되었다. 콩나물 교실은 당시 교육 현실인 과밀학급을 일컫는 대명사로 흔하게 쓰였다. 또한 1970년대 중등교육의 팽창은 부모 세대의 교육열에도 기인한다.

1970년대 학부모들은 1950~1960년대 한국전쟁과 경제적 궁핍을 겪은 세대다. 이들은 전쟁의 경험을 통해 생존경쟁 의식을 더욱 강하게 갖게 되었으며, 소실되는 물질적 재산보다는 정신적 재산인 학력을 자녀에게 물려주는 것이 더 안전하다고 인식하게 된 세대다. 이들에게 학력은 안전할 뿐만 아니라 계층 상승 욕구를 충족하기 위한 가장 강력한 수단으로 인식되었다. 1970년대 중 · 고등학생의 부모 세대들은 한국전쟁을 통해 자녀 교육을 가장 중요한 부모의 의무로 여기게 되었으며, 자식 교육을 위해 모든 노력을 아끼지 않았다.

한편 정치적 측면에서 본다면 1970년대는 교육을 유신 이념 구현을 위한 장치로 이용한 시대였다. 1970년대는 박정희 장기 집권 체제와 세계 경제체제의 불황으로 인한 정치적 · 경제적 위기를 '유신'이라는 극우적 체제로 무마해가던 시기다. 무리한 수출과 성장 위주의 경제정책으로 부실기업이 속출했고, 외채 증가는 심한 대외 종속을 초래했다. 이러한 상황에서 위기관리를 위한 효율적이고 강력한 수단으로 교육이 활용되었다. 해방 이후 한국사회는 분단 체제의 형성과 더불어 개인적 인권의 주체로서 시민 형성이 미흡한 상태에서 통합적인 국민국가를 형성하고자 했다(정미량, 2014: 178). 그 대표적인 예가 1970년대 유신 체제하에서 이루어진 공교육으로서 국민교육이었다. 유신 체제의 국민교육은 1968년 '국민교육헌장' 공포로 시작되었다. 정부는 미래 사회의 주인공이 될 청소년들을 국가 재건을 위한 유일무이한 원동력으로 상정했고, "중 · 고등학교에서 보다 강한 국가관, 민족관을 주입할 수 있도록 교과과정을 개편"하기 시작했다(유종해, 1975: 93).

이러한 1970년대 교육은 국가주의 교육 기반 구축이라는 이념하에 유신 체제를 구현하기 위한 제도를 정비했다. 국가와 민족을 다시 일으켜 세우기 위한 수단으로서 더 많은 인재를 배출하는 것이 시대적 요청이었고, 이로 인해 '교육의 대중화'를 추진했다(홍승직, 1986). 실제로 초등 의무교육 6개년 계획(1954~1959) 추진 이후 1960년대 의무교육 시설확충 제1차 5개년 계획(1962~1967)(문교부, 1988: 152~154)이 발표되었다. 이로 인해 초등학생의 수가 급속히 증가했고, 초등학생 수의 급속한 증가는 1960년대 중엽부터 치열한 중학교 입시전쟁으로 이어졌다. 이른바 일류 중학교에 입학하기 위해 초등학생 과외가 성행(강준만, 2009: 111~112)하기도 했다. 초등학생 과외 문제가 심각해지자 교육계 일각에서 중학교 무시험 추첨 진학제 시행을 문교 당국에 건의했으며(≪경향신문≫, 1967.11.7), 1968년 7월 15일 문교부는 기존의 중학교 입시 제도를 폐지하고 새로이 학교군을 설치해 학교군에 따른 추첨 입학을 시행하기로 결정했다. 이에 따라 1969년부터 1971년까지 전국 중학교의 시험제 입학은 점차 사라졌다. 이른바 일류 중학교 40개도 연차적으로 폐교되었다.

그 이후 의무교육에 대한 관심은 점차 중학교와 고등학교로 옮겨가기 시작했고, 의무교육에 대한 관심은 그 전제로서 전국 중·고등학교에 대한 평준화 정책 실시로 이어졌다. 즉, 1969학년도부터 시행된 중학교 무시험 입학 제도가 1971년에 전국적으로 확대 실시되면서 자연스럽게 중학교 평준화가 이루어졌다. 그리고 1973년 학군제를 기본으로 하는 고등학교 입시 개혁안이 발표되면서 1974년에는 서울과 부산에서, 1975년에는 추가로 인천·대구·광주의 3개 도시에서 평준화 정책이 시행되었고, 1980년에는 전국 20여 개 지역에 확대 도입되면서 고등학교 평준화 정책 실시 지역은 점차 확대되었다. 1969년 중학교 무시험 입학 제도는 중학교 평준화 정책으로 이어졌으며, 이는 1973년 이후 학군제를 기본으로 하는 고등학교 입학 제도의 점진적 시행으로 또다시 이어지며 중등교육의 양적 확대와 질적 통일을 이끌었던 것이다. 이러한 학생의 양적 확대와 학교의 질적 통일은 학생 격차의 해소, 즉 학생의 평준화를 지향했고, 평준화된 졸업자는 산업 인력의 수요를 충족하는 기능 인력의 저변을 이루었다. 중 · 고등학교의 확대와 평준화 정책은 단순한 입시 개혁 정책의 일환으로서만이 아니라, 산업 인력 수요의 확대에 따라 표준적인 산업 인력을 확보하기 위한 정책으로서의 역할도 수행했다(정무용, 2013: 132~133). 1970년대 청소년은 대중화된 국가주의적 중등교육 체제하에서 균질적인 산업 인력으로 사회화되어간 것이다.

이로써 1970년대 많은 청소년들은 이전 세대와는 달리 교육을 통해 철저하게 사회화되기 시작한 세대가 되었다. 그 이전 세대는 일제강점, 미군정, 한국전쟁 등의 역사적 경험을 겪었던 세대였고, 이러한 역사적 격변기로 인한 사회적 혼란과 궁핍 때문에 대다수가 교육을 통한 사회화를 겪지 않은 세대였다(신한종합연구소, 1991). 그러나 1962년부터 여러 차례의 경제개발 계획이 추진되면서 점차 청소년은 노동과 생산의 의무로부터 면제되기 시작했다. 1978년의 GNP는 1970년의 81억 500만 달러보다 여섯 배나 넘는 수치를 기록했고, 1인당 국민소득도 1970년 252달러에서 1977년 1000달러를 넘어섰다(신한종합연구소, 1991: 27). 이렇듯 급속한 경제성장 추세에 따라, 일정 연령에 이르면 생산의 주체로 나서야 했던 이전 세대와 달리 1970년대의 청소년들은 생산 현장에 가담할 필요가 줄어들었고, 산업화에 따른 직업의 분화와 전문화로 새로운 지식과 기술 습득의 필요성이 중요해짐에 따라 이들의 교육 기간은 더욱 길어졌다. 경제적인 독립을 위해 부모의 경제적 지원을 받게 된 중 · 고등학생들은 정신적인 여유와 그들만의 문화를 누릴 수 있는 조건을 제공받게 되었던 것이다. 게다가 1960년대부터 시작된 도시화 · 핵가족화의 심화는 학교를 통한 사회화 현상을 더욱 가속화시켰고, 학교교육의 이념과 교과 내용은 학생들의 가치관이나 사고방식을 결정하는 중요한 요인이 되었다. 산업화와 도시화를 거치며 구조적인 사회 변화를 겪은 한국 사회에서 종래 가정의 역할을 교육기관이 분담하게 되었다.

이러한 변화 속에서 청소년기를 관통하는 중·고등학교 생활은 1970년대 많은 수의 베이비붐 세대가 겪었던 동일한 경험이 되었고, 이들의 정체성과 감수성을 결정짓는 주요한 환경이 되었다. 즉, 1970년대 중·고등학생들은 당시의 사회적 환경과 교육적 상황에 따라 이전 세대와 구별되는 특유의 학창시절 경험과 가치관을 지니게 되었다. 결론적으로 1970년대 많은 청소년은 학교생활이라는 일상을 통해 청소년기의 감수성과 문화를 공유하며 평준화된 국가의 생산 인력으로 사회화되었다.

2) 학창시절의 일상과 감수성

중·고등학교 시기는 인간의 생애에서 14~19세에 해당하는 청소년기다. 청소년기는 자아에 대한 정체성이 가장 급속하게, 그리고 가장 강하게 형성되는 시기다. 청소년기는 청년과 소년의 특징이 함께 공존하는 시기로, 신체적·심리적·사회적 성장이 급속하게 진행되는 시기다. 이러한 청소년들은 성인이나 아동과 달리 특정한 시간과 공간 속에서 특유한 가치·이상·감정을 공유하며 청소년 집단 문화를 형성한다. 교복 균일화 시절의 중·고등학생들의 경우 시간적으로는 1970년대라는 교육 환경하에서, 공간적으로는 학교를 통해 이들만의 특정한 학생 문화를 형성했다. 1970년대 중·고등학생들은 사회적 환경이라는 외부 조건 아래 내부 조건인 교실 안의 일상을 공유했다. 이들은 당시의 역사적 맥락하에서 학생 문화를 구성했으며, 그 과정에서 고유의 감수성이 생겼다. 다시 말해, 1970년대 많은 청소년들의 경우 일상의 대부분을 학교라는 공간에서 친구들과 보냈다. 학교는 이들이 시간을 보내는 가장 주요한 공간이었다. 학교 교실은 이들의 또래 청소년

문화가 형성되고, 집단적 정체성이 형성되는 공간이었다. 이로써 이전 시대의 중 · 고등학생이나 동시대의 다른 집단과 다른 1970년대 중 · 고등학생들만의 교육 경험을 공유했고, 이를 통해 특정한 감성과 문화를 공유했다. 감수성은 공동체를 총체적인 상태로 형성시키고, 또 존속시켜주는 요소다. 감수성은 이질적으로 존재했던 구성원들을 동일한 공동체 문화로 통합하며, 구성원의 정체성을 형성시켜 서로를 연결(Grossberg, 1992)한다. 감수성은 공동체의 요소이자 근본적인 구성 원리인 것이다.

그렇다면 1970년대 학생들의 문화와 감수성을 형성시킨 학교에서의 일상은 어떠했는가? 보통 학교는 학생들에게 기존 성인 사회의 지식 · 기능 · 가치에 적응하도록 한다. 국가가 정한 교육 내용을 학생들에게 가르치며, 교육 당국과 학교가 정한 각종 규율에 따라 학생들을 규제하고 통제한다. 학교는 그 자체의 경쟁과 평가 기능을 통해 학업 실패자를 걸러내는 기능을 수행하며, 기본적인 생활 수칙부터 교복이나 머리 모양에 이르는 다양한 내용에 대해 규정 준수를 강요한다. 1970년대는 이러한 국가의 교육 통제가 가장 극심했던 시기였다. 5 · 16 군사정변 이후 등장한 군부 정치권력은 체제를 유지하면서 급속하게 산업화를 이룩하기 위한 체제 순응적 산업 인력 양성에 힘을 기울였다. 이에 따라 학교에서는 근대산업에 필요한 교육 내용을 가르쳤고, 학교생활에 일사불란한 군대식 규율을 적용했다(김융희, 2003: 5). 1969년부터 교련 검열을 시행해 학교 전체의 군사동원 준비 정도를 평가하기도 했으며(허은, 2015: 450), 일사불란하고 획일적인 통제를 위해 외부와 차별성 있는 복장과 태도를 갖추게 했다. 1960년대를 넘어서면서 학창시절을 겪은 이들의 소설에는 이러한 학교 통제의 서사가 많이 등장한다. '하나의 사례'로 전상국의 소설 「돼지새끼들의 울음」에는 개인을 파괴하고 우리라는 집단만을 향해가는 담임에게 반발해 이의를 제기하는 학생들을 '개 패듯이' 패는 교사의 모습과 이러한 모습에 그저 순응하고 마는 학생들의 모습이 잘 표현되어 있다.

획일적이고 강제적인 신체적 지배를 바탕으로 당시 중·고등학생들은 '국가와 민족을 위한 역사적 과업' 달성이라는 집단주의적 사고를 지닐 수밖에 없었다. 당시 청소년들의 가치관을 조사한 연구물들의 결과를 살펴보면 이를 더욱 잘 알 수 있다. 1972년 조사에서 "당신이 외국에 갔을 때 우리나라에서 전쟁이 일어났다면"이라는 질문에 당시 고등학생 응답자 중 "해외 유학을 중단하고 귀국한다"라고 응답한 학생이 52.8%로 가장 높았으며, "군에 위임하고 앞날의 좋은 일꾼이 되기 위해 충실히 공부한다"가 24.6%, "귀국하라는 통지가 있을 때까지 그냥 머물러 있는다"가 9.7%, "모르겠다"가 10.6%로 나타났다(박석규, 1972). 당시 고등학생 대다수는 해외 유학 같은 개인적 성장보다는 공적인 임무로서 국가에 대한 헌신을 중요한 가치로 여기고 있었다는 것을 반증한다. 1970년대 조사한 "가장 바람직한 생활이란"의 질문에 당시 중·고등학생은 "부자 9%, 명성 11.1%, 취미 27.6%, 안일 10.5%, 정의 33.8%, 헌신 8.0%"(김택헌, 1970)라고 답변했다. 부나 명예보다는 정의를 가장 중요한 삶의 가치로 생각하는 학생이 가장 많았다는 것이다. 그러나 실제 현실적 문제로서 1979년 조사한 "대학에 진학하길 희망한다면 그 이유는"이라는 질문에 대한 고등학생들의 답변 결과는 "전문 분야의 학문을 높이기 위해 17.2%, 교양을 높이기 위해 19.6%, 경쟁 사회에서 뒤지지 않기 위해 55.7%, 남들이 모두 진학하니까 3.0%"를 기록했다(윤양매, 1979). 학문에 대한 성취 자체보다는 사회적 경쟁에서 뒤지지 않고 성공하려는 열의에서 대학에 진학하려는 학생이 대다수였음을 알 수 있다. 산업화로 새로운 일자리가 확대되면서 대학은 당시 사회 엘리트 집단으로 상승할 수 있는 지름길이었다. 이에 따라 1970~1980년 고등학교 진학률은 28.1~

63.5%로 급속히 증가했고(한국교육개발원, 1991: 66~67), 성적 경쟁 체제도 심화되어갔던 것이다.

이러한 집단주의적 · 경쟁주의적 분위기 속에서 1970년대 중 · 고등학생들 중 일부는 엄격한 학교 규율과 강압적인 교육제도 등에 강한 구속감을 느끼기도 했으며, 경쟁적이고 권위적인 학교 체제에 극단적으로 저항하기도 했다. 가출이나 자퇴와 같은 형태는 아니지만 폭력, 음주, 금지 구역 출입 등의 비행부터 교칙 위반 정도의 소소한 일탈에 이르기까지 다양한 저항 행동을 통해 자신들의 욕구를 분출하는 경우도 빈발했다. 민주주의를 표방하는 교육의 원리와 상관없이 교육 현실은 집단적 획일화를 위해 개인을 억압했고, 이로부터 벗어나려는 반항적 에너지가 재형성되기도 했다. 피억압자인 학생들은 자신들만의 방식으로 비공식적인 폭력 조직을 구성하며 서로 폭력적 관계를 맺기도 했다. 그러나 한편으로 이러한 학교생활 속에서도 청소년들은 자연스러운 청소년 시기의 따듯한 감성을 공유하기도 했다. 1970년대부터 학군제 실시가 점차 확대되면서 친숙하고 익숙한 어린 시절 동네 친구들과 같은 학교에 다니는 경우가 더욱 빈번해진 이들은 자연스러운 지역적 동질감을 기반으로 더욱 강한 친밀감과 연대감을 느끼게 되었다. 이들은 이러한 깊은 친밀감을 바탕으로 친구들과 순수한 우정, 미래에 대한 희망을 나누기도 했다. 이들에게는 사회적 차별을 뛰어넘는 우정이 있었고, 현실적 어려움을 뛰어넘는 희망이 있었다. 이로 인해 1970년대 중 · 고등학생들의 내면에는 복합적이고 길항적인 경험과 이로 인한 다양한 감성이 공존하게 되었다. 자유로움에 대한 갈망과 집단에 대한 연대감, 친구들 사이의 친밀감과 생존을 위한 경쟁의식이라는 서로 모순되는 감성적 일상이 공존하고 있었다.

4. 향수 상품으로서의 '교복 추억 여행'의 등장

1) 향수 관광 상품의 유행

옛날 어느 한 시기의 추억을 되살리는 복고 열풍은 개인적이면서 동시에 사회적인 '향수' 현상으로 이해된다. 모리스 알박스Maurice Halbwachs는 이러한 향수를 집단기억으로 설명한다. 집단기억은 정체성 형성의 도구가 될 뿐 아니라 당대 문화를 형성하고 그 문화적 정체성을 지속해나가는 주요한 요소이며, 이를 통한 집단적 향수는 개인적 관념이 아니라 집단적 관념으로, 배경이 유사한 개인들 간에 보다 일치되는 감정을 갖게 해준다는 것이다(이평전, 2014: 238). 즉, 모든 주체는 자신의 정체성을 유지하기 위해 과거의 강력했던 집단기억을 강화하고, 이 집단기억을 공유한 사람들은 서로 그 기억을 지속시키며 이후에도 공통의 기억에 대한 향수를 공유하는 세대로 연결된다고 해석된다. 또한 하워드 슈만Howard Schuman과 재클린 스콧Jacqueline Scott(Schuman and Scott, 1989)은 과거 어느 시점을 가장 강한 향수로 느끼는지를 조사했다. 그 결과 인간은 10대 전반기부터 20대 전반기에 발생한 일을 가장 크게 기억하는 것으로 파악되었다. '교복 추억 여행'의 주요 소비자인 베이비붐 세대 역시 1970년대의 중·고등학교 생활이라는 집단기억을 공유한 사람들이고, 학창시절은 10대 청소년 시절의 경험이다. 1970년대 대부분의 청소년이 경험했던 교실이라는 작은 사회에서 벌어진 다양한 사건과 일상은 중년이 된 베이비붐 세대에게 깊이 기억되는 경험이며, 강한 향수를 느낄 수 있는 대상인 것이다.

이러한 향수가 향수 상품 구매와 같은 향수 현상을 동반하며 사회적으로 유행하는 원인은 크게 세 가지로 요약되어왔다. 첫째, 경제 위기에 대한 반대급부다. 경제 상황의 위기로 인간관계가 각박해지고 단절되면서 따듯하고 친밀했던 과거로 회귀하고 싶어 한다는 것이다. 향수 상품은 미래에 대한 불확실성과 경기 불안이 지속되는 상황에서 고객들의 이러한 욕망을 바탕으로 구매욕을 자극할 수 있는 좋은 소재다(곽예경 · 윤나라 · 김한얼, 2012). 즉, 1997년 IMF 경제 위기 이후 지속된 경기 침체와 고용 불안이 향수 현상의 유행을 불러왔다고 볼 수 있다. 둘째, 미래에 대한 불안이다. 1999년도를 휩쓴 '뉴 밀레니엄' 공포, 즉 새 시대에 대한 막연한 불안감이 복고 현상을 불러일으켰다. 세기말이 되면 사람들은 한 시대가 가고 다른 시대를 그저 맞이할 수밖에 없는 불연속성을 경험해야 하는 문화적 두려움에서, 그리고 이러한 전환기에 감정적 유지와 안정을 추구하기 위해서 과거를 되돌아본다. 사회 전체적으로 새로운 시기적 변화에 직면할수록 불연속성을 경험해야 하는 두려움에 대항해 사회적 안정과 유지를 추구하려는 사회적 노력이 발동된다는 것이다(Stern, 1992). 학창시절의 편린을 통해 지난 시절의 향수를 자극하며 1000만 관객을 동원한 영화 〈친구〉(2001)와 더불어, 〈화산고〉(2001), 〈두사부일체〉(2001), 〈품행제로〉(2002), 〈몽정기〉(2002), 〈해적 디스코왕이 되다〉(2002), 〈클래식〉(2002), 〈말죽거리 잔혹사〉(2004), 〈하류인생〉(2004) 등이 2000년대 이후 연이어 대거 등장했다는 사실도 이를 말해준다 하겠다. 셋째, 자기 정체성에 대한 의심이다. 자기 정체성에 대한 회의가 들 때 사람들은 젊은 시절에 누린 자신들의 문화를 통해 정체성을 찾아가려 한다. 향수적인 환상은 변화하는 환경에서 장기적으로 자아 연속성을 만들고 유지하는 데 중요한 도구이며, 사람들의 인생을 의미 있게 만들어 사람들에게 안정적인 자아관을 제공해준다는 것이다(Sedikdes et al., 2008: 304~307). 프레드 데이비스Fred Davis도 인간은 정체성이 흔들리는 인생의 전환기에 위기감을 느낄수록 향수에 몰입하게 된다고 한다. 향수에의 몰입은 자신을 잃지 않고 굳건히 하려는 자아실현 노력의 일환이라는 것이다.

특히 중년층에게 이러한 현상은 1990년대에 한국 사회에서 시작된 디지털 혁명이 몰고 온 변화와 맞물려 있다고 볼 수 있다. 1994년 인터넷 사용 서비스가 개시되면서 인터넷이 일반화되기 시작했다. 평면적 네트워크가 아닌 빠른 속도의 무한대적 공간의 네트워크가 가능하게 되었다. 디지털 기술로의 전환은 빠른 속도로 우리 삶의 모습을 바꾸어놓았다. 사람들은 변화에 놀랄 겨를도 없이 시대에 적응해야 한다는 스트레스에 시달리게 되었다. 2000년대 초반에 나타난 복고 현상에서 중요한 부분은 '아날로그 시대'에 대한 갈망이기도 한 것이다. 이에 따라 인터넷 업체는 1999년 온라인상에서도 아날로그 감성 위주로 사람들 사이의 관계를 추구하는 사이트인 '아이러브스쿨'(이성규, 2014: 83)을 개발했다. '아이러브스쿨'이 등장 직후 엄청난 인기를 끈 이유는 학연과 학벌을 중시하는 한국 문화, 인터넷과 네트워크라는 디지털 요소의 급속한 확대와 발전, 사람 사이의 향수라는 아날로그적 감성 등을 결합하려 한 인터넷 업체의 향수 상품 개발 효과였다고 볼 수 있다.

이러한 사회적 상황을 바탕으로 최근 향수 상품에 대한 인기가 지속되고 있다. 그중에는 기존에 흔히 향수를 불러일으키는 것으로 거론된 광고, 영화, 드라마, 음악, 문학, 패션, 음식 이외에도 관광이 있다. 닝 왕Ning Wang(왕, 2004)에 따르면 관광은 현 질서를 일시적 · 환상적 · 허구적으로 바꾸고자 질적으로 다른 공간으로 탈출해 현 질서를 회피하는 한 방식이라고 한다. 즉, 관광은 자신의 정체성과 일상의 질서를 공고히 하기 위한 보수적 변동의 한 형태라는 것이다. 따라서 향수 관광은 복고적 체험을 통해 자아 정체성 회복이 필요할 때 성행하게 되며, 관광 활동은 현 질서를 공고히 하는 데 기여한다는 보수적 측면이 있다(임은미, 2006: 116~117). 결국, 향수 관광은 자아 정체성이 흔들리는 현실을 극복하기 위한 자아실현과 자아 보존의 욕구 충족으로 연결될 수 있다. 기억과 상상력이 교차하는 여행지는 그 자체로 하나의 기억 공간인 동시에 현실적 욕구를 반영하는 현실 공간이다. 추억 관광은 행복의 원형으로 생각하는 과거를 현재에서 느낄 수 있게 하는 상품이다. 인간은 오랫동안 공간에서 행위하고, 공간에서 지각하며, 공간에 존재했기 때문이며, 추억 관광은 관광지라는 공간을 통해 과거를 회상하고 추억할 수 있는 좋은 환경을 지금 여기에서 제공하기 때문이다. 이 공간적 범위에서 이들은 자신들이 경험하거나 공감한 과거 사실에 의미를 부여하고 결속력을 다진다. 과거의 일정한 공간을 공유한 이들은 서로가 공유할 수 있는 과거의 추억과 경험을 통해 서로 간의 결속을 다질 수 있는 힘을 지니고 있다. 인간의 과거 회귀 지향성이 향수에 생명력을 불어넣어주고 현실화하도록 해주기 때문이다. 즉, 청소년 시기에 동일한 공간에서 생활했던 이들에게 형성된 내면적 감수성과 경험은 상상적 정화 작용을 통해 향수로 진화되고, 진화된 향수는 추억 관광을 통해서 이를 체험하는 관광객의 현실적 삶에 행복을 던져준다. 추억 여행 관광객들이 특정한 행동을 취할 수 있는 과거 공간의 체험은 피부로 느껴지는 현실적 삶의 만족으로 이어지는 것이다.

2) '교복 추억 여행'의 등장과 확대

최근 향수 관광의 아이템으로 교복이 등장했다. 2007년 '추억의 경주 수학여행'으로 불리는 관광 상품이 소개되고, 현재까지 이 관광 상품에 중년층이 꾸준히 몰린다. 일반적으로 관광 상품은 사회적 트렌드나 대중의 기호에 맞추어 관광 아이템을 채택해 운영한다. 옛 학창시절에 대한 향수에서 교복이라는 아이템은 중년층의 감성을 자극하는 기표라는 것이다. 중년층은 보통 중·고등학교를 졸업한 지 30~40년이 지났다. 그런 이들에게 경주는 아직도 학창시절 수학여행지로 가장 먼저 떠오른다. 학창시절을 통틀어 가장 즐거운 기억은 수학여행이었고, 당시 대부분의 중·고등학생들은 경주로 수학여행을 갔기 때문이다. 현재 중년이 된 이들에게 "똑같은 교복 차림에 까까머리 남학생과 여학생이 되어 완행열차나 전세 버스로 하루를 꼬박 달려 찾은 경주에서 평생 잊지 못할 학창시절의 추억을 떠올리는 추억의 수학여행"(백승목, 2010.10.19)이 부활한 것이다. "신라문화원에서 주관하기 시작한 이 여행은 2007년 봄부터 추억의 가을 소풍을 정규 행사로 꾸미면서 마련한 상품"이다. 이 상품에 2007년부터 2010년까지 "3년간 모두 50여 개 팀 3000여 명이 참여했다. 3년 동안 매해 4월에서 10월 사이 매주 평균 1~2개 팀이 경주를 찾은 셈"(백승목, 2010.10.19)이다. 그 후 현재까지 지속되고 있는 이 수학여행의 누적 여행객 수는 총 1만 6000여 명 이상에 달한다(김성웅, 2016.5.3). 아예 단골도 생겨났다. 서울 경기고등학교는 졸업 50주년 기념 홈 커밍데이 행사에 아예 이 수학여행 프로그램을 넣고 있기도 하다.

그 후 교복은 중년층을 대상으로 하는 '추억의 경주 수학여행' 상품뿐 아니라 다른 지역 여행 상품에서도 옛 추억을 불러일으키는 아이템으로 쓰이고 있다. "합천공예협동조합은 2015년 10월 24일 합천영상테마파크 내 공예품 판매 체험장인 공예열차"를 운영하며 "영상테마파크와 기차의 컨셉에 맞춰 옛날 교복을 입고 추억의 수학여행 열차를 탑승"(김상준, 2015.10.27)하는 체험을 진행하고 있으며, 전국 인기 관광 명소 중 하나인 전주 한옥마을에서는 "한옥마을 내의 맛집뿐만 아니라 전통 한복 체험의 인기를 몰아서 7080 시대의 옛날 교복 체험도 즐길 수" 있게 하고 있다. '한옥마을 청춘시장'에서 먼저 선보인 '응답하라 한옥스쿨'에서는 "퀄리티 좋은 각종 옛날 교복 및 소품을 대여하면서 이곳의 여행을 추억의 핫한 장소 여행으로 만들며 인기몰이"를 하고 있다. "교복은 남녀노소 입기에 불편함이 없고 누구나 한 번쯤은 입어봤던 대중적인 콘셉트의 의상 체험으로 앞으로 전주 한옥마을의 필수 여행 코스가 되는 건 시간문제이며, 교복을 찾는 사람이 많아지면 업체에서 교복을 대여를 할 수 있을 거라면서 한복과 교복이 어우러진 한옥마을을 기대한다"고 한옥마을에서 교복 대여를 처음 도입한 한옥스쿨 대표가 말하기도 했다. 이 한옥스쿨 대표는 또한 "각종 행사, 세미나, 이벤트 등 옛날 교복이 필요한 어디나 전국 배송 대여 서비스를 제공하고 있다"고 했다(≪이투뉴스≫, 2015.10.21).

더불어 최근에는 자연환경 관광 상품에도 교복을 향수 코드로 삽입하고 있다. 예를 들어 "설악동 축제위원회 주관으로 2015년 10월 30일부터 11월 1일까지 3일 동안 설악동 일대에서 '추억의 단풍여행'을 주제로 2015 제1회 설악산 단풍축제를 개최"했는데, "단풍길 걷기 행사와 함께 단풍빵 만들기, 단풍 압화, 단풍 페인팅과 포토 존 등 단풍을 소재로 하는 다양한 체험과 함께 추억의 교복 입고 사진 찍기 등 추억의 장면을 연출"하는 내용을 축제에 곁들이기도 했다(송인경, 2015.10.28). 또한 "순천만 국가정원 내 관광 & 헬스를 병행할 수 있는 '헬스투어리즘', 자연생태공원 내 생태해설사와 함께 하는 '순천만 노을길 여행' 및 '갈대친구 모새달을 찾아서' 등과 더불어 드라마 촬영장에서 과거로 떠나는 '추억의 교복입기 체험' 등은 자연과 향수를 결합한 여행 상품으로 관광객에서 잊을 수 없는 체험을 제공"하고 있다(한승하, 2015.10.21). 이처럼 일상을 벗어난 관광 상품에 추억이라는 향수 코드를 삽입하는 전형적인 방법으로 교복을 이용하는 상품이 점점 확대되는 실정이다.

5. '교복 추억 여행'의 구성 방식과 정서적 지향점

1) '교복 추억 여행'의 내용 구성

교복을 이용하는 향수 상품이 점점 확대된다는 사실은 교복이 향수를 자극하는 효과가 크다는 것을 말해준다. 그렇다면 교복 향수 상품인 '교복 추억 여행'은 구체적으로 무엇을 통해 중년층의 향수를 자극하는가? '추억의 경주 수학여행' 프로그램 내용을 살펴보자. 이 '추억의 경주 수학여행'은 중년층의 여행객들에게 과거 학창시절의 특별한 행사였던 수학여행의 경험을 직접 체험하고 맛볼 수 있도록 하고 있다. 전체 일정은 간단하다. 여행객들은 제일 먼저 경주 대릉원 주차장 옆의 신라문화체험장에서 교복으로 갈아입은 후 추억의 영상물을 본다. 다음에는 임시 담임선생님을 배정받고 옛 친구들에게 하고 싶었던 얘기를 떡메를 치며 풀어낸다. 그러고 나서 경주의 옛 수학여행지였던 장소를 둘러본 후 여행의 하이라이트로 친구들과의 오락 시간을 갖는다. 다음날은 첫날 못 가본 유적지를 돌아본 후 헤어진다.

이를 자세히 살펴보자. 우선 이 여행은 사복 위에 교복을 걸쳐 입는 것에서부터 시작된다. 참가자들은 도착과 함께 여행사에서 마련한 교복을 입는 것이다. 남성들은 검은색 윗도리 교복을 입고, 여성들은 하얀 옷깃이 달린 검은색 상의와 치마를 입는다. 일부 학생들은 왼팔에 반장 · 회장 · 선도 · 지도 · 주번 등의 완장을 찬다. 남학생들은 서로 노란색, 초록색 완장을 차려고 옥신각신하기도 한다. 여기에 명찰도 달고 모자도 쓰며 가방도 든다(곽성일, 2011.4.12). 이러한 교복 착용으로 참가자들은 한순간에 학창시절 당시의 시간으로 되돌아간 듯한 감상에 젖는다. "경주는 가끔 왔지만 이번 모임은 추억의 수학여행이라는 타임머신을 타고 50년 전으로 돌아간 것 같아 전 동기생들이 매우 특별한 느낌"(≪경주신문≫, 2012.5.29)을 가지게 된다. "9개 시도에 흩어져 사는 동기들이 모여 교복을 입으니 진짜 고등학생이 된 기분"이 든다(이권효, 2010.10.12). "사복을 입었을 때는 어렴풋했는데 교복을 입은 모습을 보니 옛 친구들 그때 모습이 바로 떠오르"는 것이다(곽성일, 2011.4.12). 1970년대에 청소년이었던 참가자들은 학교 교실이라는 공간에서 누구나 교복을 입고 하루 대부분의 시간을 함께 보낸다. 검은색 교복을 입었던 사실은 당시 중·고등학교를 다닌 청소년들의 동일한 경험이었고, 교복은 당시의 시간으로 되돌아가는 가장 빠르고 강력한 수단인 것이다. 이처럼 교복은 관광객들에게 학창시절의 향수를 불러일으키는 매개체로 이용되며, 학창시절의 추억을 현실로 소환한다.

교복을 입으며 학창시절로 되돌아간 듯한 감상에 빠진 여행객들은 학창시절의 사진과 앨범을 바탕으로 특별 제작한 추억의 영상을 보고, 전문 문화유산 해설가인 임시 담임선생님이 부르는 출석에 대답한다(장영태, 2010.10.10). 추억의 영상과 출석 점검은 여행객들에게 학창시절 옛 선생님과 친구들의 모습을 더욱 구체적으로 떠오르게 한다. 학창시절 선생님과 다정했던 친구들의 모습이 떠오르면서 여행객들은 학창시절의 감성으로 빠져든다. 점심시간에는 양은 도시락이 전달되고, 담임선생님과 함께 선도부나 반장 등이 여행의 진행 과정을 도우며 옛 수학여행 답사 장소를 구경한다. 참가자들은 경주를 "역사적인 문화재와 함께 추억거리가 가득한 우리 마음의 고향 같은 곳"으로 생각한다. 참가자들은 관광지의 입장료를 중고생 요금으로 할인받기도 한다(강시일, 2015.5.1). 학창시절로 돌아가 선생님과 친구들을 만나고 그들과 함께 학창시절 가장 즐거웠던 수학여행을 떠나는 것이다. 이 추억 여행의 하이라이트는 오락 시간이다. 오락 시간에는 다양한 수학여행의 경험이 재현된다. 교복을 입은 "1970년 고2 동기생들이 흘러간 옛 노래에 맞춰 다이아몬드 스텝을 밟기"도 하고(백승목, 2010.10.19) 옛 교복을 입고 풀밭에 앉아 수건돌리기를 하며, 남학생들은 닭싸움을 벌이거나 경주 소나무에 기대어 말타기를 하기도 한다. 잔디밭에 앉아 가방 속에서 삶은 달걀을 꺼내 먹기도 한다(곽성일, 2011.4.12). 숙소에서는 졸업장과 개근상 수여식에 이어 댄스 경연, 장기 자랑, 통기타 선율에 맞춰 옛 노래같이 부르기 등이 이어진다. "완장을 두른 선도와 반장 등 이른바 단속반이 객실을 돌기도" 하고, "술을 마시거나 화투놀이를 하다 들킨 학생들은 한번만 봐달라며 싹싹 빌기도" 한다. 깜짝쇼로 국악 반주의 교가 연주를 듣기도 한다. "꼭 이맘때 수학여행을 왔고, 오랜만에 교복을 입고 동창들과 함께하니 여고 시절 추억이 새록새록 되살아"난다(이채수, 2009.10.26). 이들은 학창시절의 경험을 그대로 재현하며 즐거움과 행복감을 만끽한다. 눈으로 보는 과거가 아니라 몸으로 체험하는 즐거운 향수 상품인 것이다.

이처럼 '추억의 경주 수학여행'은 수학여행이라는 학창시절의 특별한 행사와 교복이라는 학창시절의 기억 매체를 통해 향수 감정을 불러일으키는 향수 상품이다. 이 상품은 과거의 추억을 구체화할 수 있는 특별한 경험을 재현할 현실적 공간과 시간을 제공해줌으로써 참가자들에게 청소년 시기의 향수 감정을 한껏 불러일으킨다. "그야말로 추억으로 시작해 추억으로 끝나는 코스다"(신익수, 2010.5.26). 참가자들은 "몸은 늙어도 마음만은 열여덟 살 고교생 시절로 돌아간 잊지 못할 추억" 여행에 "다녀온 후 2~3일 동안 심장이 쿵쾅쿵쾅 뛰는 것을 진정시키지 못"하기도 한다(백승목, 2010.10.19).

2) '교복 추억 여행'의 정서적 지향점

현실적으로 '교복 추억 여행'을 통해 추억에 빠진 참가자들은 과거와 현재가 동시에 끊임없이 교차하는 공간과 시간을 체험한다. "그때는 이런 조명이 없었는데 ……"라며 현재 경주가 과거의 경주와 달라졌다는 사실을 느끼기도 한다. "너무 많이 변해버린 친구에게 자기 회사 노화방지용 특별 약품을 부상으로 주겠다고 하면서 웃음바다"가 되기도 한다(≪경주신문≫, 2008. 5.19). "다이아몬드 스텝을 밟다가 다리에 힘이 없어 풀썩 주저앉는 모습에서도 박장대소가 터져" 나오기도 한다. "자식보다도 어린 진짜 고교 수학여행단 사이에 끼어 '나도 고딩'이라고 우겨서 폭소를 자아"내기도 한다. "니와 이리 늙었노? 니는 어떻고 쭈그랑 영감 다 됐네"라는 말을 서로 주고받으며 세월의 무사함을 느끼기도 한다(백승목, 2010.10.19). 이미 그들은 '고딩'이 아닌 것이다. 수학여행과 교복은 이들을 학창시절로 이끌기도 하지만 변화된 현재를 느끼게 하는 계기가 되기도 한다. 잃어버렸고, 그래서 되돌아갈 수 없다는 상실감은 현재 이들에게 고통으로 기억되는 트라우마가 아니라 안전한 거리감이 확보된 극복된 과거다(김준, 2010: 96). 이들은 그 시절의 갈등과 상실감을 그립지만 아름다운 추억으로 받아들이며 즐거워하고, 또 즐거워할 수 있는 상태에 있는 것이다. '교복 추억 여행'을 찾는 관광객들의 면면은 이를 더욱 잘 설명해준다. 참가자들은 "매년 평범한 동기회를 하다가 교복을 빌려준다고 해 친구들이 모두 경주를 다시 찾"(곽성일, 2010.10. 11)게 되는 경우가 많은데, 이러한 참가자들 중에는 부산상고, 김천고, 효성여고, 거창고, 경북여고, 경기고, 양정고, 숙명여고, 서울고, 계성고, 경남여고 등 과거 명문이었던 학교의 졸업생이 많다. 동문회, 동창회, 회갑 기념 등과 접목되기도 하는 이 추억 여행의 참가자들은 사회적으로 성공한 사람들일 가능성이 높으며, 학창시절의 추억을 즐거운 경험으로 받아들일 수 있는 상황에 놓여 있을 가능성이 큰 것이다.

이러한 참가자들은 교복을 입는 순간부터 정서적으로 과거를 향해 달려

간다. "18년 만에 고교 시절 교복을 입어봐서 눈물이 나올 뻔"(곽성일, 2011.4.12)하기도 하고, "교복을 입고 학창시절이라는 추억으로 되돌아가 학창시절 영상을 보며 눈시울이 붉"(≪중앙일보≫, 2012.6.21.)어지는 감정 상태가 되기도 한다. 점심 도시락으로 제공되는 "밥 위에 깔린 계란 프라이를 씹으며 눈물을 흘리는 이도 있다"(신익수, 2010.5.26). 그들의 감성은 애상적이고 감상적이 되어 과거의 학창시절이라는 시간을 지향한다. 자유롭고 열정적이며 따듯하고 순박했던 시간을 갈망한다. 이들은 학창시절의 가슴 넉넉했던 선생님, 웃고 까불고 떠들었던 친구들을 욕망한다. 교복은 계층적 차이나 성적의 차이 등 모든 차이를 무마시켜버리고 이들을 하나의 청소년 공동체로 결속시킨다. 교복에 담긴 획일적이고 엄격하며 통제된 규칙의 틀은 사라지고, 친밀감, 일체감, 열정 등을 통해 서로의 관계를 견고하게 구축해주었던 따스한 경험으로 표상된다. "이 새끼 저 새끼 소리가 자연스럽게 이름 끝에 달린다. 그래도 신이 난다"(신익수, 2010.5.26). "교가도 고래고래 소리 질러 부르는가 하면 오랜만에 신나는 아이스케키도 해본다." 수학여행 때 "술을 마시거나 화투놀이를 하다 들킨 학생들이 한번만 봐달라며 싹싹 빌기"도 했던 기억은 그 시절의 즐거운 통제와 일탈 정도로 채색되어 재현된다. 과거 학창시절의 통제와 반항은 학창시절의 자유로움과 열정으로 치환된다. 학창시절의 순수했던 첫사랑을 떠올리기도 한다. "매산고 여학생들이 계성고 남학생들로부터 즉석에서 애교 섞인 구애를 받고는 남자 동창들로부터 따가운 눈총을 받는" 장면이 연출되기도 한다(최윤채, 2007.11.26).

물론 이러한 행위는 현재의 여행 체험이 학창시절 이들이 실제로 겪은 현실이나 체험과 동일했음을 의미하지는 않는다. 향수 상품과 향수는 과거의 기억과 상상력을 통해 건립된 구성물로서, 건립된 구성물은 객관적이지도 실제적이지도 않다. 참가자들은 "학창시절 수줍어서 못했던 유행가를 따라 부르고 껄렁한 말투를 연기하면서” 즐거워한다(김성웅, 2016.5.3). 답사 내내 어떤 여행객은 “반창고를 붙인 얼굴에 모자를 삐딱하게 쓰고 가방에 만화책, 계란을 넣고 다니며 불량 학생 흉내를 내기”도 한다. “그 당시 너무 모범생이어서 이런 친구들이 부러웠”기에(최윤채, 2007.11.26) 과거에는 해보지 못한 행동을 지금 여기에서 재현해보는 것이다. 또한 동기생 모임의 참가자가 아닌 경우도 많다. 일반 기업체 임직원들도 “학창시절 수학여행 때 친구들과 다녀갔던 문화재를 직원들과 같이 다시 와보니 그때 그 시절로 돌아간 기분”(곽성일, 2010.10.11)이 들기도 하며, 50~60대 노래교실 여성 회원들도 학창시절로 되돌아간 듯한 기분에 젖기도 한다(김성웅, 2016.5.3). 참가자 모임 중에는 50년 전 초등학교 동기생 모임도 있으며, “동기들 중 일부는 고등학교를 가지 못해 육십 평생 이날 처음으로 교복을 입은 친구도 있고 육십 평생 처음으로 불국사, 석굴암을 온 친구들도 있”(≪중앙일보≫, 2012.6.21)다.

이런 면에서 보자면 실제로 향수는 필요와 이해에 따라 선별적으로 재구성되며, 주체의 실제 경험 여부나 구체적 실재 여부를 알 수 없는 이상화된 어떤 상태로의 회귀 욕망으로 볼 수도 있다. 향수는 과거의 현실 자체가 긍정적이든 부정적이든 과거의 현실을 ‘그리움’으로 대표되는 감정으로 포장한다는 것이다. 향수란 과거의 사실을 있는 그대로 기억하는 인지적인 개념이 아니라, 과거의 사실과 함께 과거와 관련된 대상 · 경험 · 시간에 대한 감정이 융합된 매우 감성적인 기억으로, 때로는 사실과 달리 미화되기도 왜곡되기도 한다(정윤희, 2011: 39). 즉, 향수는 과거의 다양한 경험 중에서도 긍정적인 감정 경험에 초점을 맞추게 되며, 따라서 향수를 느끼는 사람이 과거의 일로부터 따뜻하고 긍정적인 기억을 회상하게 한다(Havlena and Holak, 1991). 다시 말하면, 향수는 사람들 간에 유대감과 친밀감을, 자신에게는 활기차고 자유로운 감정을 높여 부정적인 감정을 줄인다. 가까운 사람들과의 유대 관계를 떠올릴 때, 사람들은 소속감에 대한 욕구가 충족되며 안정감과 안전함을 느낄 수 있게 된다. 향수는 개인이 가까운 지인들로부터 사랑받는다는 느낌을 갖게 해주고, 삶을 보다 의미 있게 느끼도록 해준다. 향수는 대인 관계에서 발생할 수 있는 불안감과 회피 욕구를 약화시키고 사회적 유대감을 높여주는 역할을 하며(Wildschut et al., 2010), 과거를 회상함으로써 개인이 느끼는 감정적 편안함은 불쾌했던 추억이나 경험보다 긍정적 감정을 유발해 현재의 복잡하고 힘든 상황에 위로를 제공한다(Naughton and Vlasic, 1998). 이 때문에 참가자들은 "돌아오는 길에 기마전과 교가를 부르며 애써 섭섭함을 삼키"기도 하고, "가슴이 찡"하기도 하다(최윤채, 2007.11.26). 영원히 닿을 수 없는 학창시절, 그 순수한 원형에 대한 현실적 갈망은 끊임없이 수많은 중년의 가슴에 그 시절을 아름답게 채색시키며 '교복 추억 여행'에 동참하도록 이끌고 있다.

6. 맺음말

이 글은 오늘날 베이비붐 세대의 '추억의 경주 수학여행'이라는 향수 상품 구매 현상을 통해 이들 내면의 한 풍경에 주목해보았다. '추억의 경주 수학여행'은 관광산업의 한 트렌드인 향수 아이템을 이용한 향수 관광 상품이며, 중년층을 겨냥한 교복 향수 아이템이 이들의 호응을 이끌어냈기 때문이다. 즉, 1969년 중학교 평준화 정책이 시행된 이후 전국적으로 균일화된 검정 교복을 착용하게 되면서 1970년대의 학창시절을 상징하는 기표로 등장한 검은색 교복을 향수 상품화하는 현상, 즉 '교복 추억 여행'을 통해 현재 중년층 내면의 한 풍경을 드러내보았다. 이 글은 1970년대에 학창시절을 보낸 베이비붐 세대에게 교복으로 상징되는 학창시절이 어떠한 의미로 되살아나고 있는지 '추억의 경주 수학여행'을 통해 밝혀보았다.

이들의 학창시절은 5 · 16 군사정변 이후 등장한 군부 정치권력이 그 체제를 유지하면서 급속하게 산업화를 이룩하기 위한 체제 순응적 산업 인력 양성에 힘을 기울인 시기였다. 이로 인해 당시 학교에서는 국민경제 발전에 필요한 교육 내용을 가르쳤고, 학교생활은 일사불란한 군대식 규율, 통제와 감시 속에서 이루어졌다. 그러나 1970년대에 중 · 고등학교를 졸업한 이후 대학교에 진학하거나 사회에 진출하면서 기성세대로 편입된 베이비붐 세대는 각자가 처한 사회적 위치와 개인적 상황에 따라 각자 다른 나날을 보냈다. 이들은 점차 기성 사회 안에 안정된 자리를 확보하며 자신의 영역에서 영향력을 행사하게 되었고, 다시 새로운 사회의 새로운 주체로 변화되어 갔다. 그러나 이들에게 학창시절의 경험은 소멸된 것이 아니었다. 이들은 1970년대 교복 세대로서 당시의 청소년 문화를 현재까지 가슴속에 간직하고 있으며, 이들의 일부는 예전의 학창시절 경험이 '교복 추억 여행'이라는 관광 상품을 통해 낭만적인 추억거리로 등장하자 이를 적극적으로 소비하기도 한다. 이들은 1970년대 입었던 검정 교복을 입고 옛 중 · 고등학교 시절의 수학여행지를 방문하는 여행 상품을 2007년 이후 현재까지 꾸준히 구매하고 있는 것이다. '교복 추억 여행'의 소비자들은 2000년 이후의 급격한 사회적 변화와 경제적 위기 속에서 예전 학창시절에 체험했던 일상에 대한 향수를 느끼며, 적극적으로 '교복 추억 여행'이라는 관광 상품의 구매를 통해 다시 이를 체험하려 하는 것이다.

그런데 이 여행 상품은 한국 사회의 학연 중시 풍토와 학창시절의 향수를 접목한 마케팅 상품이다. 그리고 현실적으로 여행 참가자들은 수학여행과 교복을 통해 학창시절의 감성으로 되돌아가기도 하지만, 그때와는 달라진 변화된 현재를 깨닫기도 한다. 이들에게 '교복 추억 여행'을 통한 과거 시간의 소환은 잃어버렸고, 그래서 되돌아갈 수 없다는 상실감이나 고통으로 기억되는 트라우마가 아니다. 과거 학창시절은 성공적으로 극복된 과거이며, 그렇기에 그 시절의 고통과 갈등이 현재에는 사라졌을 가능성이 높은 사람들이다. 참가자들은 그 시절을 그립지만 아름다운 추억으로 소환하며 즐거워할 수 있는 여지가 있는 상황인 것이다. 과거에 명문이었던 학교의 동창회에서 이 여행 상품을 많이 이용하고 있다는 사실은 이를 반증한다. 동문회, 동창회, 회갑 기념 등과 접목되기도 하는 이 추억 여행에서 참가자들은 사회적으로 성공한 사람들일 가능성이 큰 것이다. 더 나아가 이러한 행위는 학창시절에 겪었던 실제 경험과 동일한 경험으로 구성되지 않는 경우가 많다. 향수 관광 상품은 참가자들에게 학창시절의 향수를 불러일으킬 것이라 예상되는 보편적 체험으로 구성된다. 참가자들은 '교복 추억 여행'이라는 구성된 과거를 체험할 뿐이다. 그럼에도 불구하고 참가자들의 마음은 교복을 입는 순간부터 모두 과거로 달려간다. 그들의 감성은 애상적이고 감상적이 되어 과거의 학창시절이라는 시간을 지향한다. 학창시절을 자유롭고 열정적이며 따듯하고 순박했던 시간으로 느끼며 여행에 참여한다. 심지어 교복을 입어본 경험이 없는 참가자도 있다. 즉, 영원히 닿을 수 없는 학창시절, 그 순수한 원형에 대한 현실적 갈망은 실재 여부나 체험 여부와 관계가 없고, 끊임없이 많은 베이비붐 세대의 가슴속에서 학창시절을 이상화하며 '교복 추억 여행'에 동참하도록 이끌고 있다 하겠다.

따라서 오늘날 한국 사회에서 중추적 역할을 하고 있는 베이비붐 세대들이 그리움으로 기억하는 교복에의 향수는 단순한 일시적 현상 정도로만 치부하기 어려운 측면이 있다. 지난날에 대한 향수는 잊어버리고 살다가 불안과 갈등이 느껴질 때 가끔씩 꺼내보고 위안으로 삼는 정도의 가벼운 것으로 취급할 수 없다는 것이다. 즉, 향수는 과거의 어두움을 그대로 소환하는 것이 아니라 순수한 원형에의 갈망을 통해 아름다운 추억으로 치환해버리는 보수적 기능이 있으며, 이러한 보수적 기능을 통해 현실적 만족과 위안을 주는 효과가 있다. 따라서 향수는 인간이 품은 순수한 원형에의 갈망이 무엇인지, 그리고 이 상상적인 원형에의 갈망을 현실에서 확보하고자 직접적인 행동으로 옮기는 사람들의 내면과 현실은 어떠한 상태인지를 파악하고 설명하는 단초가 될 수 있다. 앞으로 향수에 대한 연구가 더욱 요청되고 기대된다.

참고문헌

강준만. 2009. 『입시전쟁잔혹사』. 인물과 사상사.

곽예경 · 윤나라 · 김한얼. 2012. 「노스탤지어가 구매의도에 미치는 영향: 자기긍정감과 사회유대감의 매개효과를 중심으로」. ≪마케팅연구≫, 27권 3호.

교육부. 1998. 『교육50년사: 1948-1998』. 교육50년사편찬위원회.

교육정보연구부 엮음. 1991. 『한국의 교육지표 1991』. 한국교육개발원.

김석일 · 오은택 · 윤영구. 2011. 「여가스포츠 참여자의 상향비교가 상태분노와 주관적 안녕감에 미치는 영향」. ≪한국체육학회지≫, 50권 4호.

김성연. 1977. 「우리나라 중 · 고등학교 교복의 역사적 변천 및 현황」. ≪婦學≫, 9권 10호.

김순화. 1993. 「교복착용이 학생의 자아개념과 의복행동에 미치는 영향」. 한국교원대학교 대학원 석사학위논문.

김영인. 1981. 「여자 중 · 고등학교 의복 행동에 관한 연구: 교복을 중심으로」. ≪한국의류학회지≫, 6권 2호.

김인정 · 이재정. 2008. 「교복과 권력」. ≪교육연구≫, 4권 1호.

김융희. 2003. 「고등학교 모범생 이미지 변화의 사회적 맥락」. ≪청소년학연구≫, 10권 2호.

김준. 2010. 「다시 못 올 것에 대하여: 노동자 구술증언 속의 '향수' 또는 '과거의 낭만화'」. ≪사회와 역사≫, 85호.

김창남. 1995. 「유신문화의 이중성과 대항문화」. ≪역사비평≫, 30호.

김택헌. 1970. 「중 · 고등학생의 도덕적 가치관 조사 연구」. 서울시교육연구원. ≪연구보고≫, 3집.

남윤숙. 1990. 「한국 여학생 교복의 변천에 대한 역사적 고찰: 한일합방기를 중심으로」. 수도여자사범대학 대학원 박사학위논문.

뉘닝, 베라(Vera Nünning) · 뉘닝, 안스가(Ansgar Nünning) 외. 2006. 『현대문화학의 컨셉들』. 장진원 외 옮김. 유로.

문교부. 1988. 『문교40년사』.

박석규. 1972. 「한국고등학생의 가치관에 대한 연구」. 연세대학교 대학원 석사학위논문.

박장근 · 임란희. 2011. 「국립공원 관리원들의 여가참여 실태에 따른 주관적 행복감 차이」. ≪한국여성체육학회지≫, 25권 4호.

박찬혜. 1981. 「한국여학생 교복에 대한 연구: 여고생 교복에 대한 사회사적 고찰을 중심으로」. 세종대학교 대학원 석사학위논문.

방하남 · 신동균 · 이성균 · 한준 · 김지경 · 신인철. 2010. 『한국 베이비 붐 세대의 근로생애 연구』. 한국노동연구원.

손대현. 1991. 「포스트모던 사회에서 관광산업은 무엇인가」. ≪관광학연구≫, 15호.
송영민 · 강준수. 2015. 「문학관광과 노스탤지어: 이순원의 강릉 가는 옛길을 중심으로」. ≪관광연구저널≫, 29권 5호.
신혜준. 2008. 「청소년의 경험을 통해 본 교육과 교복브랜드화의 의미」. 이화여자대학교 대학원 석사학위논문.
신한종합연구소. 1991. 『7089우리들: 1970년부터 1989년까지』. 고려원.
안선경 · 양숙희. 2001. 「복식에 대한 검열방식 연구: 청소년 용의복장 규제와 방송복장심의 규제를 중심으로」. ≪복식(服飾)≫, 51권 1호.
여은아. 2001. 「교복의 사회심리학적 의미와 향후 연구 과제」. ≪패션비지니스≫, 5권 3호.
오성철. 2005. 「교육문화비평: 교복과 마음의 통증」. ≪교육비평≫, 18호.
왕, 닝(N. Wang). 2004. 『관광과 근대성』. 이진형 · 최석호 옮김. 일신사.
유종해. 1975. 「남북한 청소년학생의 가치관 형성: 교육제도를 통해 본 관찰」. ≪북한≫, 47호.
윤양매. 1979. 「고등학교학생들의 가치관 연구」. 효성여자대학교 대학원 석사학위논문.
윤정일. 1985. 『교육개혁의 기본 구상』. 교육개혁심의회.
이경자. 1983. 「교복자율화와 그 대책에 관한 연구: 미적 감각의 함양을 중심으로」. ≪한국문화연구원 논총≫, 43호.
이성규. 2014. 「베이비부머의 삶의 만족도에 영향을 미치는 요인: 성별 차이를 중심으로」. ≪디지털융복합연구≫, 12권 10호.
이윤선. 2007. 「설화기반 축제 캐릭터의 스토리텔링과 노스탤지어 담론: 전남의 장성 〈홍길동〉 및 곡성 〈심청〉을 중심으로」. ≪남도민속연구≫, 15호.
이인재 · 최인호. 2009. 「관광지의 이야기 풍경: 한국 관광자가 그려낸 도쿄」. ≪한국콘텐츠학회논문지≫, 9권 6호.
이평전. 2014. 「1960-70년대 '집단기억'과 기억의 재구축: 이청준 소설을 중심으로」. ≪동남어문논집≫, 37호.
임은미. 2006. 「노스탤지어 관광 상품 개발에 관한 탐색적 연구」. ≪관광학연구≫, 30권 3호.
임은미 · 유형숙. 2007. 「리조트 방문객의 노스탤지어성향에 따른 행동유형에 관한 연구: '충무마리나 리조트' 사례를 중심으로」. ≪관광연구≫, 22권 1호.
전상국. 1994. 『전상국 자선대표 작품집』. 청아.
전종우 · 구인모. 2009. 「경기침체 상황에서 소비자의 특성이 광고매체 이용과 흑백 광고 선호도에 미치는 성향」. ≪광고PR실학연구≫, 2권 1호.
정명실 · 송지호. 2011. 「중년 여성의 여가활동특성에 따른 사회적 지지와 건강상태」. ≪기본간호학회지≫, 18권 1호.

정무용. 2013. 「1970년대 중 · 고등학교 평준화 정책의 시행과 '교육격차'」. ≪역사문제연구≫, 29호.
정미량. 2014. 「1970년대 '국적있는 교육' 담론의 교사상 구성 방식, 그 역사적 유사성의 탐색」. ≪교육사학연구≫, 24권 2호.
정윤희. 2011. 「노스탤지어 성향과 방문지 선호도 간 관련성 연구」. ≪호텔관광연구≫, 40호.
정후윤. 2007. 「일본 통치하로부터 교복이 중등교육에 미친 영향 관계 연구」. 부산외국어대학교 대학원 석사학위논문.
조공민 · 김용섭. 2012. 「농촌지역 후기노인의 경제활동 및 여가활동과 주관적 안녕감의 관계에 관한 연구: 구곡 · 순담 지역을 중심으로」. ≪지역사회연구≫, 20권 3호.
조현성. 2002. 「디지털 패러다임과 아날로그감성 커뮤니케이션에 관한 연구」. 이화여자대학교 석사학위논문.
최문길. 1979. 「교복자율화에 관한 연구」. 동국대학교 대학원 석사학위논문.
최숙희. 2010. 「베이비 붐 세대를 위한 정책 우선순위 분석」. ≪한양고령사회논집≫, 1권 1호.
최인호. 2005. 「미디어를 통한 관광객의 사회적 구성과정: 일본인 관광객의 겨울연가 사례」. 한양대학교 대학원 박사학위논문.
통계청. 2010. 『인구주택총조사』.
황병일. 1999. 「소비자행동과 광고에서 향수에 관한 연구」. ≪광고홍보연구≫, 6권 2호.
홍승직. 1986. 「한국의 교육 세계 및 교육가치관 변화: 60 · 70년대의 교육」. ≪한국사회개발연구≫, 15권.
한경혜 · 우석진 · 최혜경 · 하정화. 2013. 「베이비부머 삶의 변화와 지속성, 2010-2012」. 한국 베이비부머 패널 연구 2차년도 보고서. 메트라이프코리아재단.
한국교육개발원. 1991. 「한국의 교육지표」. ≪한국교육개발원≫, 52호.
한국보건사회연구원. 2011. 「베이비 붐 세대 실태조사 및 정책 현황 분석」.
허은. 2015. 「1970년대 박정희 정부의 총력안보체제 구축과 학교의 역할」. ≪한국사학보≫, 60호.

강시일. 2015.5.1. "'오늘만은 경주 수학여행 온 여고생이랍니다' 수도권 노래교실회원 단체방문 1박2일간 교복 입고 추억속으로". ≪대구일보≫.
곽성일. 2010.10.11. "교복 입고 '아련한 그때 그 시절로': 경주 '추억의 수학여행' 중 · 장년층에 인기몰이". ≪경북일보≫.
_____. 2011.4.12. "'추억의 경주 수학여행' 인기몰이: 대구 효성여고 · 상주 청리중 졸업생 등 학창시절로 시간여행 옛 추억 되살려". ≪경북일보≫.
김상준. 2015.10.27. "합천공예협동조합 추억의 교복입고 공예열차 타자". ≪경남도민신문≫.
김성웅. 2016.5.3. "교복입고 다시 찾은 앙코르 경주 수학 여행". ≪한국일보≫.

백승목. 2010.10.19. "'추억의 교복 수학여행' 경주가 붐빈다". ≪경향신문≫.
송인경. 2015.10.28. "제1회 설악산 단풍축제 개최". ≪국제뉴스≫.
이권효. 2010.10.12. "교복입고 경주여행 … 학창시절 돌아간 듯". ≪동아일보≫.
이채수. 2009.10.26. "경북여고 50회 동기생들 '추억의 수학여행'". ≪매일신문≫.
장영테. 2010.10.10. "40년 전 추억 속으로 여행 떠나요". ≪세계일보≫.
최윤채. 2007.11.26. "30년 전 '까까 · 단발머리'들 '친구야~'추억의 경주 수학여행: 대구 계성고 · 순천 매산고". ≪매일신문≫.
한승하. 2015.10.21. "올 가을 여행의 참맛은 전남 순천만 갈대". ≪세계일보≫.
≪경주신문≫. 2008.5.19. "추억의 경주 수학 여행: 서울 양정고 졸업 35주년 기념, '삼삼오오' 손잡고 만나자".
_____. 2012.5.29. "우리나라 대표 명문 상고- 부산상고 졸업50주년 기념: 70세 노신사들 120여 명 옛 교복 입고 경주로 go!"
≪경향신문≫. 1967.11.7. "추첨제 진학 건의".
≪이투뉴스≫. 2015.10.21. "전주비빔밥축제를 한옥마을에서 두 배 즐기는 방법 한복과 교복대여 체험".
≪중앙일보≫. 2012.6.21. "그 시절 교복입고 불국사서 찰칵 … 백발의 수학여행단".
SBS 〈모닝와이드〉. 2016.5.9. "등산복 입으면 한국인? 해외 여행 '복장 논란'".

Batcho, K. I. 1998. "Personal nostalgia, world view, memory, and emotionality." *Perceptual and Motor Skill*, 87.
Behling, D. 1994. "School Uniforms and Person Perception." *Perceptual and motor skills*, 79(2).
Beller, S. 1996. "The World of Yesterday Revisited: Nostalgia, Memory, and the Jews of Fin-de-siecle Vienna." *Jewish Social Studies*, 2.
Boym, S. 2001. *The future of Nostalgia*. New York: Basic Books.
Caruso, P. 1996. "Individuality Vs Conformity: The Issue Behind School Uniforms." *NASSP Bulletin*, 80(9).
Davis, F. 1979. *Yearning for Yesterday: A Sociology of Nostalgia*. New York: The Free Press.
Grossberg, L. 1992. *We gotta get out of this Place: Popular Conservatism and Postmodern Culture*. New York & London: Routledge.
Havlena, W. and Holak, S. 1991. "The Good old days observations on nostalgia and its role in consumer behavior." *Advances in Consumer Research*, 19.

Holak, Susan L. and William J. Havlena. 1992. "Nostalgia: An Exploratory Themes and Emotions in the Nostalgic Experience." *Advance in Consumer Research*, 19.

Holbroom, M. B. 1994. "Nostalgia and consumption preferences: Some emerging patterns of consumer tastes." *Journal of Consumer Research*, 20.

Jameson, F. 1984. "Postmodernism or The Cultural Logic of Late Capitalism." *New Left Review*, 146.

Leong, A. M. W., Yeh, S., Hsiao, Y. and Huan, T. C. 2014. "Nostalgia as travel motivation and its impact on tourists' loyalty." *Journal of Business Research*, 68(1).

Mueling, D. D. and Sprott, D. E. 2004. "The Power of Reflection: An Empirical Examination of Nostalgia Advertising Effects." *Journal of Advertising*, 33(3).

Naughton, K. and Vlasic, B. 1998. "The nostalgia boom: Why the old is new again." *Business Week*, 3570.

New Oxford Dictionary of English. 1998.

Phau, I. and Marchegiani, C. 2010. "Away from 'unified nostalgia': Conceptual differences of personal and historical nostalgia appeals in advertising." *Journal of Promotion Management*, 16(1/2).

Radstone, S. 2007. *The Sexual Politics of Time: Confess, Nostalgia, Memory*. London: Routledge.

Rosen, G. 1975. "Nostalgia: A 'forgotten' psychological disorder." *Psychological Medicine*, 5.

Schuman, H. and Scott, J. 1989. "Generations and Collective Memories." *American Sociological Review*, 54.

Sedikdes, C., T. Wildschut, J. Arndt and C. Routledge. 2008. "Nostalgia: Past, present, and future." *Current Directions in Psychological Science*, 17(5).

Shircliffe, B. 2001. "'We got the Best of the World': A Case for the Study of Nostalgia in the Oral History of School Segregation." *Oral History Review*, 28.

Stern, B. B. 1992. "Nostalgia in Advertising Text: Romancing the Past." *Advances in consumer Research*, 19.

Wildschut, T., C. Sedikides, J. Arndt and C. Routledge. 2006. "Nostalgia: Content, triggers, functions." *Journal of Personality and Social Psychology*, 91(5).

Wildschut, T., C. Sedikides, C. Routledge, J. Arndt and F. Cordaro. 2010. "Nostalgia as a Repository of Social Connectedness: The Role of Attachment-Related Avoidance." *Journal of Personality and Social Psychology*, 98(4).

제3장

초국가적 이주민의 고향과 향수

중국 선양 및 단둥의 재외국민을 중심으로

이창호

1. 머리말

오늘날 이주의 급속한 증가와 함께 국제 이주민에 대한 관심과 연구가 늘고 있다. 특히 그동안 이주민에 관련된 연구들이 이주의 배출-흡인push-pull 요인과 경제적 영향 및 정부의 동화정책과 같은 외부적 요인에 집중해왔다면, 초국가주의적 공간으로 변모하는 오늘날에는 개인과 사회 사이의 관계망과 이주자들의 정체성 감각, 장소에 대한 감정적 애착emotional attachment 등을 찾는 연구들에 좀 더 집중할 필요가 있다는 자각이 증가한다(Jackson, Crang and Dwyer, 2004: 1~39). 또한 이주민의 속성으로 사용되는 '정체성의 이주자들migrants of identity'(Rapport and Dawson, 1998: 3)이라는 용어에서 볼 수 있듯이, 개개인의 정체성은 항상 도처에 역동적으로 존재하기 때문에 고정된 장소 중심의 기존 범주를 넘어서는 공간 지향적인, 혹은 이주민의 감정과 정서에 집중하는 새로운 연구 방식이 요구된다. 특히 다양한 미디어와 학문 분야를 통해 실제적으로 구성 · 유지되면서 지속적으로 재규정되는 문화, 민족, 인종, 정체성 등은 새로운 미디어들이 등장하면서 이전과는 좀 더 다른 방식으로 인식 · 규정될 가능성이 있다. 즉, 디아스포라 성원들이 자신이 사는 지역의 역사와 개인적 경험이 기저가 된 전 지구적인 역사적 과정을 발견하는 기회가 늘고 있다는 점에 주목할 필요가 있다(Ignacio, 2005: 7).

한국 사회의 경우 글로벌화globalization의 확대로 외국인 체류자가 2015년 현재 약 190만여 명에 이르며(법무부 출입국외국인정책본부, 2016), 그 3.5배가 넘는 718만여 명 이상의 한인이 해외에 거주한다(외교부, 2015). 특히 오늘날 남북한 총인구의 1할을 점유하는 규모로 증가한 재외동포는 모국과 거주국을 매개하는 주요 행위자이자 우리 국력의 외연을 형성하는 소중한 자산으로 평가받는다(재외동포정책위원회, 2009). 그러나 재외동포 모두가 한국을 고향 혹은 고국으로 생각하는지, 자신의 정체성을 한국 사회에 두는지는 미지수라고 할 수 있다. 더구나 이들이 느끼는 고향에 대한 감정과 정서는 고향 혹은 고국homeland과 거주국 사회host society의 역사와 문화, 경제뿐 아니라 각 개인의 양 사회 내 사회적 관계, 경험, 기대감 등을 포함하는 복잡한 동학 속에 위치하므로 단순한 통계나 설문지로 판단을 내리기에는 미흡하다.

본 연구는 현재 한국 사회에서 급속하게 진행되는 해외 이주 현상과 고국에 대한 재외국민들의 관념과 향수를 이주자 자신의 감정, 정서 및 문화적 환경을 중심으로 하는 감정인류학적 연구를 통해 분석하려 한다. 감정인류학anthropology of emotions에 대해서는 무수히 많은 논의가 존재하지만, 한마디로 정리하면 "행위자를 관계 속에서 느끼는 주체로서 파악하는 데서 출발해 정의적情意的 과정을 사회문화적 과정의 주요한 측면으로 기술 · 분석한다는 것"(정향진, 2013: 194)을 의미한다. 본 연구에서는 기존의 감정인류학 연구에서 한발 더 나아가 이주 연구에 이를 적용시키려 했다. 현재의 이주는 국경을 뛰어넘는 이동이기는 하나, 여러 생활공간에 소속되며 쌍방향 이동이 활발하게 전개되는 방식, 즉 트랜스 이주transmigration 혹은 초국가적 이주가 새로운 특징으로 자리 잡고 있으며, 이로 인해 기원지와 목적지는 더 이상 단절된 기억과 향수의 장소가 아니라, 실천적이며 상상적으로 구성되는 생활세계로 거듭나게 되었다(이영민, 2013: 54). 이러한 초국가적 이주를 실행에 옮기는 행위자들을 우리는 초국가적 이주민transmigrants 혹은 트랜스 이주자라고 정의할 수 있다. 초국가적 이주민이란 일상의 삶이 국제적 경계를 가로지르는 다양하고 지속적인 상호 연결성에 좌우되며, 자신의 공적 정체성이 한 개 국가 이상의 관련성 속에서 형성되는 이주민을 뜻한다(Glick Schiller, Basch and Szanton Blanc, 1992; Basch, Glick Schiller and Szanton Blanc, 1994; Glick Schiller, Basch and Szanton Blanc, 1995: 48). 과거와는 다르게 나타나는 초국가적 이주민의 삶의 경험과 이주 과정에서 나타나는 기억·감정·문화에 대한 맥락적 연구는 '고국' 혹은 '고향'의 의미와 '향수'를 보다 심층적으로 파악할 수 있는 중요한 통로가 될 것이다. 아울러 '고향'이라는 개념이 이주민들에게 어떻게 재구성·발현되는지 파악해봄으로써 오늘날 보편화된 '국민국가nation state'라는 범주와 경계가 개개인의 감정·인식·실천의 영역 속에서 어떻게 내면화·재조정되는지 심층적으로 분석해보려 했다.

2. 재외국민의 고향과 향수

1) 재외동포와 재외국민

흔히 우리는 해외로 이주해 생활하고 있는 한국인 혹은 한국계 사람들을

'재외동포'로 통칭해 부르지만, 재외동포와 재외국민은 정의하기에 따라 그 의미가 다르다. '재외동포재단법' 제2조에서 '재외동포在外同胞'는 "대한민국 국민으로서 외국에 장기 체류하거나 영주권을 취득한 자"와 "국적을 불문하고 한민족의 혈통을 지닌 자로서 외국에서 거주 · 생활하는 자"의 두 종류로 정의된다. 즉, 이 법에서 뜻하는 재외동포는 국적과 관계없이 외국에 거주하는 한민족 혈통을 가진 자를 일컫는다. 한편 '재외동포의 출입국과 법적 지위와 관한 법률'(일명 재외동포법)의 제2조(정의)에서는 '재외동포'란 다음 각 호의 어느 하나에 해당하는 자를 말한다. "대한민국의 국민으로서 외국의 영주권永住權을 취득한 자 또는 영주할 목적으로 외국에 거주하고 있는 자(이하 '재외국민'이라 한다)"와 "대한민국의 국적을 보유했던 자(대한민국 정부 수립 전에 국외로 이주한 동포를 포함한다) 또는 그 직계비속直系卑屬으로서 외국 국적을 취득한 자 중 대통령령으로 정하는 자(이하 '외국국적동포'라 한다)"의 두 경우를 들고 있다. 이는 '재외동포재단법'에 비해 다소 협의의 동포를 의미한다. 즉, 우리는 흔히 외국에 거주하는 한인들을 지칭할 때 '재외동포'와 '재외한인'이라는 표현을 함께 사용하지만, '재외국민overseas Korean citizen'을 구분해 사용할 경우에는 외국에 거주하는 한국인을 칭한다. 이 개념은 혈통 개념 보다는 국적 개념으로서, 한국인의 국적을 보유하고 어떤 방법으로든 외국에서 거주하거나 체류하는 국민을 말한다(박채순, 2008: 31~32).

국내에서 재외동포 관련 연구가 본격화된 것은 1960년대 이후부터다. 당시 재일교포의 법적 지위 문제로 촉발된 재일동포 관련 연구의 중심축은 최근 들어 지역별로는 일본 · 중국 · 미국 · 러시아 및 CIS · 기타 지역연구로, 주제별로는 역사 · 사회 · 경제 · 정치 · 문화 · 교육 · 정신건강/보건지리 · 인권/법적 지위 · 해당 국가 한인 정책 · 한국/한반도 문제와의 관계 및 관련 활동 · 한국 정부의 재외동포 정책 · 독립/민족운동 · 기타 연구로 확대되었으며, 재외동포를 거주국에서는 모범적 국민으로, 모국에서는 동포애로 육성되어야 할 소중한 민족 자산으로 보고 있다(김봉섭, 2009: 7~8, 70). 그러나 이때의 재외동포는 주로 일제강점기에 이주한 사람들이거나, 1960~1970년대에 해외로 노동 이주를 떠나 거주국의 시민권을 부여받은 사람을 일컫는다. 그런 면에서 볼 때 본 연구에서 다루려는 중국 이주 재외국민은 과거의 재외동포와 대별되는 커다란 특징이 있다. 첫째, 이주의 역사가 비교적 짧다는 점이다. 중국과는 1992년에 수교했기 때문에 공식적인 이주의 역사는 길지 않다. 둘째, 영구 정착으로서의 이민이 아닌 단기적 이주의 성격이라는 점이다. 과거의 이주는 거주국에서 평생 살아야 할 것을 전제로 했지만, 거주국인 중국 사회가 이민을 엄격히 제한하고 있기 때문에 중국 내 재외국민들은 모국 혹은 고국에 다시 돌아와야 할 운명이며, 비행기로 2~3시간 정도 걸리는 가까운 거리이기 때문에 모국과 빈번히 왕래한다.

최근 재외동포에 대한 연구도 재외동포와 재외국민으로 대상이 세분화되고 있으며, 재외국민의 경우 이들의 초국가주의적transnational 현상과 20여 년이라는 짧은 이주 역사에도 불구하고 중국 내 각 도시에 형성되는 '코리아타운'이 중요한 주제로 떠오르고 있다. 그러나 기존 연구들을 살펴보면 중국 사회에 지역별 편차가 존재함에도 불구하고, 모든 지역의 재외국민들이 동일할 것이라는 가정 아래 중국의 중앙부이자 대도시인 베이징의 재외국민에 연구가 집중되거나(민귀식, 2010; 정종호, 2013; 이윤경, 2015; 이윤경 · 윤인진, 2015), 종족집거지ethnic enclave가 이주의 역사 및 각 거주국 사회의 맥락 속에서 어떻게 작동되어왔는지에 대한 비교문화적 고찰(예컨대 차이나타운 등 동족집단중심지와 관련된 연구들) 없이 '코리아타운' 혹은 '한인집거지'의 형성을 다루기도 했다(강진석, 2007; 김윤태 · 안종석, 2009; 백건호 외, 2010; 구지영, 2013; 임영상, 2014). 강주원(2013a, 2013b)과 구지영(2011)은 좀 더 나아가 단둥과 칭다오라는 소도시를 배경으로 보다 구체적으로 재중 한국인들의 삶의 방식을 분석하고 있으나, 경제적 관념을 넘어 이주민들의 정서적 애착의 메커니즘을 설명하기에는 여전히 부족하다. 즉, 재외국민에 대한 기존의 연구들은 중국에 거주하는 재외국민의 초국가성과 네트워크 결속력에 대해 잘 분석하고 있지만, 연구자 자신이 외부자적인 시선과 인식을 크게 벗어나지 못해 이들 사회 내부의 감정과 정서의 역동성이 잘 부각되지 않았다. 따라서 이주민 연구에서 초국가주의적 현상과 종족집거지 형성의 기저에 존재하는 이주민 자신의 감정과 정서의 구조를 보다 중요한 분석 요인으로 적용해볼 필요가 있다.

2) 고향

고향의 정의는 '태어나서 자라고 살아온 곳, 혹은 마음속 깊이 간직한 그립고 정든 곳'이다. 그러나 '고향'이라는 말은 누구에게나 다정함과 그리움과 안타까움의 정감을 강하게 주는 말이면서도, 정작 '이것이 고향이다'라고 정의를 내리기는 어려운 단어다. 고향이라는 단어는 주로 고향을 떠난 사람이 국내에 있는 경우에 쓰지만, 다른 나라에 가 있을 때는 좁은 고향 땅과 넓은 우리나라 땅이 겹쳐서 고향이 곧 고국이자 조국이자 모국으로 확대된다(한국학중앙연구원, 『한국민족문화대백과사전』). 고전적인 디아스포라의 범주에는 고대에 고향을 잃어버리거나 추방당한 유대인, 그리스인, 아르메니아인이 포함되었으며, 이들에게 고향은 과거의 영광과 고귀함, 부흥의 기억이 가득 찬 신성한 장소로 묘사되곤 한다. 또한 디아스포라 자체의 의미와 분위기는 사회문화적 실현이 제한되어 있는 추방과 억압의 '우울한 장소melancholy places'로 묘사되었다(Weingrod and Levy, 2005: 4~5).

그러나 오늘날 글로벌화와 이주의 급속한 증가로 인해 디아스포라와 고국의 의미는 전적으로 다르게 변모했다. 과거 영광스러운 장소로 인식되던 고향에 대한 기억과 이미지는 거의 모두 사라지고, 오히려 소수자를 억압하며 문화적 자유와 여타의 자유를 억압하는 장소로까지 묘사된다. 디아스포라는 이제 문화의 창조적인 혼합, 새로운 혼종적 정체성 형성의 장으로 부각된다. 이때 디아스포라와 고향의 범주는 고정되고 정적인 것이 아니고, 복잡하게 연결되어 있으며 역동적이다(Weingrod and Levy, 2005: 5~6).

그럼에도 불구하고 '디아스포라' 하면 당연하다는 듯이 한 세트로 구성되어 딸려왔던 고향 혹은 고국의 고전적 의미가 아직도 전 세계의 재외동포 정책 프로그램에서 많이 사용되는 것이 현실이다. 따라서 새로운 의미의 디아스포라와 고국의 의미가 재고될 필요가 있다. 더구나 시·공간 압축과 교통·통신의 발달 같은 보편적 요인들뿐 아니라 중국과 같은 비이민국가로의 이주, 모국과 거리가 가까워 출입국이 빈번한 사회로의 이주 등 이주의 새로운 조건들은 전통적인 디아스포라 및 고국의 특징들에서 벗어나 있다.

이제는 고향 혹은 고국이라는 용어를 좀 더 감정적이고 정서적인 차원에서 재고할 필요가 있다. 우선 고향이라는 단어가 특정 장소를 지칭하는지 보편적 특성을 지칭하는지가 중요하다. 즉, 고향은 특정한 장소 혹은 국가를 지칭할 수도 있지만, 이동성이 증가하는 사회에서는 일반적인 특성을 지칭하는 것일 수 있다. 고향을 의미하는 'homeland'라는 단어에 쓰인 'home'이라는 단어를 살펴봐도 그 안에 다양한 의미 체계가 존재한다는 것을 알 수 있다. 즉, 첫째, '어떤 장소에 대해 알거나 익숙한 것'이라는 익숙성familiarity의 요소, 둘째, 안전하고, 편안하며, 사적이고, 배타적인 의미로서의 안식처와 피난처haven의 요소, 셋째, 공공적 정체성과 배타성을 동반하는 낙원heaven의 요소(이웃, 도시, 국가 등이 포함된다) 등이다(Duyvendak, 2011: 38~39). 이러한 개념은 시대와 지역에 따라 강조되는 지점이나 애착의 정도에 의해서 다르게 나타난다. 재일교포 작가 김석범과 만주의 독립군 김산, 유랑한 여성 가네코 후미코金子文子를 중심으로 고향의 의미를 분석한 김태준은 "고향은 이전부터 있어온 개념이지만, 근대에 들어와 고향의 심상은 이산離散의 소용돌이 속에서 편안한 땅에 대한 동경과 망향의 표상으로 발전되었다"(김태준, 2006: 7~37)고 평한다. 즉, 대상자의 상황과 맥락에 따라 고향은 구체적인 장소가 될 수도 있고, 이동성이 빈번한 오늘날의 삶에 대한 비유일 수도 있다.

3) 향수

이주와 이주민들의 삶에 대한 연구에서 가장 중요하고 기저가 되는 요인들은 무엇인가? 그것은 이주민의 일상생활에서 나타나는 혼합적이고 대비되는 감정들, 즉 희망과 향수, 죄책감과 열망, 애착과 불만 등이라고 할 수 있으며(Boccagni and Baldassar, 2015: 73), 이 중 향수는 고향과 잘 결합될 수 있는 감정의 형태다. 향수 혹은 노스탤지어nostalgia 연구는 이러한 점을 반영한다. 향수를 뜻하는 'nostalgia'의 사전적 의미는 "어떤 시기나 장소에 대해서 개인적으로 연관성이 있는 행복했던 과거에 대한 감성적 갈망 또는 동경하는 애착심"으로 정의되며(*New Oxford Dictionary of English*, 1988), 어원은 '집으로 돌아가다'라는 의미의 그리스어 'nostos'와 '고통스러운 상태'를 의미하는 'algia'에서 유래해 "끊임없이 고향으로 돌아가고 싶어 하는 동경과 갈망으로 생긴 심리적인 고통"을 의미한다(Sedikides, Wildschut and Baden, 2004: 200~214; 임은미, 2006: 115~134). 향수라는 말의 뜻과 어원이 가리키듯이, 향수의 대상으로 압도적인 것은 과거에도 지금도 고향이라는 장소다.

또한 고향을 향수의 대상으로 만드는 것은 고향을 떠나 낯선 곳으로 이주하는 경험이다. 그런데 문제는 향수의 대상이 실제로 존재한 고향을 넘어 확대된다는 점이다(김준, 2010: 92). 즉, 이 개념이 처음 만들어진 17세기에는 향수가 고향을 떠나 먼 곳을 방황하는 스위스 용병, 선원, 원정군인 등이 걸리는 치명적일 수도 있는 질병으로 여겨졌다. 따라서 향수는 고향으로 돌아가면 근본적으로 치유될 수 있다고 생각되었다. 설령 고향으로 돌아갈 수 없더라도 아편, 남자다움을 고취하는 것, 운동, 전투 등과 같은 처방이 가능한 것으로 간주되었다. 그러나 19세기 들어 향수를 질병으로 보는 시각은 점점 더 약화된 반면, 낭만주의를 대표하는 감수성의 징표로, 그리고 민족주의와 애국주의의 수사적 표현으로 보는 시각은 힘을 얻어갔다(Boym, 2001: 11~13). 또한 낭만주의 및 애국주의와의 결합은 불가피하게 향수를 정치화했다(김준, 2010: 88). 사회학자 프레드 데이비스Fred Davis(デーヴィス, 1990)는 'nostalgia'라는 말이 처음으로 주조되어 사용된 이래로 많은 변화를 겪어왔기 때문에 어원학에서 출발해 향수의 속성을 이해하려고 하면 심각한 사회언어학적 역설에 부딪힐 수밖에 없다고 지적한다. 따라서 오늘날에는 향수가 주체의 구체적 고향을 지향한다기보다는 뿌리 뽑힘, 집 없음 등의 감정이며, 이는 근대사회에 만들어진 피할 수 없는 인간의 조건의 하나로 보기도 한다. 스베틀라나 보임Svetlana Boym(Boym, 2001)은 한발 더 나아가 향수를 복원적restorative 향수와 성찰적reflective 향수로 나눈다. 복원적 향수는 'notos(고향)'에 초점을 맞추어 상실된 고향을 역사적 시간을 뛰어넘어 다시 세우고 기억의 간격을 보충해 채워넣는 것이다. 예를 들어 오늘날 러시아 사회에서는 과거 기억의 편린들이 정치적인 이데올로기화의 방향으로 복원적 노스탤지어의 대상이 되고 배타적인 패권주의와 민족주의의 매개체로 활용된다(이경완, 2007: 274). 성찰적 향수는 'algia(열망)'를 중시하며, 완전한

진리로 여겨지는 것에 대한 복원이 아니라 역사와 시간의 경과에 대한 조정에 그 초점이 맞추어져 있다(Boym, 2001: 13, 41~50).

향수의 개념은 이처럼 너무나 다양해 모두 열거하기 힘들 정도이지만, 오늘날 어느 정도 합의된 개념으로는 "변화된 현재에서 부족한 무엇인가를 갈망하는 것 …… 시간의 불가역성이라는 이유만으로 지금은 도달할 수 없는 것에 대한 동경"(Pickering and Keightley, 2006: 920)이라고 할 수 있다. 서구 사회의 경우 '노스탤지어의 문화'라고 부를 만큼 향수의 개념이 좀 더 대중적으로 변모한 것은 1960년대와 1970년대다. 이 시기는 미디어의 성장과 대중문화를 통한 노스탤지어의 상업화에 수반된 거대한 사회적 변화를 거쳤다. 오늘날은 과거의 방식과 물건들에 대한 미화 열풍이 서구 사회에 만연하며, 벼룩시장의 성공과 골동품, 유기농 음식, '자연'분만법, 생태박물관, 빈티지vintage 소비 등과 같은 레트로마니아retromania(과거에 중독된 대중문화)를 목격할 수 있는데, 이것은 SNS의 일종인 '인스타그램Instagram'과 같은 현대의 새로운 테크놀로지에 스며들어 있기도 하다 (Angé and Berliner, 2014: 3).

인류학에서 향수 연구는 현지 조사를 기반으로 하기 때문에 좀 더 포괄적이면서도 구체성을 띤다. 향수는 특히 개인, 사회, 정치를 가로지르는 교차점의 복잡성을 이해하기 위한 분석의 틀로 매우 중요하게 간주되었다. 그동안 다양한 관심 분야에서 연구가 진행되었는데, '구조적structural'(Herzfeld, 1997), '종합적synthetic'(Strathern, 1995: 97~120), '안락의자적armchair'(Appadurai, 1996), '식민주의적'(Bissel, 2005: 215~248), '제국주의적'(Rosaldo, 1989: 107~122), '실천적'(Battaglia, 1995: 76~96), '저항적'(Stewart, 1988: 227~241), '미래에 대한for the future'(Piot, 2010) 향수로 각각 나누어볼 수 있다. 그러나 아직까지 향수와 상실이 잘 분석되어 있는 민족지는 드문 편이며, 기억 연구에서 홀로코스트가 조사의 패러다임이 되었던 것과 마찬가지로 향수에 대한 연구 결과물들은 탈사회주의적인 정치적 변동을 겪었던 '동유럽'(Angé and Berliner, 2014)이나 개혁개방 이후의 중국(박충환, 2011)에 집중되어 있는 형편이다.

이상과 같이 향수는 시대적으로 다르게 나타나고, 발생 원인과 확산 과정이 상이하며, 정치적 측면에서도 차이가 나타나기 때문에 분석의 틀을 좀 더 정교하게 적용하고 그 대상을 넓힐 필요가 있다. 특히 그동안 문학작품이나 드라마, 영화 등에서 묘사되어온 '향수'를 다양한 사회문화적 현상들을 보다 구체적으로 분석하기 위한 사회과학적인 개념적 도구로 사용할 필요가 있다. 특히 이주민의 감정과 정서 등을 민족지적으로 기술해본다면 공간과 장소, 그리고 이것을 연결하는 사회적 관계의 측면이 좀 더 세밀하게 분석될 수 있을 것이다.

3. 선양과 단둥을 찾아서

본 연구의 목표는 첫째, 최근 한국인의 해외 이주 현상과 그 의미를 고찰하고자 했다. 이를 위해 구체적인 사례 지역을 선양瀋阳과 단둥丹东으로 정했다. 이 지역은 1992년 한중수교가 이후 본격적으로 한국인들의 이주가 이루어지기 시작했으며, 지리적으로 한국과 가깝고 북한과 접해 있거나 가까운 접경지대에 위치한 곳이기도 하다. 조사 대상자 역시 한국 국적을 지닌 재외국민으로 한정했다. 중국 조선족뿐 아니라 미국, 중남미, 러시아 근방 등의 거주국 국적을 가진 해외 한인을 포함할 경우, 연구의 시대적 범주가 식민지 시기를 포함한 근대 시기로 확대되기 때문에 한정된 연구 조건으로 대상을 모두 포괄할 수 없으며, 한국 사회에서 1980년대 말부터 본격화한 새로운 형태의 해외 이주 패턴을 집중적으로 파악할 수 없다. 따라서 비교적 최근인 1990년대 이후에 이주한 재외국민의 감정과 정체성을 보다 명확하게 파악할 수 있는 중국을 연구 대상지로 선택했다. 더구나 2012년은 한중수교 20주년이 되는 해여서 2012~2013년에 이를 기념하는 재중 한국인들의 회고적 기념 서적이 많이 출간되었다.

둘째, 해외 이주의 동기와 결과를 포함하는 재외국민 이주의 근본적 요인들을 재검토하려 했다. 해외 이주는 세계화라는 거시적 요인 외에도 가족과 친족 및 교우 관계를 포함하는 다양한 사회적 관계들 속에서 발생한다. 이때 모국에서의 이러한 이주 동기들은 거주국의 적응 과정에서도 그대로 나타나게 된다. 본 연구는 이러한 개인의 미시적 요인을 국가의 이주 정책이라는 중범위적 요인, 세계화라는 거시적 요인들과 결합해 복합적인 이주의 메커니즘을 포착하고자 했다.

셋째, 이주 후 모국에 대한 열망과 그리움을 이주자 대상 인터뷰를 포함해 거주국 사회에서의 다양한 모임과 결사체 활동을 통해 분석하려 했다.

▎선양과 단둥의 위치

해외 이주 한인들은 대체로 한인 집거지에 거주하는 경우가 많으며, 골프 동호회 같은 친선 모임이나 각종 이익집단을 구성한다. 이들 모임에서는 평소에 품었던 고국 혹은 모국에 대한 유대감이나 반감이 표출되며, 이것이 한인 사회의 집합적 정서를 이룬다. 본 연구는 개인과 집단의 감정 모두를 상호 맥락적으로 분석해 이주자들의 감정동학을 세밀하게 이해하고자 했다.

넷째, 본국과 해외 한인 사이에 가로놓인 장소적 장벽 외에 공간적 · 인식적 장벽이 어떠한 방식으로 존재하는지 고찰하려 했다. 즉, 한국 사회와 장소적으로 유리되어 있는 거주국 사회에서 재외국민들은 한국 사회에 대한 정보를 어떤 방식으로 습득하며, 이를 자신의 감정과 정서의 맥락에서 어떤 방식으로 해석하고 실천하는지 분석하려 했다.

다섯째, 재외국민들의 거주국 내 협조와 동화 과정을 통해 생활세계에서 나타나는 '모국 정서와의 모순'을 파악하려 했다. 재외국민들이 해외로 이주하면 같은 한인들끼리의 관계망도 중요하지만 거주국 내 주류 사회와의 관계망이 더 중요한 요인이 될 수 있다. 주류 사회에 포함되기 위해서 자신의 정체성을 어느 정도 희생시켜야 하는 상황이 올 수 있으며, 이에 대한 갈등의 발생과 그 내용은 실제로 이주민들이 고국에 대해 이해하고 해석하는 방식과 연관이 있다.

마지막으로, 해외 한인들의 고국에 대한 향수가 인터뷰 내용뿐만 아니라 음식, 의복, 주거, 세시풍속 등 일상적인 생활문화에서 어떤 방식으로 나타나는지 파악함으로써 이에 대한 의미를 문화인류학적으로 조망해보았다.

본 연구는 이 같은 목적을 달성하기 위해 다음의 연구방법들을 활용했다.

첫째, 문헌 연구로 이주민의 고국과 향수에 관한 선행 연구들을 검토해 이론적 배경을 확보했을 뿐만 아니라 한중수교 20주년을 기념해 재중국한국인(상)회에서 출간한 『재중국한국인 20년사』(재중국한국인회, 2013)와 『심양교민 20년: 심양한인사회 20년의 발자취』[재중국선양한국인(상)회, 2013]를 통해 공동체에서 집단적으로 경험한 거주국 사회에 대한 인식과 고국에 대한 의미를 중국 전체라는 거시적 맥락과 단둥과 선양이라는 미시적 · 지역

표 3-1 _ 조사 대상자 명단

번호	이름	성별	출생 년도	출생지	중국 내 거주지	직업	기타
1	S1	남	195*	충남	선양	전자대리점 경영	선양한국인회 임원
2	S2	남	195*	부산	선양	법률사무소	선양한인산악회 임원
3	S3	남	195*	서울	선양	보석가공판매업	선양한국인회 임원
4	S4	남	195*	경북	선양	식당 경영/ 선양 한인문화원 역사강사	중국에서 13년 거주 후 한국으로 귀국
5	S5	남	195*	서울	선양/ 단둥	개발업, 문화사업	한인연합회 임원/유적연구소 소장
6	D1	남	196*	충남	단둥	무역업	단둥한국인회 임원
7	D2	남	196*	서울	단둥	무역업	단둥한국인회 임원
8	D3	남	196*	서울	단둥	식당 경영	단둥한국인회 임원
9	D4	남	196*	인천	단둥	무역업	단둥에서 10년 동안 사업 후 인천에 다시 이주
10	D5	남	194*	경북	단둥	무역업	전남 광주시 행사 자문위원
11	D6	남	193*	경북	단둥	무역업	한인연합회 임원
12	D7	남	196*	전북	단둥	부동산중개업	
13	D8	여	196*	서울	단둥	부동산 중개업	단둥한인회 임원
14	D9	남	197*	경남	단둥	커피숍 운영	
15	D10	남	196*	서울	단둥	무역업	단둥한인회 임원
16	D11	남	197*	미국	단둥	북한 지원 사업	재미 한인
17	D12	여	198*	미국	단둥	미국 내 대학원 박사과정	재미 한인
18	D13	여	198*	중국	단둥	단둥한국인회 사무직원	중국 조선족

주: 조사 대상자에 대한 사생활 보호를 위해 출생년도 끝자리는 *로 표시했고, 출생지는 구체적인 지역을 밝히지 않았음.

적 맥락에서 분석하고자 했다.

둘째, 단순한 문헌 조사에 그치지 않고 현지 조사와 참여 관찰을 위해서 중국 선양의 서탑가西塔街, 단둥의 한인촌 등 대표적인 한인 밀집 거주 지역을 선택해 단기간 문화인류학적 현지 조사를 수행했다. 이 현지 조사에는 조사 대상자와의 라포rapport 형성을 비롯해 대상자 인터뷰와 일상생활 관찰 및 현지 답사여행 동반 관찰이 포함되어 있다. 2012년 10월 8~18일에 예비 조사를 시작으로 2014년 2월 9~17일에 본 연구가 수행되었다.

셋째, 인터넷과 미디어 등을 통한 자료 수집으로 재외한인 집단에서 발간하는 뉴스레터와 동호회지, 인터넷 커뮤니티 활동을 파악하고 이를 자료화했다. 대표적으로는 중국 동북3성 한국인연합회에서 발행하는 ≪내 마음의 북두칠성≫과 선양한국인(상)회 발행의 ≪선양한국인≫, 선양산악연맹의 ≪산≫, 재중국단동한국인(상)회 · 단동한국문화원 소식지인 ≪압록강연가≫, 재중국 단동한국문화원 항일유적연구소 연구 소식지인 ≪압록강아리랑≫, 단동한글학교의 ≪압록강 희망이야기≫, 그리고 단둥 내 한국인 상인들의 광고종합지인 ≪메아리≫가 있다.

4. 한국인의 중국 이주와 그 전개 양상

1) 한국인의 중국 이주 역사

과거의 역사적 시기가 아닌 재외국민의 이주에 한정해보면, 한국인들이 본격적으로 중국에 이주한 시기는 1992년 한중수교 전후부터다. 2014년 현재 중국에 거주하는 재외국민은 영주권자, 일반 체류자, 유학생을 포함해 약 37만여 명에 이른다. 이를 외국 국적(시민권자)인 223만여 명과 합치면 중국 거주 재외동포는 총 260만여 명에 달한다(외교부, 2015).

한국 정부에서 파악하고 있는 교민의 수는 재외국민 등록자 수에 근거한

표 3-2 _ 한국인의 중국 이주 시기별 주요 사항

시기	시기별 주요 사항	내용
수교 이전	40년 장벽을 뛰어넘어	석유와 석탄이 만들어놓은 징검다리: 중국산 원유와 석탄 수입
		'공식 국호'를 처음으로 불러준 중국 민항기 불시착 사건
		손에 손잡고 …… 스포츠로 끌어안은 양국 관계
		수교도 하기 전에 '5대 무역국' 부상
		수교 전야: KOTRA 북경 사무소 개설
1992~1997	기적을 만들어가며	1992년: 기적의 시작
		1993년: 협력의 노둣돌을 쌓다
		1994년: 하늘길이 활짝 열리다
		1995년: 러시를 이루는 상호 방문
		1996년: 한국 음악 방송 시작, 〈사랑이 뭐길래〉 열풍
1998~2002	우호에서 동반자 관계로	1998년: 동반자 관계 격상
		1999년: 군사 교류의 시작
		2000년: 한미(韓迷, '한국 마니아'의 줄임말)의 탄생(한중 합작영화, 한류 바람의 시작, 중국 측의 '한국 관광 자유화 조치' 등)
		2001년: 중국의 WHO 정식 가입
		2002년: 환희와 슬픔의 해(한일 월드컵 성공적 개최와 탈북자 망명 사건)
2003~2007	갈등의 고비를 넘기며	2003년: 약진하는 재중 한국 기업
		2004년: 중국의 중요성 부각
		2005년: '시장경제지위' 인정
		2006년: 대장금과 신(新)한류
		2007년: 변화와 시련의 폭풍(내외자 기업소득세 통일, 야반도주와 임가공무역 제한조치)
2008~2012	새로운 출발점에서	2008년: 아픔 속에 피어나는 우정[원촨(汶川)대지진]
		2009년: 재중 한국인 100만 명 시대
		2010년: 제주도의 '바오젠 거리'(국경절 연휴에 중국인들이 한국 대거 방문)
		2011년: 룽징(龍井)의 '윤동주 교실'
		2012년: 한중수교 20주년

자료: 재중국한국인회(2013: 28~87).

것이 아니라 중국 정부의 통계에 근거한 추정치다. 그러한 점에서 실제 교민 수는 그보다 더 많은 것으로 추산되기도 한다. 2009년에는 중국 국적의 조선족을 제외한 중국 거주 한국인이 70만 명으로 추산되기도 했고, 이미 100만 명을 넘었다는 ≪환구시보环球时报≫의 보도가 나오기도 했다(백건호 외, 2010: 3).

중국 거주 재중 한국인을 이해하기 위해서는 먼저 한중 관계의 역사를 시기별로 이해할 필요가 있다. 재중국한국인회에 따르면 한중 관계의 역사는 크게 5단계의 시기를 거치며, 이 과정에서 한국인의 중국 이주가 이루어졌다. 표 3-2는 한인 사회의 공식적 기록에 남아 있는 한중 관계의 역사에 대한 기억과 향수의 표현이다.

표 3-2에는 한중수교 전후부터 20여 년간 한중 간에 일어난 다양한 일과 사건들이 5년 단위로 나뉘어 기록되어 있다. 이는 이주의 물결wave로도 볼 수 있는데, 마치 서사적 기승전결이 있는 한 편의 드라마처럼 묘사되었다. 한중 간에 일어난 과거의 기억들이 '징검다리', '기적', '노둣돌', '환희', '슬픔', '시련', '폭풍', '우정' 등과 같은 감정적 혹은 정서적 표현과 서사적 드라마 형식으로 변형되어 표현되었다. 이러한 표현은 주로 문학작품이나 드라마 등에서 사용되는 것으로, 집합 기억의 소환 방식이 그 시대의 고정된 역사적 사건을 보편적으로 이끌어내는 것이 아니라, 어떤 특정 기억이 선택되어 현재에 재서사화됨을 의미한다(김숙현 · 장민지 · 오지영, 2013: 7). 여기에서는 한발 더 나아가 한중 관계라는 고도로 정치적인 관계들을 정서적으로 묘사해주는 도구로 사용되었다. 즉, '한국 음악 방송 시작', '〈사랑이 뭐길래〉 열풍', '한미韓迷의 탄생' 등은 이주민의 입장에서 고국과 고국의 문화에 대한 자부심의 표현으로 기술되었으며, 중국의 내외자 기업소득세 통일, 야반도주와 임가공무역 제한조치를 표현한 '변화와 시련의 폭풍'은 거주국의 법제

적 변화가 이주민들에게 얼마나 가혹하게 다가오는지 나타내준다. 이때 전자는 보다 활성화되어야 하는 대상으로, 후자는 극복하고 조정해야 할 대상이 된다. 이는 향수가 항상 후향적 혹은 회고적retrospective이 아니라 전향적 혹은 미래적prospective일 수도 있다는 것을 의미한다(Boym, 2001: xiv).

이러한 한중 관계의 역사 속에서 한국인의 중국 이주는 커다란 구조적 변화를 거치는 중이다. 백건호 외(2010)에 따르면 2010년 현재 재중 한인 교민 사회는 2단계의 구조적 변화를 목전에 두고 있다. 수교 이후 한국 기업의 중국 투자 진출 확대에 따른 주재원과 그 가족 중심의 재중 한국 교민의 형성이 1단계였다면, 이제는 1단계에서 형성된 교민 사회 시장을 대상으로 현지에서 자영업을 영위하는, 이른바 '한상' 규모가 급증하는 2단계로의 구조적 변화가 진행되고 있는 것이다(백건호 외, 2010: 7).

2) 선양과 단둥

동북 3성 중 랴오닝 성遼寧省에는 2014년 현재 약 2만 5000명의 재외국민이 이주해 생활하고 있으며, 투자 기업만 해도 3900여 개에 이르러 동북 3성의 다른 성들에 비해 인구와 산업 규모가 크다. 중국 동포(조선족)의 수도 약 24만 명에 이른다(선양총영사관, 2015).

랴오닝 성에 위치한 선양과 단둥은 역사적으로나 지정학적인 위치로나 상당히 중요한 의미가 있는 도시들이다. 현재 랴오닝 성의 성도省都인 선양은 역사적으로 위나라, 수나라, 당나라 때는 고구려에 속했으며, 장춘, 하얼빈과 더불어 한때 고구려와 발해의 중심 도시였고, 1625년부터 1644년까지는 청조의 도읍이었다. 조선 말기부터 일제강점기에 이르기까지는 가난과 일제의 학정을 피해 많은 사람이 선양으로 이주해서 지금의 20만 조선족이

▎정월대보름맞이 축제

정월대보름맞이 축제는 재선양 한국인들의 중요한 연례행사 중 하나다. 왼쪽은 재중 한국인들이 줄넘기 행사에 참가하는 모습이고, 오른쪽은 행사에 초청된 중국 조선족으로 구성된 농악단의 공연 모습이다(2014년 2월 15일 촬영).

되었다. 이들은 주로 19세기 말부터 '서탑' 지구에 몰려 살았으며, 1992년 개방 이후에는 이 '서탑'을 중심으로 기업인, 주재원, 중소 상인, 학생 등 약 2만여 명의 한국 교민들이 모여들어 세계적으로 유명한 코리아타운을 형성하며 생활하고 있다(재중국한국인회, 2013: 219~224). 현재 선양은 동북 3성의 정치 · 군사 · 외교 · 경제 · 물류의 중심지로 부상하고 있다.

단둥은 압록강을 사이에 두고 북한 신의주와 마주하는 중국 최대의 변경도시다. 중국과 북한 간 실질 교역의 80% 이상이 이곳을 통해 이루어진다는 주장이 있을 만큼 북한과 매우 친밀한 지역이다. 이렇게 단둥은 북한과 인접해 북한의 경제적 · 정치적 영향이 많은 지역으로 한국 문화가 자리매김하기에 쉽지 않은 여건이다. 한때 단둥에는 한국인이 5000명 이상 거주했는데, 최근 몇 년간 금융위기 속에서 극심한 환율 파동을 거쳤고, 천안함 사태 및 연평도 포격 등으로 남북 관계가 완전히 단절되면서부터는 대부분의 단둥 한국인들의 경제 상황도 최악으로 내몰렸다. 지역적 특성상 한국 기업의 70% 이상이 대북 관련 사업에 종사하고 있어, 천안함 폭침 사건의 대응으로서 대한민국 정부가 2010년 발표한 대북 제재 조치(5 · 24 조치)로 남북 교류가 전면 중단된 이후 한국 기업들은 더 큰 어려움에 직면했으며, 재외국민

▎단둥의 코리아타운 전경과 길거리의 식당 간판

왼쪽 사진은 단둥의 코리아타운 전경이다. 'KOREA TOWN INTERNATIONAL'이라는 간판 중 일부가 관리 소홀로 인해 떨어져 있다. 오른쪽 사진은 단둥세관 앞쪽에 위치한 음식점 모습이다(2014년 2월 9일 촬영).

의 수도 1000명 미만으로 감소하기도 했다(강주원, 2013a, 2013b: 21~22, 2015).

20여 년이라는 짧은 역사에도 불구하고 선양과 단둥에는 한국인 밀집 지역이 형성되어 있으며, 한국 사회에서 생활했던 것과 유사하거나 더욱 적극적으로 활동하는 단체들과 모임들이 있고, 한국 풍의 각종 상점과 식당이 들어서 있다. 선양의 경우 1992년 심양투자기업인협회에서 시작되어 2003년에 심양한인회와 통합된 재중국선양한국인(상)회와 심양한인교회 등 종교단체, 은혜이슬, 심양산악회, 심양축구동호회, 해병대 전우회, 심양한국인사진동호회, 무궁화테니스협회, 심우회 등의 각종 교민 커뮤니티가 활동하고 있다. 단둥에는 2000년에 설립된 단동한국인회가 있으며 교민 커뮤니티로는 단동한국문화원, 단동한글학교, 단동기우회, 백두산악회, 골프동호회, 호남향우회, 낚시동호회, 압록강축구단, 부녀회, 요식업협회 등이 있다. 단둥 한인 사회의 커다란 특징 중 하나는 재외국민과 중국인, 조선족, 북한 화교 등의 외국 국적 사람들이 결혼해 가정을 이룬 '다문화 가정'이 많다는 것이다. 단둥한국인회에 따르면 5년 이상 장기 거주자 중 상당수(약 30~40% 비공개 추정)는 실질적으로 다문화 가정을 이루어 살고 있다(재중국한국인회, 2013: 228~232).

각 도시의 코리아타운을 더욱 코리아타운답게 만드는 것은 이 지역에 이주한 사람들의 종족적 구성뿐 아니라 한글로 된 상점과 식당 등의 간판, 조형물, 그리고 한국과 관련된 각종 행사들이다. 특히 길거리 간판의 상호들에는 고향을 떠올리게 하는 단어들이 주로 사용되었다. 선양의 경우 백제원(사우나 및 한식당), 이조가구선양유한공사, 인왕산스크린(골프), 고향집식당, 수원왕갈비 등이 있으며, 한국 사람, 북한 사람, 북한 화교, 조선족 등 다양한 종족 집단이 이주해 생활하는 단둥의 경우 용천상사(주방용품 도매), 고려상점, 아리랑호텔, 해금강바, 청정전라도김치, 전주비빔밥, 민속촌(횟집), 누님토장국집, 어머니초두부무침, 장모님솜씨(식당) 등 북한 지명과 북한식 표현을 포함한 고향과 관련된 다양한 단어들이 사용되고 있다.

5. 재중 한국인의 생활세계와 향수

재중 한국인은 고향인 한국과 거리가 가까워 언제든 왕래할 수 있기 때문에 다른 국제 이주민들과는 다르게 고향에 대한 향수를 별로 느끼지 않을 것으로 흔히 생각된다. 그러나 재중 한국인들의 일상을 면밀히 관찰해보면 중국 외 다른 국가에 이주한 한국인들과는 다른 향수와 고향에 대한 감각이 있다는 것을 알 수 있다. 이는 향수와 고향에 대한 다양한 관념들을 통해 보다 감정적이고 구체적으로 전달된다.

1) 개척자적 향수

1992년 한중수교를 전후로 중국에 이주한 한국인들의 회고는 주로 중국에 대한 첫인상에 집중되어 있다. 이를 종합해보면 '거칠고, 삭막하고, 어둡고, 침침한'으로 표현될 수 있으며, 색깔로 표현하자면 '회색빛과 노란색'으로 표현할 수 있는 그런 모습이었다. 한중수교가 이루어진 1992년에 친척 방문 관광차 중국에 처음 발을 디딘 A씨는 "당시 심양의 인상은 거칠고, 삭막하고, 어둡고, 침침하고 특히 밤거리에 가로등도 하나 없고 도로포장도 형편없었고 차량도 낙후되었고, 옷차림도 촌스럽고, 사람의 얼굴 외형도 많이 거칠고 어두웠다"고 회고한다. 이 풍경은 한국의 밝고 깨끗하며 환한 이미지와는 대조적이어서 그는 "마치 어렸을 적 시절로 돌아간 느낌이었다"[재중국선양한국인(상)회, 2013: 200]고 한다. 1993년 33세의 나이에 "청운의 꿈을 안고" 상해를 경유해 심양 서탑가에 도착한 J씨 역시 "8월이었는데 저는 그때의 첫 모습을 지금도 잊을 수가 없습니다. 도시 전체가 회색빛이었고 사람들의 옷 색깔도 노란색이나 회색으로 통일되어 있었습니다"[재중국선양한국인(상)회, 2013: 242]라고 말한다. K씨는 중국에 대한 이때의 느낌을 '암흑의 세계'로 표현한다. "당시 1992년의 중국은 모든 것이 암흑의 세계였다. 이 땅에서 무엇을 어떻게 할 수 있겠나 한숨이 나왔다." 그가 말한 '암흑의 세계'는 중국의 경제 시스템과 관련이 있었다. "막상 중국 땅에서 회사를 경영해보니까 생각지도 못한 어려움을 많이 겪었다. 행정체계는 잡혀있지 않았고 시장의 유통체계는 엉망이고 운송시스템 역시 제대로 구축되지 않은 상태였다. 또한 서로 상업적으로 신용을 공유하지 못한 상태였고 한국에서 가지고 온 기술이 당시 중국에는 맞지 않는 고급 기술이라 시장과는 큰 차이가 있었다"[재중국선양한국인(상)회, 2013: 226]. 이들은 우연한 기회로, 혹은 많은 준비를 한 후 청운의 꿈을 안고 중국에 처음 이주했다. 이들의 중국에 대한 첫인상은 회고 내용대로 기대와 달리 매우 낙후된 느낌이었다.

이러한 부정적인 첫인상과 달리 중국 정부가 이주 초창기에는 한국인과 한국 기업들에 매우 우호적이었다는 회고도 많이 찾아볼 수 있다. Y씨는 "92년도 중국은 지금과는 달리 한국인에 대한 대접이 아주 좋았다. 어디에 가도 선생님 칭호를 받았고 투자해달라는 요청이 쇄도하였다. 당시에는 한국인을 대단히 선호하던 시절이었다. 그때는 공장이나 회사에서 외국인을 접대한 비용에 대해서는 세무서에서 일체 간섭을 하지 않았다"[재중국선양한국인(상)회, 2013: 218]고 회고한다. R씨 역시 "심양 시에서 외국투자기업에 우호적이어서 외국투자자들을 많이 배려해주었다. 지금은 모든 면에서 혜택이 없어지고 중국 현지인들과 동등한 상황이다"[재중국선양한국인(상)회, 2013: 246]라고 회상한다. L씨는 "사업적인 면에서는 아직까지 적자를 넘어서지 못했지만 10여 년의 중국 생활 기간 동안 내내 중국 분들에게 대접을 잘 받아서 행복하다. 아직 중국에서 해야 할 일들이 많다"[재중국선양한국인(상)회, 2013: 245]고 말한다.

재선양한국인(상회)에서 펴낸 『심양교민 20년: 심양한인사회 20년의 발자취』(2013)에 기록된 앞의 내용들과 인터뷰들은 종합적으로 재중국한국인들이 중국이라는 척박한 땅에서 지난 20여 년간 마치 '개척자'나 '독립군'이라고 부를 수 있을 정도로 어려운 삶을 극복하며 지나온 것을 잘 알려주고 있다. 이는 향수의 유형 중에서 '제국주의적', '식민주의적' 향수와는 성격이 다르다. 기술된 내용 외에도 재중 한국인들과 인터뷰해보면 그동안 중국에 이주해서 당한 사기와 강도, 폭행, 협박 등의 고통에 대해 상세한 이야기를 들을 수 있다. 그러나 그 수많은 어려움과 고난은 현재 사업이 안정적으로 운영되거나, 타국 생활의 어려움에도 불구하고 자녀들이 좋은 대학에 입학하는 등 자녀 교육이 성공할 경우 어려웠던 시절의 추억이나 향수 정도로 바뀌기도 한다.

2) 성찰적 향수

선양과 단둥의 재외국민을 향수와 관련해 크게 두 부류로 나누어보면 주재원과 주재원이 아닌 사람이 있다. 국내 대기업 등에서 파견된 주재원은 고향에 돌아갈 날짜가 미리 정해진 사람들이고, 개인 사업체나 식당 등을 운영하며 주재원이 아닌 사람은 고향에 돌아갈 기약이 없는 사람들이다. 이러한 분류는 실제로 허판河畔에 사는 사람과 서탑소구西塔小區에 사는 사람으로 나뉘는 등 거주 장소의 분리로 나타나기도 하고, 생활 방식이나 관념의 차이로 나타나기도 한다. 주재원이 아닌 사람들이 일부 주재원들에 대해 고국에서와 달리 거만하고 남을 얕보는 등 특권 의식에 젖어 있다고 비판할 정도로 이 두 집단 간에는 미묘한 차이와 갈등이 존재한다. 주재원이 아닌 사람들은 처음 중국에 이주할 당시 앞으로 15~20년이 넘도록 자신의 청춘을 중국에서 보내기 위해 작정하고 온 사람들이 거의 없다는 점이 특징적이다. 여기에는 도피성으로 중국에 온 사람들도 포함되는데, 이들의 경우 더더욱 고향에 가고 싶어도 가지 못하는 입장에 놓여 있다.

> 젊음을 여기서 보내려고 온 사람은 한 명도 없어요. 조금만 더, 조금만 더 하다 보니까 자기도 모르게 15년 이상이 된 것이지. …… '나는 여기서 노동력이나 경제적으로 가능한 나이까지 있다가 노동력을 상실하면 한국에 가겠다' 이렇게 생각하고 온 사람은 한 명도 없다고 …… 여기서 뭔가 빨리 돈 좀 벌어서 한국에 가야 되겠다. 대부분 이런 생각을 했는데 마음대로 안 되니까 조금 더 조금 더 하다 보니까 10~15년 되는 것이지 처음부터 15년, 20년 있겠다고 온 사람은 한 명도 없다고 보면 돼요. 단, 일부 도피성으로 온 사람들이 꽤 많이 있습니다. 특히 중국에 많이 있습니다. 그런 사람들은 또 다른 입장이죠. 가고 싶어도 갈 수 없는 입장이니까. _ S1

이들의 과거는 개척자적 향수처럼 혹독한 과거를 뚫고 나오는 기념비적인 것으로 분석되는 것이 아니라, 현재의 핵심으로 불현듯 되살아나 향수에 빠진 자를 괴롭게 심문하며 과거의 파편들(깨진 거울들)을 잔인하게 비춘다. 거기에 영상으로 맺혀 나타나는 것은 지나간 시절이 남긴 잔해들의 몽타주다(Boym, 2001: 50~51; 김홍중, 2015: 39). 중국에 대한 준비나 기대 없이 쫓기듯 이주한 사람들의 과거에 대한 향수는 성찰적인 형태를 띠는 경우가 많다. 특히 한국인들의 중국 이주에서 세 번째 물결에 해당하는 1997년 말 외환위기 이후 한국에서 '어쩔 수 없이 떠밀려온' 사람들의 경우가 그렇다. 현재 선양에서 법률사무소를 운영하며 중국에 안정적으로 정착한 S2의 경우 과거 한국에서 법률사무소를 운영할 당시 금융권의 대출을 받아 부동산 투자를 했는데, 1998년 외환위기가 닥치면서 대출금리가 갑자기 25%나 상승하자 신용 불량자가 되어 무작정 배를 타고 가까운 중국으로 도망치듯 이주하게 되었다. 그는 당시 중국행이 그와 가족에게 중요한 생존의 문제였다고 회상한다.

연구자: 하필이면 왜 중국을 선택하셨어요?

S2: 제일 가깝고 …… 자 ……, 그러면 IMF 맞은 사람이, 첫째 비행기 탈 돈이 없어. 비행기 타면 비싸. 인천에서 배를 탔을 때 제일 가까운 데가 위해(威海)라고. 비행기 탈 돈이 없어서 배를 탄 거예요.

연구자: 그때 조국의 현실에 대해서 어떻게 생각했나요?

S2: 내 발의 발등이 떨어졌는데. 자기 가족이 문제지 …… 나 혼자 맞은 게 아니고 여러 명이 같이 맞으니까 그게 마음의 위안이 되긴 하지만 …… 현실적으로는 그런 거 생각 못하지. 당장 이거를 살아남아야 하니까. 생존의 문제지. 국가나 민족이나 애국 이건 배부를 때 하는 소리지. 생존의 문제지. 국가가 있나? 첫 번

째가 내 자신, 두 번째는 마누라하고 애새끼가 문제잖아요.

S2는 중국 이주 후 생활 기반이 안정되면서 한국에서의 채무 문제가 정리되었고, 현재는 중국에서 한인회와 산악회 등 다양한 봉사활동에 참여하고 있지만, 도망치듯 고국을 떠나온 과거의 아픈 기억은 지울 수가 없다. 재중 한국인들의 회고 내용을 들어보면 중국에서 오래 생활하다 보니 중국이 이제는 '고향'이라고 말하는 사람들도 있지만, 이들에게 고향은 '돌아가고 싶은 곳'이자 '언젠가는 돌아갈 곳'이다. 심지어 재중 한국인이나 한국인이나 '고향'에 대한 관념은 똑같지 않느냐고 반문한다.

서울에 있는 친구들도 많은데. 서울 친구들은 고향에 가서 전원생활도 하고 …… 그거하고 이거하고 차이가 있는가 없는가? 사실은 누구나 사람 늙으면 다 똑같은 거야. 내 고향 …… 공기 좋고 …… (고향에 가는 것은) 어떻게 보면 누구나 희망 사항이지. _ S2

그러나 한편으로 재중 한국인들은 너무 오랜 시간 중국에서 생활했기 때문에 다시 고향에 돌아가 정착한다는 것이 쉽지 않다고 느낀다. 즉, 이들은 고국에 다시 돌아가도 일자리를 새로 얻기가 어렵다고 생각하며, 중국에서 어느 정도 사업에 성공한 사람들의 경우도 한국에는 잠시 다녀올 뿐이지 다시 한국에 정착해 성공을 지속한다는 보장이 없다고 느낀다. 따라서 한국에 방문하는 경우는 잠깐의 업무 차, 명절 때의 가족 친지 방문, 대학 특례 입학 등의 자녀 교육에 관련해서다.

한국이 언젠가 꼭 돌아가야 할 곳이라고 느끼게 만드는 요인은 재중 한국인의 중국 내 법적 지위와도 관련이 있다. 중국의 경우 외국인이 소지하는 사증에 기재된 체류 기한은 중국의 외국인 출입국 관련 정책상 180일이나 되기 때문에(윤성혜, 2014: 14) 수시로 체류 기한에 맞춰 거주할 수 있지만, 거주국 내의 안정적인 직업과 생활을 보장하는 영주권이나 시민권을 획득하기가 어렵다. 또한 중국인들의 정년인 60세가 되면 기업체의 책임자급이 아닌 이상 체류 자격을 상실하게 되므로 다시 한국에 돌아가야 한다. 즉, 중국에서 '동사장董事長'으로 불리는 투자자나 사업체의 소유주는 60세 이상이어도 거주할 수 있으나, 취업 비자로 거류증을 가진 사람들은 중국에 더 이상 체류하기 힘들다. 물론 이러한 법적 지위는 사업체 대표에게 부탁해 사업체 직원으로 신분을 유지하는 등의 음성적인 다양한 방식으로 해결될 수 있다고 하지만, 대부분은 중국에 거주할 수 있는 기간이 한정적이라고 생각하며, 이것은 미래에 대한 불안으로 나타난다. 그래서 많은 재중 한국인이 한국을 방문할 때 노후에 거처할 집을 구입하거나, 제주도에서 중국인들을 상대로 상점을 차릴 수 있는 정보를 얻으러 다니기도 한다.

일부 면담자들은 중국이 마치 제대 날짜가 정해져 있는 '군대'와 같다고 느끼며, 고향 방문을 군대에서 휴가 나오는 것으로 묘사하기도 한다. 군에서 휴가나 외박을 나왔을 때 주변 친구들이 자신에 대해 무엇인가 어색해하는 모습이 중국에서 생활하다가 한국에 잠깐 방문했을 때 느끼는 것과 비슷하다는 것이다.

> (중국에서) 10년은 극복하면 한국에 가도 그 의미가 없어진다고 그러더라고요. 처음에 4~5년 정도까지는 고향에 가면 친구들과 밥도 먹고 술도 먹고 했는데, 나이를 더 먹어서 그런가 지금은 가면 친구들이 살살 피하는 거 같아. 친구라 하면 옆에서 만나가지고 외로울 때 소주도 한잔 먹고 그래야 하는데 …… . _ D9

다른 나라는 이민의 개념이고 우리는 와서 장사고 사업하고 그러잖아요? 저 같은 경우는 많이 갈 때는 한 달에 한 번씩 갔었고, 한국에 …… 여기가 외국이라는 생각은 안 해요. 지금도 별로 안 해요. 여기가 600킬로(㎞) 되는데 그냥 부산 정도 와서 잠깐 와서 …… 그러다가 내가 2011년 이후에 조금 줄였어, (한국) 가는 거를 …… 가도 친구들 별로 반가워하지도 않아. 또 왔냐? 이거야. …… _ D3

중국이 다른 이민 수용국처럼 선진사회도 아니며, 한국은 '돌아가야 하지만 돌아가지 못하는, 그러나 돌아갈 수밖에 없는 고향'이라는 점 때문에 많은 재중 한국인들이 설움을 느끼고 스트레스를 받는다. 그러나 좀 더 성찰해보면 과연 한국이 반드시 돌아가야 할 고향인지에 대한 의문이 제기된다. 즉, 중국 생활에 어느 정도 적응한 재중 한국인들에게 한국은 돌아가야 할 편한 휴식 공간이 아니다. 재중 한국인들은 지금의 한국 사회가 너무나 경쟁에 찌들어 있고, 사람이 여유롭게 생각하며 휴식을 즐길 곳이 못 된다고 생각한다. 오히려 이들은 이주지인 중국에서의 생활이 여러 면에서 힘들지만, 한편으로는 훨씬 여유가 있고 편하다고 생각하며, 나아가 지나치게 경쟁적인 삶을 사는 오늘날의 한국인들에게 연민의 정을 느낀다고도 답한다.

삶의 질이, 기준이 어디까지냐 라고 보는 관점이 기준이 굉장히 중요하죠. 시간 나면 언제든지 등산을 가고 골프도 칠 수 있지. 기타도 치면서 음악도 하지. 종교 활동 열심히 봉사하고. 한인회 열심히 봉사하고 …… 남한테 줄 수 있다는 것, 남한테 베풀 수 있다는 것 …… 얼마나 좋아요? _ S1

표현하기 힘들어. (한국에 대해) 연민의 정을 느낀다고 그럴까. 동시대에 사는 …… 환경이 다르고 기후가 달라도 장단점이 있잖아요. 장단점을 냉정하게 비교했을 때.

나는 여기 사는 것이 훨씬 편하거든. 거꾸로 연민의 정을 느낀다고 …… _ S2

고향은 이제 돌아가야 할 영광스러운 장소라기보다는 경쟁에 찌들고 정치적 자유가 없는 장소로 인식되기도 한다. D1은 계속되는 한국의 암울한 정치적 현실을 생각하면 다시 돌아갈 생각이 전혀 없다고 말한다.

대한민국에서 혜택받은 거 하나도 없고 옛날에 피해만 받았어. 피해만 받고 압제만 받고 …… 20대부터 내가 혜택받은 게 뭐가 있어? 여기 대북 사업 …… 나는 그래도 의미 있는 사업을 나름대로 하겠다고 대북 사업이란 걸 선택한 거야. 한 몇 년간은 노무현 김대중 정권에서는 그런대로 괜찮았어요. 또 돈도 좀 벌었고. MB(이명박 정부) 들어서면서 완전히 박살 나기 시작하고 …… 돌아갈 때 향수 …… 고향으로 돌아갈 때 …… 다 좋지. 친구도 있고 …… 그렇지만 예를 들어서 이런 정도의 정권이 계속되면 가고 싶지 않아. 솔직히 말해서, 마음이 편하지 않아. _ S2

D1은 1980년대 학번으로 학생운동에 참여하기도 했으나, 졸업 후 민간무역과 민간 교류를 통해 남북통일의 장을 마련하겠다는 꿈을 품고 2004년경부터 단둥에 이주해 의류 무역 사업을 하고 있다. 그러나 2010년의 5 · 24 대북 제재 조치가 풀리지 않는 상황에서 사업이 계속될 실마리는 잘 보이지 않는다. 그는 고향으로 돌아간다는 것 자체보다 돌아갈 고향이 '어떠한' 고향이냐가 중요하다고 생각한다. 그래서 '한국'이라는 고향에 대한 향수보다 자녀의 유학 때문에 가족들이 이주해 있는 캐나다에 대한 향수가 좀 더 강하다고 말한다.

고향에 돌아가야 하지만 갈 수 없는 상황과 구조 속에 놓인 한국인들 중에는 결국 고향에 돌아가지 못하고 갑작스러운 사고나 병으로 타향인 중국에서 죽음을 맞이하기도 한다. 중국에서 한국인이 사망하면 외국인이라 장례 절차가 다소 복잡하므로 재중한국인회가 교민 봉사 차원에서 장례를 도맡는다. 장례 절차로는 우선 사인을 정확히 밝혀야 하고, 유가족을 통해 고인에 대한 사망신고를 해야 하며, 수의壽衣를 준비하고 염殮과 화장, 유골 수습을 해야 하는데, 모든 과정은 중국 내 법과 제도에 따라 행해져야 한다. 그런데 한국의 유가족에게 알려도 장례에 오지 않는 경우도 있고, 한국에 유골을 모실 납골당이 마련되지 않는 경우에는 동의서를 받아 화장 후 수목장樹木葬을 해주기도 한다. 2015년 7월 1일 중국 지린 성吉林省 지안 시集安市에서 발생한 지방 행정 연수원 버스 사고(10명 사망, 16명 부상) 때는 선양한국인(상)회, 단동한국인(상)회, 한중교류문화원 등 민간·교민 단체 소속 인사 10여 명이 자발적으로 찾아와 상황실 공동 운영과 사고 수습 역할 분담 등 민관합동 대책반을 공동 운영하며 사고 수습에 나서기도 했다(≪재외동포신문≫, 2015.7.31).

3) 구조적·복원적 향수

중국에 이주한 한국인들이 중국 사회에서 새롭게 발견하고 조우하는 대상들은 조선족, 북한 주민, 북한 화교 등과 같은 새로운 부류의 '한인韓人'들이다. 사람뿐만 아니라 장소적으로도 과거 고구려 유적이나 항일 유적지를 접하면서 점차 역사에 대한 시야가 넓어지고, 남북통일에 대해서도 다시 생각해보는 계기가 마련된다. 이때 고향 땅이라는 것이 꼭 자기가 떠나온 남한만이 아니라 옛 고구려 영토나 북한도 포함될 수 있음을 느끼게 된다. 대표적인 사례로 꼽을 수 있는 것이 S5가 중국에서 주도한 '고구려 축제'다. S5는 한국에 있을 때 증권사에서 16년간 근무하며 다른 사업체를 경영했는데,

그 사업체가 도산하는 바람에 2009년 중국으로 이주했다. 그는 중국 각지를 여행하다가 우연히 방문한 지안 시의 고구려 유적을 보고 마치 고향에 온 것 같은 생각이 들었다고 한다.

> 장수왕의 묘라면 장수왕이 21세에 왕이 돼서 97세까지 왕인데 왕만 77년 했어요. 그런데 집안시(集安市)에서 십몇 년 하고 평양에 가서 64년 왕을 했는데 자기가 만든 평양성에 묻히지 않고 돌아왔어요. 돌아와서 집안시에 묻혔다고 돼 있는 거예요. 자기가 만든 성에서 육십몇 년 왕 노릇하고 다시 평양시에서 집안시로 돌아온 이유가 뭘까. 그 당시 광개토대왕은 서른여덟인가 아홉에 죽었는데 이 사람은 그 난세에 97세까지 왕위에 있었을까. 이런 궁금한 …… 돌이 하나 어디로 갔을까. 해서 상상으로 러브스토리로 만든 거예요. _ S5

그가 장수왕의 묘를 바탕으로 만든 러브스토리는 1600년 전인 서기 411년 장수왕이 태자로 있을 때 만난 동갑내기 첫사랑인 한족 중국 소녀 연화와의 인연에서 시작된다. 연화는 당시 중국 북위가 북쪽을 통일하자 도망쳐 온 한족 유랑민 가족으로, 광개토왕 사후 즉위한 장수왕과는 이루어질 수 없는 관계였다. 그러나 장수왕은 고구려 왕실의 묘를 만들면서 석공장이던 연화의 아버지를 왕릉 건축의 총책임자로 임명해 연화와 자주 만날 수 있는 기회를 만든다. 그러나 왕릉 건축이 끝나자 장수왕 즉위 후 14년 만에 고구려가 평양 천도를 결정하게 되어 결국 장수왕은 연화와 헤어지게 된다. 그 첫사랑 중국 소녀 때문에 장수왕은 석묘를 만들었고, 평양에서 지안으로 다시 돌아와 묻혔다는 것이다. 어디론가 없어진 받침들도 그녀와 관계가 있으며, 지금까지 유일하게 장수왕 곁을 지키는 뒤쪽의 작은 묘가 바로 그녀의 묘라고 추측한다. S5는 이렇게 완성된 스토리를 바탕으로 지방정부 부시장과 함께 1년 반에 걸쳐 고구려 축제 행사를 기획하고 실천에 옮겼다. 그러나 중국의 정치적 입장을 이유로 지린 성 정부가 행사 개최를 반대하자 그만둘 수밖에 없었다. 그는 미련을 버리지 않고 고구려 장군총 이야기를 한인회지를 통해 보급하는 동시에, 중국 내 조선족 소학교 학생들을 대상으로 한글 체험 프로그램을 운영하고, 한국 문화단체의 지원을 받아 매년 한국으로 답사를 보내는 일을 하고 있다. 선양, 단둥 등 동북 3성 지역의 조선족들은 '조국' 하면 북한의 정식 명칭인 '조선민주주의인민공화국'의 약자略字를 떠올릴 정도로 친북적이고 북한에 대해 친근감이 있어, '북한만 보지 말고 한국도 보라'고 권유하는 차원에서 조선족 소학교 학생들이 방학을 이용해 한국의 임진각, 국회의사당, 롯데월드, 세계요리학교, 서울대학교 등을 돌아보는 답사 프로그램을 기획했다고 한다.

> 여기 머무는 조선족들은 북한이 훨씬 가깝죠. 친북적인 …… 친근감을 북한에 대해서 가지고 있죠. 남한은 좀 잘난 척 하는 아버지. 엄마랑 이혼했는데 아빠가 지가 잘났다고 큰소리치는 …… 엄마 아빠 싸우는데 조선족한테 "넌 엄마가 좋아? 아빠가 좋아?" 물어보면 자긴 "못사는 엄마가 더 낫다" 이렇게 얘기해요. _ S5

중국 지린 성 옌볜조선족자치주延边朝鲜族自治州에 있는 룽징龙井 주변의 일송정, 명동촌, 윤동주 생가 등 항일 유적지에 대한 경험 또한 과거에 조상들이 상실했던 것으로 생각되는 고향에 대한 향수를 떠올리게 한다.

> 돌아오는 기차 안에서 꽉 찬 3일간의 용정(룽징) 체류 답사 일정을 정리하며, K 소장과 얘기를 나누었다. 우리는 무엇보다 윤동주 생가 입구에 써 있는 '중국 조선족 애국 시인'이라는 타이틀이 자꾸 마음에 걸렸다. 과연 윤동주를 조선족 애국 시인이

라고 부를 수 있는가. 그의 출생지는 분명 중국이었지만, 그래서 그가 중국 조선족 애국 시인이라면, 그가 안타깝게 부르짖었던 조국은 과연 어디일까라고까지 생각하니 갑자기 가슴이 답답해졌다. _J씨(동북3성 한인회연합회, 2013: 4~7)

이렇게 고국 향수는 시간적으로는 고대까지 소급해 올라가기도 하고, 공간적으로는 북한과 조선족 거주 지역까지 포함해 이미지화된다. 이때의 향수는 직접 '경험해본 적은 없지만 잃어버린 고향'에 대한 향수에 가깝다.

고구려뿐만 아니라 '북한에 대한 향수'도 존재한다. 재중 한국인들이 길거리나 식당에서 우연히 마주치는 북한 사람들은 놀랍게도 냉전 교육에서 받았던 이미지와 달리 일상적 삶을 살아가는 평범한 이웃의 모습으로 비춰진다. 그러나 그들과 대화하거나 같이 사업할 수는 없다. 사전 승인이든 사후 승인이든 통일부의 접촉 승인이 있어야만 가능하기 때문에 일부를 제외하고는 북한 사람에 가까이 접근하기 어려운 상황이다. 그러나 미국 시민권을 소지한 재미 한인은 재중 한국인에 비해 북한을 자유롭게 왕래할 수 있으며 북한 사람과 접촉할 수 있다. 이들 중 북한과의 사업에 관심 있는 일부는 북한과의 접경 지역인 단둥 등지에서 북한에 들어가 경제 및 민간 교류 사업을 펼칠 구상을 한다. 이들의 북한에 대한 향수는 조금 복잡한 양상을 띤다. D11의 경우 조부가 과거 평양 근처의 도시에 살다가 남한으로 내려왔는데, 한국전쟁이 발발하면서 졸지에 실향민이 되었다. 그의 부친은 1945년생으로 어린 시절에 남한에서 성장하다가 1973년에 미국으로 이민해 사업에 성공하고 재미한인회의 주요 임원이 되었다. 그러나 김대중 정권 때 대북 교류의 장을 마련하겠다고 미국 영주권마저 포기한 채 다시 한국으로 돌아와 정부에서 각료로 일했다고 한다. D11은 이러한 가족사에 얽힌 향수 때문만이 아니라 인도주의적인 견지에서 북한에서의 제빵 공장 운영을 추진하고 있다. 이 제빵 공장은 재미 한인 목사가 영양실조에 허덕이는 북한 사람들을 위해 실제로 북한에서 7개월간 운영한 민간 지원 사업체다. 그러나 공장을 운영하던 목사가 갑작스럽게 병으로 사망하자 당시 미국에서 목회 일을 하던 D11이 이어받게 되었다. D11은 공장 가동을 위해 북한 정부의 승인을 받고자 2007년 평양까지 방문했지만, 당시 북한과 미국 조지 W. 부시George Walker Bush 정권의 마찰로 공장 가동 승인이 나지 않아 다시 미국으로 돌아와야 했으며, 현재는 단둥의 인권 단체들과 함께 다시 북한과 접촉 중이다.

> 미국에서는 북한을 'crazy nuclear country(미친 핵보유 나라)' …… 그렇게밖에 생각 안 하고 …… 진짜 어떻게 사는 것은 아무도 모르죠. 관심도 없어요. _ D11

북한 사업에 대한 그의 희망은 미국에서 어린 시절을 보내며 커져왔다고 한다. 재미 한인들의 경우 부모가 자녀들에게 무조건 공부나 열심히 하고 의사나 변호사 같은 전문직이 꼭 되어야 한다는 압력을 주기 때문에 그렇게 자란 2세대들은 인종 문제나 일상생활에서 벗어나는 사회적 이슈 등에 관심이 거의 없다고 한다. D11은 이것을 항상 안타깝게 생각해왔고, 북한에 대한 인도적 지원 사업이 그러한 무관심을 해결할 수 있는 실마리라고 생각했다. 또한 이 사업은 지금은 은퇴해 다시 미국에 거주하고 계신 아버지의 희망을 조금이나마 실현해드릴 수 있는 길이기도 했다.

> 연구자: 아버님은 사업하는 거에 대해서 어떻게 봐요?
>
> D11: 좋게 봐요. 근데 문제는 제가 애들 세 명 있고 그러니까 다른 일 때문에도 시간을 (낼 수 없고) …… 집에 없잖아요. 그게 어렵고 …… (대북 사업에 대해) 무서운 건 아니고 …… 걱정을 많이 하시고 …… 우리 아버지도 저에게 이렇게 얘

기했어요. 혹시 북한이 문을 열면 아버지와 어머니는 북한에 들어가서 죽고 싶다.

D12: 묻히고 싶다(는 의미죠).

D11: 나라 위해서 일하면서 죽고 싶다고 …… 북한 문 열면 우리 아버지 같은 분들이 아마 많을 거예요.

D12: 저희 아버지도 그래요.

연구자: 고향이라고 생각하시는군요. 북한을 …… 홈랜드(homeland)?

D11: 네 홈랜드 …….

이들의 향수는 장수왕 설화처럼 결코 일어난 적이 없는 상실의 경험들을 만들어낸다는 측면에서 '상상된 향수imagined nostalgia'라고 할 수 있으며, 생생한 경험이나 집단의 역사적 기억이 없는 향수라는 측면에서 '안락의자 향수armchair nostalgia'라고도 할 수 있다(Appadurai, 1996: 76~78). 그러나 사례로 등장한 재중 한국인과 재미 한인의 경우 현대의 대중 광고 형식처럼 결코 존재하지 않은 것에 대한 향수를 만들어내는 것은 아니다. 오히려 이들의 향수는 경험해보지는 않았지만 아직 오염되지 않고 완벽한 평형이 갖춰진 옛날에 대한 회상을 다룬다는 측면에서 '구조적인 향수'(Herzfeld, 1997: 109~113)'에 가까우며, 상실한 옛 고향과 조국의 표상들을 의식적으로 재구성한다는 점에서 '복원적 향수'(Boym, 2001: 13, 49)에 가깝다. 고구려 유적에서 떠올려보는 광활했던 옛 고구려에 대한 향수, 항일 유적지에서 느끼는 근대 시기 한인들의 확장된 영토에 대한 향수, 조부가 태어나고 부친이 열망했던 북한에 대한 향수 등은 과거 고구려인, 조선족과 북한 사람을 모두 '순수하고' '동질적인' 민족으로 간주하며 현재 중국의 영토를 과거에 상실한 것으로 그리워하고 애통해함으로써 비가역적 시간을 정복하고 공간화한다.

4) 향수의 정치

재중 한국인들의 향수는 실제 공동체 내에서 문화적 자원뿐 아니라 정치적 자원으로 활용된다. 향수는 특히 재중 한국인들의 주요한 조직인 재중한국인(상)회를 운영하고 유지하는 데 중요한 동력이 된다. 재중한국인(상)회에서 정기적·비정기적으로 출간하는 잡지들의 내용과 송년의 밤 등 각종 행사들은 이 '향수'를 모티브로 하며, 증가하는 다문화 가정에 대한 지원 사업 역시 '향수'가 중요한 매개체로 작동된다. 조선족이나 북한 사람과의 교류에서 향수는 문화적 동질감을 확인시켜 무역 교류를 포함한 다양한 관계를 우호적으로 만드는 촉매 역할을 한다.

그러나 중국 내의 다양한 현실 문제가 향수로 반드시 해결되는 것은 아니며, 향수를 통해 마음에 품었던 '순수함'와 '동질감'이 환상에 불과하고, 오히려 향수가 현재 고국과 거주국 내의 문제와 갈등을 은폐하며 호도한다고 느끼는 경우도 많다. 예를 들어 간혹가다 불거지는 한인회 회장 선거의 잡음들이 그렇다. 이때 고국 향수와 한인회의 순수성을 고국의 정치권에 진입하는 도구로 사용한다는 불만들이 터져 나오기도 한다. 2012년에는 재중국한국인회 회장 선거가 과열되는 양상을 띠기도 했는데, 2년 임기의 재중한인회장은 58개 지역 한인회와 여섯 개 지역연합회 회장 등으로 구성된 대의원총회에서 추대하는 것이 관행이었지만, 2012년에는 세 명의 후보가 출마해 본격적인 선거전이 시작되기 전부터 과열·혼탁 양상을 보였다. 특정 후보의 국적을 둘러싼 자격 시비와 투표권이 있는 대의원에 대한 회비 대납 의혹 등이 잇따라 불거지면서 일부 지역 한인회는 재중한인회 탈퇴를 경고하기도 했다. 주된 이유는 재외 선거와 맞물려 한국에서 불어닥친 '정치 바람' 때문이라고 한다. 단체장이 되면 정치권과 친분을 넓혀 한국 정치권에 진출

할 수 있다는 기대감이 단체장 선거에 과열을 초래했다는 것이다. 이때 신문 기사에는 "모국 정치 바람에 교민 사회 동강 나"라는 소제목이 실리기도 했다(신민재, 2012.9.21).

두 번째로는 허허벌판을 개척하듯 중국 시장을 개척했으며, 이주 초기 한국인에 대한 중국의 대접이 아주 좋았다는 재중 한국인들의 향수는 오늘날 오히려 외국인들이 투자하기 어려워진 중국 사회의 모습을 반어적으로 보여주는 사례라고 할 수 있다. 2008년 1월 1일 발효된 중국의 '근로계약법劳动合同法'은 1995년부터 시행된 '노동법劳动法'을 보충하는 것으로 서면노동계약 의무화, 수습 기간, 퇴직금 지급, 최저임금 준수 등 노동자 보호에 관한 조항을 강화해 중국에 진출한 외국 기업들이 노사 관리에 한층 긴장하게 되었으며(이광택, 2009: 98~149), 이로 인해 인건비가 상승하면서 야반도주하는 재중 한국인들도 점차 증가하고 있다. 중국이 자본을 끌어들이기 위해 초반에는 외국인 회사에 우선권을 주었지만, 오늘날에는 자국 기업과 노동자를 살리기 위해 외국 기업 합자회사부터 '치기 시작했다'는 실망감이 재중 한국인들 사이에 강하게 존재한다. 또한 본문에도 소개된 중국 내 고구려 유적이나 항일 유적지를 둘러싼 중국 정부의 지나친 정치적 압력과 경계는 향수와 현실 사이의 장벽이 얼마나 두꺼운지를 보여주는 사례라 하겠다. 이러한 현상은 나아가 이동과 문화접촉이 증가하면서 국가 간 경계가 점차 모호해지고 탈영토화deterritorialization가 보다 진전될 것으로 보는 전 지구화 이론가들의 낙관적 전망과 상치되는 현상이다(문옥표, 2010: 7~8).

세 번째는 같은 동포로서 신뢰했던 조선족이나 북한 사람들에 대한 실망과 갈등의 부분이다. 재중 한국인들의 회상 내용 중에는 중국에 처음 이주했을 때 언어 장벽과 중국의 각종 법률·제도에 대한 이해 부족으로 조선족의 도움을 많이 받지만, 통역을 맡은 조선족이 정부 관료 등과의 관시关系를 핑계로 계속해서 과다한 비용을 청구해 결국 가져간 투자금을 모두 잃게 되었다는 등의 사례들이 자주 등장한다. 이것은 재외국민과 조선족이라는 이주민이 처한 삶의 환경과 조건이 다르기 때문에 같은 혈연의 강조만으로는 진정한 상호 믿음과 협조가 존재할 수 없다는 점을 말해준다. 이뿐 아니라 재중 한국인들이 북한 사람들과 순수하게 민간무역을 추진하면서 신용상 어려움 때문에 좌절하는 경우도 있다. 북한과 민간무역을 할 경우 재중 한국인들은 북한에 방문할 수가 없고, 공식화된 것이 아니기 때문에 계약에서 중요한 신용장 없이 거래하는 경우가 많다. 이때는 상호 간의 '믿음'만이 계약을 대체하는 중요한 수단인데, 북측에서 갑자기 '돈을 뜯겼다', '압수당했다'는 식으로 반응하면 보상받을 방법이 없다. 따라서 향수의 정치는 당시 상황과 맥락에 따라 유동적이며, 양자 간의 관계에서 그 비중이 제각각이다. 북한에 대한 민간 교류와 지원 역시 반드시 향수나 민족적 감정 혹은 인도주의에만 입각해 이루어지는 것이 아니라 국제정치적 역학 관계나 남북한 대치의 강도에 따라 달라지기 때문에 계획대로 실현되기 어려운 경우가 많다.

네 번째는 다문화 가정 내 구조적인 문제다. 중국 내 다문화 가정에서 재중 한국인이 고향인 한국으로 돌아가고 싶을 때, 아내가 함께 돌아가지 않고 고국인 중국에 남겠다고 할 경우 종종 이혼 문제로까지 번진다. 이혼 합의가 되면 중국 내 재산을 각각 분할해야 하며, 여기에는 한국에 거주하는 이혼 전 배우자의 사인까지 받아와야 한다. 이 과정에서 당사자들은 '다문화 가정'이 일종의 환상에 불과하다는 것을 깊이 깨닫게 된다. 그러함에도 불구하고 '향수'와 '향수에 젖기'는 여전히 재중 한국인들에게 과거와 현재뿐 아니라 미래의 새로운 대안을 찾을 수 있는 통로로 작용한다.

6. 맺음말

선양과 단둥은 1992년 한중수교를 전후한 시기부터 한국인들의 이주가 시작되어 이주 역사가 20여 년으로 짧으며, 한국과 거리가 가까워 언제든 왕래가 가능하다는 특징이 있다. 따라서 이곳에 거주하는 재외국민들에게 '향수'나 '고향'은 존재하지 않거나 별반 의미가 없을 것처럼 생각이 든다. 그러나 실제로 이들에게는 개척자적 향수, 성찰적 향수, 구조적 · 복원적 향수와 같은 다양한 향수들이 있으며, 거주국과 고향의 의미 역시 과거 디아스포라의 고전적 개념과는 다른 복잡한 양상으로 나타난다. 이들에게 한국은 '돌아가야 하지만 돌아가지 못하는, 그러나 돌아갈 수밖에 없는 고향'이지만, 항상 익숙하고 편안한 안식처와 피난처이자 공공적 정체성을 이루는 낙원으로만 생각하지는 않는다. 돌아가야 할 고국이 어떠한 고국인가도 중요해지는 것이다.

또한 이들은 주변에 존재하는 고구려 유적이나 항일 유적지, 그리고 일상적으로 마주치는 조선족과 북한 사람을 바라보면서 향수와 고향의 관념들을 통해 시간과 공간, 장소뿐만 아니라 사회적 관계에 대한 새로운 자각에 이르게 된다. 경쟁적인 한국 사회에서 익숙했던 근대적인 시간과 장소는 이처럼 이주로 인해 거역할 수 있고 조정 가능한 대상이 될 수 있는 것이다. 이처럼 다양한 향수와 고국의 의미가 재중 한국인들에게 새로운 대안을 찾을 수 있는 기회로 작용할지, 아니면 점차 증가하는 고국 정치의 도구로 쓰일지는 아직 미지수이지만, 향수가 단순히 회고적이거나 상상된 것에 그치지 않고 미래를 바라볼 수 있는 창窓이 될 수 있다는 점만은 부인할 수 없는 사실이다.

재외국민들이 느끼는 고향과 향수의 다양한 의미는 이들의 일상적 삶의 기저에 놓인 감정과 정서를 읽어낼 수 있는 실마리이자, 글로벌화의 다양한 양상에 따라 변화하는 새로운 형태의 초국가주의transnationalism와 사회적 관계의 변화를 구체적으로 분석할 수 있는 중요한 요인이 된다. 이것은 고국인 한국 정부에서 바라보는 '재외한인' 혹은 '재외국민'에 대한 시각과 미래 정책의 방향성이 이들의 감정과 정서에 좀 더 밀착될 필요가 있음을 역설적으로 보여준다 하겠다.

참고문헌

강주원. 2013a. 「중국 단동에서 네 집단의 삶의 궤적: 북한사람, 북한화교, 조선족, 한국사람」. ≪재외한인연구≫, 29호, 7~43쪽.

_____. 2013b. 『나는 오늘도 국경을 만들고 허문다』. 글항아리.

강진석. 2007. 「베이징 '왕징[望京]' 코리안타운 지역의 한(韓)-중(中) '이문화(異文化)' 갈등요소와 해소방안 연구」. ≪국제지역연구≫, 11권 1호, 3~32쪽.

구지영. 2011. 「지구화 시대 한국인의 중국 이주와 초국적 사회공간의 형성」. ≪한국민족문화≫, 40호, 421~457쪽.

_____. 2013. 「동북아시아 이주와 장소구성에 관한 사례연구: 중국 청도(青島) 한인 집거지를 통해」. ≪동북아문화연구≫, 37호, 269~289쪽.

김봉섭. 2009. 「한국 재외동포정책 10년의 회고와 전망: 연구사 전개를 중심으로」. ≪민족연구≫, 37호, 6~72쪽.

김숙현 · 장민지 · 오지영. 2013. 「〈응답하라 1997〉에 나타난 정서의 구조와 집합기억」. ≪미디어, 젠더 & 문화≫, 26호, 5~40쪽.

김윤태 · 안종석. 2009. 「중국의 '신선족(新鮮族)'과 한인타운」. ≪중소연구≫, 33권 4호, 39~67쪽.

김준. 2010. 「다시 못 올 것에 대하여」. ≪사회와 역사≫, 85호, 83~124쪽.

김태준. 2006. 「고향, 근대의 심상공간」. ≪한국문학연구≫, 31호, 7~37쪽.

김홍중. 2015. 「성찰적 노스탤지어: 생존주의적 근대성과 중민의 꿈」. 『양극화시대의 중민: 육성을 듣는다』. 중민이론 30주년 기념 심포지움 자료집.

동북3성 한인회연합회. 2013. 『내 마음의 북두칠성』.

문옥표. 2010. 「기억과 상상의 현장: 중국을 찾는 한국인 민족역사관광」. ≪비교문화연구≫, 16권 1호, 7~42쪽.

민귀식. 2010. 「재중 장기체류자의 문화갈등 유형과 대중국인식의 변화: 북경지역을 중심으로」. ≪中國學硏究≫, 51호, 253~287쪽.

박채순. 2008. 「한민족 디아스포라와 재외국민참정권에 관한 연구: 재외국민참정권의 쟁점과 전망」. ≪디아스포라연구≫, 2권 2호(제4집), 27~51쪽.

박충환. 2011. 「홍색관광과 기억의 정치학: 개혁개방 후 중국, 가까운 과거와 관계 맺기」. ≪현대중국연구≫, 13권 1호, 117~157쪽.

백건호 · 장수현 · 김윤태 · 정종호 · 설동훈. 2010. 『재중 한인사회연구: '코리아타운'을 중심으로』. 경제 · 인문사회연구회.

법무부 출입국외국인정책본부 이민정보과. 2016. 『2015년도 출입국 · 외국인정책 통계연보』.

선양총영사관. 2015. 「업무관련통계」.
외교부. 2015. 『2015 재외동포현황』.
윤성혜. 2014. 「한 · 중 외국인 등록제도의 현황과 시사점」. 『한 · 중 출입국관리제도에 관한 비교법적 연구』. 한국법제연구원 워크숍 자료집.
윤인진. 2004. 『코리안 디아스포라: 재외한인의 이주, 적응, 정체성』. 고려대학교 출판부.
이경완. 2007. 「신자유주의적 세계화와 러시아의 자원 민족주의: 러시아-EU의 새로운 에너지 협력 방안 모색」. ≪러시아연구≫, 17호, 267~304쪽.
이광택. 2009. 「中國 勞動法의 새로운 傾向」. ≪법학논총≫, 21권 2호, 98~149쪽.
이영민. 2013. 「글로벌 시대의 트랜스이주와 장소의 재구성: 문화지리적 연구 관점과 방법의 재정립」. ≪문화역사지리≫, 25권 1호, 47~82쪽.
이윤경. 2015. 「재중한인의 초국가주의 활동수준과 요인」. ≪아세아연구≫, 159호, 144~183쪽.
이윤경 · 윤인진. 2015. 「중국 내 한인의 초국가적 이주와 종족공동체의 형성 및 변화: 베이징 왕징 코리아타운 사례 연구」. ≪중국학논총≫, 47호, 271~305쪽.
임영상. 2014. 「심양 서탑 코리아타운의 변화와 민족문화축제」. ≪중국학연구≫, 70호, 429~463쪽.
임은미. 2006. 「노스탤지어 관광상품 개발에 관한 탐색적 연구」. ≪관광학연구≫, 30권 3호, 115~134쪽.
재외동포정책위원회. 2009. 『신정부의 재외동포정책방향』.
재중국선양한국인(상)회. 2013. 『심양교민 20년: 심양한인사회 20년의 발자취』.
재중국한국인회. 2013. 『재중국한국인 20년사』. 가교출판.
정종호. 2013. 「왕징모델(望京模式): 베이징 왕징 코리아타운의 형성과 분화」. ≪중국학연구≫, 65호, 433~465쪽.
정향진. 2013. 「감정의 인류학」. ≪한국문화인류학≫, 46권 3호, 165~209쪽.
한국학중앙연구원. 『한국민족문화대백과사전』.

강주원. 2015.11.30. "[강주원의 '국경 읽기'] 단둥, 한 걸음 더 들어가기 ① '사우나에서 북한 사람 등 밀어줘야 하나요?'" ≪프레시안≫.
신민재. 2012.9.21. "재중국한국인회 분열 …… 차기회장 선거 파행". ≪연합신문≫.
≪재외동포신문≫. 2015.7.31. "中 지방행정연수원 버스 사고 한달 …… 민관협력 선례 구축".

デーヴィス, F.(F. Davis). 1990. 『ノスタルジアの社会学(A Sociology of Nostalgia)』. 間場寿一 · 荻野美穂 · 細辻恵子 譯. 世界思想社.

Angé, Olivia and David Berliner(eds). 2014, "Introduction: Anthropology of Nostalgia-Anthropology as Nostalgia." *Anthropology and Nostalgia* (pp.1~15). Berghahn Books.

Appadurai, A. 1996. *Modernity at Large: Cultural Dimentions of Globalizations*. Minneapolis: University of Minnesota Press.

Basch, Linda, Nina Glick Schiller and Cristina Szanton Blanc. 1994. *Nations Unbound: Transnational Projects and the Deterritorialized Nation-state*. New York: Gordon and Breach.

Battaglia, D. 1995. "On Practical Nostalgia: Self-Prospecting among Urban Trobrianders." in D. Battaglia(ed.). *Rhetoric of Self-Making* (pp.76~96). Berkeley: University of California Press.

Bissel, W. 2005. "Engaging Colonial Nostalgia." *Cultural Anthropology*, 20(2), pp.215~248.

Boccagni, Paulo and Loretta Baldassar. 2015. "Emotion on the Move: Mapping the Emergent Field of Emotion and Migration." *Emotion, Space and Society*, 16, pp.73~80.

Boym, S. 2001. *The Future of Nostalgia*. New York: Basic Books.

Duyvendak, Jan Willem. 2011. *The Politics of Home: Belonging and Nostalgia in Europe and the United States*. Palgrave Macmillan.

Glick Schiller, Nina, Linda Basch and Cristina Szanton Blanc. 1992. "Transnationalism: A New Analytic Framework for Understanding Migration." in Nina Glick Schiller, Linda Basch and Cristina Szanton Blanc(eds.). *Towards a Transnational Perspective on Migration: Race, Class, Ethnicity, and Nationalism Reconsidered*. New York: New York Academy of Sciences.

______. 1995. "From Immigrant to Transmigrant: Theorizing Transnational Migration." *Anthropological Quarterly*, 68(1), pp.48~63.

Herzfeld, M. 1997. *Cultural Intimacy: Social Poetics in the Nation-State*. London: Routledge.

Ignacio, Emily Noelle. 2005. *Building Diaspora: Filipino Cultural Community Formation on the Internet*. New Brunswick, New Jersey and London: Rutgers University Press.

Jackson, Peter, Philip Crang and Claire Dwyer. 2004. "Introduction: The Spaces of Transnationality." in Peter Jackson, Philip Crang and Claire Dwyer(eds.). *Transnational Spaces* (pp.1~39). London and New York: Routledge.

New Oxford Dictionary of English, 1988.

Pickering, M. and E. Keightley. 2006. "The Modalities of Nostalgia." *Current Sociology*, 54, pp.919~941.

Piot, C. 2010. *Nostalgia for the Future: West Africa after the Cold War*. Chicago: Chicago University Press.

Rapport, Nigel and Andrew Dawson. 1998. "The Topic and the Book." in Nigel Rapport and Andrew Dawson(eds.). *Migrants of Identity: Perceptions of Home in a World of Movement* (pp.3~17). Oxford: Berg.

Rosaldo, R. 1989. "Imperialist Nostalgia." *Representations*, 26, pp.107~122.

Safran, William. 1991. "Diasporas in Modern Societies: Myths of Homeland and Return." *Diasporas*, 1(1), pp.83~99.

Sedikides, C., T. Wildschut and D. Baden. 2004. "Nostalgia: Conceptual Issues and Existential Functions." in Jeff Greenberg(ed.). *Handbook of Experimental Existential Psychology* (pp.200~214). New York: Guilford Press.

Strathern, M. 1995. "Nostalgia and the New Genetics." in D. Battaglia(ed.). *Rhetorics of Self-making* (pp.97~120). Berkeley: University of California Press.

Stewart, K. 1988. "Nostalgia: A Polemic." *Cultural Anthropology*, 3(3), pp.227~241.

Weingrod, Alex and André Levy. 2005. "Homelands and Diasporas: An Introduction." *Homelands and Diasporas: Holy Lands and Other Places* (pp.3~26). Stanford University Press.

제2부

환상 속의 인물을 찾아서

제4장

박정희 향수의 감정구조와 대중정치학

홍성민

1. 박정희 향수: 집단 최면과 대중독재 사이에서

박근혜 정권의 탄생은 한국 유권자들의 정치적 선택에 대해 여러 가지 의문을 갖게 만들었다. 정치학 교과서에 따르면 유권자는 개인의 이해관계를 가장 잘 대변할 수 있는 사람에게 투표한다. 이른바 합리적 선택론은 영미 계통의 정치학 전통 안에서 개인의 정치적 행동을 설명하는 기본 전제다. 과연 그럴까? 한국의 유권자들이 그렇게 합리적 계산을 통해 투표할까? 오히려 그렇지 않아 보인다. 우선 한국의 고질적 병폐로 지적되는 지역주의 투표 성향은 합리적 선택론과는 거리가 있어 보인다. 박근혜라는 정치인이 비교적 짧은 정치 경험에도 불구하고 대통령으로 당선된 경우도 이례적인 상황이었다. 적어도 박정희 대통령의 후광이 작용했다는 지적이 설득력 있어 보인다. 그렇다면 과거의 기억이 현재에 작동하고 있다는 것인데, 이것을 학문적으로 어떻게 설명할 수 있을까? 과거에 대한 기억(향수)이 표심에 어떠한 영향을 주는 것일까? 과거의 기억이 표심에 영향을 준다고 인정한다면 합리적 선택론(이성)을 완전히 포기해야 하는가? 이성이 아니라면 무엇을 연구해야 할까? 이 글은 이처럼 산발적인 질문들의 해답을 찾으려는 필자의 힘겨운 고구의 하나다. 좀 더 구체적으로 말하자면, 이 글에서는 박정희 향수를 설명하는 기존의 이론들을 살펴본 후 그 한계를 지적하고, 현실에 맞는 설명 틀을 모색해보고자 한다. 필자가 보기에 박정희 향수는 단순히 과거에 대한 기억이라기보다는 박정희 시대에 만들어진 독특한 주체화 과정의 결과로 이해하는 것이 합당하다. 그리고 이것은 이성과 연결된 감정의 구조(윌리엄스, 2013 참조)를 추적하는 작업이다. 필자는 이러한 과정을 통해 한국에서 작동하는 대중정치학의 특성을 설명해보고자 한다.

우선 박정희 향수에 대한 기존 논의부터 검토해보자. 2000년대 초반 이른바 '박정희 신드롬'이라고 불릴 만큼 한국 사회에 박정희 대통령에 대한 기억이 강한 영향력을 발휘한 일이 있었다. 그중에서 필자의 주목을 끄는 것으로 심리적 접근법과 권력 이론적 접근법이 있다. 우선 전자의 대표적인 학자로 강준만을 살펴보자. 강준만(1999)은 박정희 신드롬이 보수 세력을 유지하려는 기만전술이라고 평가절하하며, 언론의 선전을 통해 만들어진 환상이라고 단정한다. 이러한 맥락에서 박정희 신드롬과 김대중 신드롬은 동전의 앞뒷면과 같다. 한 사람은 영웅으로, 또 다른 사람은 공적으로 만들어진 것은 모두 언론이 조작해낸 결과다(강준만, 2001). 그는 이러한 신드롬이 발생하게 된 문화적 배경으로 '지도자 숭배론'을 거론하면서, 이는 국민들의 마음속에 자리 잡은 왜곡된 정서에서 비롯된 것이라고 진단했다. 강준만(2002)은 정신과 의사 신용구를 인용해 한국인의 왜곡된 정서 속에는 "아버지에 대한 한국인의 무의식"이 있다고 설명한다. 이것이 권위주의 체제에서도 국민들이 박정희에게 지지를 보낸 이유이며, 2000년 현재에도 박정희를 그리워하는 이유라는 것이다.

강준만의 주장에 따르면 그리워하는 한국민의 정서 구조에는 불안감이 자리 잡고 있다. 그런데 이러한 불안감은 경제적 위기의 순간에 더 크게 증폭된다. 2000년대 초반은 한국이 IMF 외환위기를 맞아 경제적 불안이 정치적 불안으로 증폭되었으며, 여기서 과거와 박정희를 그리워하는 사회적 분위기가 형성되었다고 설명한다. 한국인들에게 박정희는 희생적이고 헌신적인 아버지로서 기억되며, 보릿고개를 없앤 경제적 영웅으로 회상되고 있기 때문에 2000년대에 닥친 경제 위기 시점에 박정희에 대한 향수가 생겨난 것이다. 그래서 신용구는 박정희 향수가 한국인의 무의식에 흐르는 아버지상에 대한 신경증적인 욕구와 갈등에서 비롯된 현상이라고 결론짓는다(강준만, 2002에서 재인용). 한편 무속 신앙의 관점에서 한국인의 심리 구조와 박정희 신드롬의 상관관계를 연구한 논문도 참고할 만하다(한민, 2008).

한편 박정희 체제를 권력 이론의 관점에서 이해하려는 임지현(2004)은 한국민의 정서가 집단 최면 상태에 빠졌다고 보는 신용구의 논리와 상충되어 보여 매우 흥미롭다. 임지현은 대중독재론이라는 새로운 분석 틀을 제시한다. 그에 따르면 대중독재 패러다임은 대중의 양면성에 주목한다. 예를 들어, 나치의 권력 구조에 저항하는 대중과 일상에서 나치의 지배에 포섭된 대중이 동시에 존재한다. 다시 말해 대중은 독재 권력에 수동적으로 포섭되는 것이 아니며 권력과 자신을 일체화하는 방식이 수준별로 나뉜다. 즉, 수동적 동의, 부분적/선별적 수용, 타협적 순응, 무의식적 순응에 이르는 다층적인 모습을 보인다(임지현, 2004: 22). 따라서 권위주의 체제가 유지되는 이유를 파악하기 위해서는 위로부터의 파시즘이 아니라 아래로부터의 파시즘(일상, 규범, 믿음, 관습, 관행, 가치체계)에 관심을 두어야 한다. 대중의 생활세계를 식민지화하고 파시스트 아비투스habitus를 공고히 함으로써 유지되는 독재 권력의 효과를 이해해야 한다고 임지현은 주장한다. 이런 논리를 한국 현실에 응용해본다면, 박정희 향수는 박정희 시대에 만들어진 집단적 인간형이 아직도 우리 사회에 존재하기 때문에 발생하는 것이다. 황병주(2004a)는 이러한 집단적 인간형의 대표적인 모습으로 박정희 시대의 민족주의를 꼽았다. 경제적 핍박 속에서 불만을 품었던 박정희 시대의 개인들은 민족/국민이라는 이름으로 새롭게 거듭났으며, 거기서 박정희 동원체제(새마을운동이 대표적 사례다)의 적극적인 동조자로 활동하게 되었다는 것이다. 조국 근대화/민족번영론이 근대화의 기수/산업전사 등으로 등치되었던 박정희 시대의 인간형은 강제로 주조된 것이라기보다는 당시 대중이 자발적으로 참여했다는 것이 아래로부터의 파시즘이 주장하는 대표적 사례다. 이렇게 보면 박정희 향수는 한국 현대사를 관통하는 권력/주체 형성의 문제와 관련이 있다고 하겠다. 즉, 근대성의 발전 속에서 한국민들의 정체성 형성이 자본주의와 국가주의에 의해서 이루어진 만큼, 자본주의/국가주의라는 틀이 사라지지 않는다면 대중독재의 근원은 사라지지 않을 것이기 때문이다. 이러한 시각은 집단적 최면의 효과와 근본적으로 다른 관점에서 박정희 향수를 분석한다.

이 지점에서 필자는 한국민들의 정치적 행동을 결정하는 요인을 세 가지로 요약해보고 싶다(그림 4-1 참조). 첫째는 계산적 이성을 강조하는 합리적 선택론, 둘째는 무의식적 욕망을 강조하는 집단 최면 이론, 셋째는 일상적 파시즘을 강조하는 대중독재론이다. 이러한 세 가지 이론적 흐름은 지난 한 세기를 지속해온 군중심리에 대한 이론화 작업과 매우 유사하다. 그런데 필자의 판단으로는 극단적 이성 중심주의와 사회적 조건이 무시된 집단 최면 이론은 결국 권력의 효과를 고려하지 않는다는 점에서 보면 동전의 앞뒷면과 같이 동일한 인식론이라고 할 수 있다. 즉, 전혀 다른 논의를 전개하고 있지만 인식의 전제는 같다는 것이다. 이렇게 놓고 보면 지금까지 박정희 향수론을 설명해온 한국의 이론적 자원은 합리적 선택론/집단 최면 이론과 대중독재론으로 요약된다. 따라서 현재의 학문적 과제는 합리적 선택론/집단 최면 이론과 대중독재론 사이에 존재하는 제3의 이론적 지평을 연구하는 것이다. 그리고 새롭게 찾아갈 제3의 모형을 필자는 한국의 대중정치학이라 불러보고 싶다. 이처럼 새로운 분석 틀을 완성하기 위해 기존의 합리적 선택론/집단 최면 이론과 대중독재론에 대한 논의를 점검하고 그에 대한 한계를 지적해보려 한다. 전자에 대한 이론적 자원은 주로 고전적인 군중심리론에서 찾을 수 있으며, 후자에 대한 이론적 발전 과정은 주로 최근 우리 학계에 소개되고 있는 감정의 정치학이라는 흐름에서 찾을 수 있다.

2. 군중심리론

한편 한국에서 거론되는 집단 최면 이론의 이론적 전형은 군중심리론이라고 볼 수 있다. 고전적인 군중심리론을 살펴본다면 현재 한국 사회에서 등장하는 집단심리와 정서 그리고 향수를 이해할 수 있다고 추론한다. 고전적인 군중심리론은 크게 두 가지 흐름으로 분류될 수 있다. 첫째는 무의식을 강조하는 흐름이고, 두 번째는 사회적 정체성을 강조하는 흐름이다. 전자에 속하는 대표적인 학자가 귀스타브 르 봉Gustave Le Bon과 지그문트 프로이트Sigmund Freud이며, 후자의 대표적인 학자가 가브리엘 타르드Gabriel Tarde다. 필자가 이처럼 두 가지 흐름으로 군중심리론을 압축한 것은 각각의 이론적 한계를 극복하는 과정에서 현대적 의미의 대중이론을 발전시킬 수 있을 것이라고 판단했기 때문이다.

우선 르 봉(Le Bon, 2012)을 살펴보자. 르 봉은 19세기 말에 군중의 시대가 도래했다고 단언한다. 과거의 정치학이 군주들의 개인적인 성향에 주목했다면, 이제부터는 군중들의 혼을 연구해야 한다고 주장한다(르 봉, 2012: 16). 그에 따르면 사람들의 결합체가 그 결합체를 구성하는 개인들의 성격과는 아주 다른 새로운 성격을 갖는 경우가 군중이다. 이때 의식을 지닌 인격은 사라지고, 모든 개인의 감정과 생각이 하나의 방향으로 향한다. 즉, 집단적 혼이 형성되는 것이다. 이것을 르 봉은 '심리적 군중'이라고 부른다(르 봉, 2012: 28). 군중은 의식을 지닌 인격이 소멸하고 감정과 사고가 일정한 방향을 취한다. 즉, 각자가 개별적으로 있을 때와는 전혀 다른 방식으로 느끼고 생각한다. 이를 몰개성 이론이라고 부를 수 있다. 르 봉은 이것이 무의식에서 유래하며, 궁극적으로는 민족적 특성을 결정짓는다고 말한다(르 봉, 2012: 31). 그렇다면 개인에서 집단으로 확장되면서 발생하는 새로운 성격은 어떻게 확립되는가? 르 봉은 그것을 세 가지로 요약한다(르 봉, 2012: 33~34). 첫째는 군중 속의 개인이 다수로 이루어졌다는 사실이다. 다수로 이루어진 집단은 특별한 감정을 가지게 되며, 이는 개인들이 억제했을 본능을 발현시킨다. 그 결과는 무책임한 행동이다. 둘째는 전염이다. 사람들 간에 유사한 행동이 급속하게 전파된다. 셋째는 피암시성이다. 르 봉은 이를 제일 중요한 요인이라고 지적하면서, 그 예로 최면술사가 수면 중 최면에 걸린 사람을 조정하는 상황을 제시한다. 군중은 일종의 최면 상태에 있다는 것이다.

한편 프로이트는 「집단심리와 자아 분석Massenpsychologie und Ich-Analyse」(프로이트, 2004)이라는 논문에서 르 봉의 피암시성을 비판한다. 그는 집단이 개인에게 강제하는 능력에서 심리 변화의 본질은 무엇인가라고 질문하면서, 그 해답은 감정적 유대라고 설명한다. 우선 프로이트는 인간의 성적 본능이 리비도libido를 바탕으로 한 카섹시스cathexis라고 파악한 후 이것이 외부로 투사되는 방식의 하나로서 동일시 현상을 제시한다. 이것은 자아가 내면적 에너지를 외부로 투사하는 형식인데, 그 극단적인 형태가 바로 초자아에 대한 맹목적 추종이다. 프로이트의 논리에 따르면 집단심리는 정치 지도자나 사회운동가에 개인의 리비도 에너지가 투사되어 나타나는 동일시 효과다. 대표적인 예로 교회와 군대에서의 주종 관계를 든다.

두 번째로 타르드의 『여론과 군중L'opinion et la foule』(타르드, 2012)을 검토해보자. 그는 르 봉이 제시한 군중과 다른 각도에서 공중公衆의 개념을 제시한다. 그리고 르 봉이 설명한 피암시성을 비판한다. 타르드의 눈에는 르 봉이 말하는 피암시성이 사람들 사이에 일어나는 단순한 접촉으로 보이는데, 이것만으로는 여러 사람들 사이에 공감대를 이룰 수 없다. 여기서 그는 "다른 사람의 시선 작용", "다른 사람의 시선을 생각하는 것"(타르드, 2012: 9)라는 표현을 동원하는데, 이것은 현대 정치사회학에서 상징적 상호론자들이 즐겨 사용하는 용어들이다. 필자의 판단으로는 이것이 군중의 특성을 분석하는 데 대단히 중요한 두 번째 요인이다. 나아가 타르드는 군중보다는 공중이라는 단어를 선호한다. 그리고 이러한 공중이 탄생한 계기로 16세기 인쇄술의 발달을 꼽는다. 여기서 그는 사상을 공유하는 것이 바로 공중을 만들어내는 사회적 힘이라고 강조한다. 이 당시의 공중은 월간지나 책을 읽을 수 있는 소수의 엘리트로 이루어진 문학적 공중이었다. 그러다가 18세기에 이르면 정치적 공중이 탄생한다. 특히 카페나 클럽이 정치적 공중을 형성하는 데 큰 역할을 했으며, 이것이 프랑스 대혁명을 일으킨 원동력이라고 타르드는 해석한다. 위르겐 하버마스Jürgen Habermas의 '공론장의 구조변동'과 매우 유사한 입장이다. 여기서 그는 르 봉과 자신의 입장을 비교한다. 르 봉의 군중이 자연적인 성격이 강하다면, 타르드의 공중은 사회적인 힘(인쇄, 철도, 전신)에 의해 구성된다고 한다. 공중은 군중에 비해 흥분하는 경향도 비교적 낮다. 타르드는 공중의 개념을 동시적인 일체감의 의식이라고 정의한다(타르드, 2012: 24).

여기서 필자는 르 봉과 프로이트가 제시한 이론을 몰개성화라는 개념으로 압축하고자 하며, 타르드가 제시한 일체감을 사회적 정체성이라는 개념이라고 요약하려 한다. 그런데 두 가지 이론적 흐름은 각각 다음과 같은 한계점을 갖는다. 우선 르 봉과 프로이트를 비판해보자. 첫째, 몰개성 이론은 과연 그것을 유발하는 필요조건과 충분조건은 어떤 것인가를 밝혀내지 못했다. 또 책임감의 상실이 몰개성화의 원인인지 결과인지를 설명할 수가 없다(한양대 사회인지발달연구모임, 2000: 205). 둘째, 몰개성 이론은 무의식과 관련된 것으로서 무의식 자체를 경험적으로 증명할 수 없다는 난점이 있다. 예를 들어 강력한 최면력을 지닌 지도자에게 쉽게 설득되어진다는 설명은 추종자나 카리스마적인 지도자 개인으로 끝나지 않고, 다른 심리 구조를 지닌 사람들이 어떻게 집단 구성원들의 심리 구조와 상호 유사해지는가를 설명하지 못한다는 한계가 있다(한양대 사회인지발달연구모임, 2000).

한편 타르드의 일체감 이론은 현대 집단심리 이론에서 거론하는 규범 생성 이론과 유사하다. 다시 말해 타르드의 입장을 한마디로 요약하면 집단규범이 집단행동을 유발하는 것이라고 볼 수 있다. 이때 이러한 규범을 형성하는 사회적 요인이 무엇인지 불명확하다는 한계가 있다. 타르드는 인쇄술의 매체를 제시하지만, 이것만으로는 개인적 정체성에서 사회적 정체성으로 변화해가는 과정을 충분히 설명할 수 없어 보인다. 둘째는 일체감으로 표현되는 사회적 질서가 어떤 이유로 집단행동을 한 방향으로 조직해낼 수 있는지 정확하게 설명하지 못한다. 이것은 현대 사회 이론에서 사회적 정체성 이론이 지닌 한계를 그대로 보여준다(한양대 사회인지발달연구모임, 2000: 226~230 참조).

결국 남은 과제는 앞에서 제기한 두 이론의 한계를 동시에 극복하며 새로운 분석 틀을 만들어내는 것이다. 그런데 두 이론은 각각 분석 내용에서 몇 가지 중요한 시사점을 던지고 있으며, 그것들을 면밀히 살펴보고 그에 대한 보완점을 찾아간다면 새로운 이론적 종합이 가능해 보인다. 예를 들어 르봉은 군중의 감정을 자극하는 매개체로서 이미지의 기능을 강조하는데, 이것은 분석적으로 매우 중요한 함의를 갖는다(르 봉, 2012: 44).

이미지는 현대 인문학과 사회학에서 인간 행동을 설명하는 변수로 그에 대한 연구가 상당히 진척된 바 있으며, 그 내용을 심층적으로 파헤치다 보면 집단행동의 성격을 보다 정교하게 설명할 수 있을 것이기 때문이다. 이미지에 대한 연구는 프랑스 현대사상 속에서 다양하게 연구된 바, 대표적 사례는 기호학적 질서[롤랑 바르트(Roland Barthes)], 이데올로기[루이 알튀세르(Louis Althusser)], 상징적 질서[자크 라캉(Jacques Lacan)]다. 이를 근거로 군중심리에 대한 보다 세련된 이론 틀을 만들어볼 수 있기 때문이다. 한편 타르드는 공중의 분류 기준으로 독자층을 제시한다(타르드, 2012: 43).

이것은 현대적인 의미에서 취향의 기준과 유사하다. 피에르 부르디외Pierre Bourdieu의 사회학과 연결될 수 있는 실마리가 보인다. 다시 말해 몰개성 이론과 사회적 정체성의 이론들이 미완으로 남겨둔 문제들을 현대의 정치사회학 이론을 통해 보완하는 데 이와 같은 내용들이 좋은 실마리가 될 수 있다는 것이다.

3. 감정 정치학

필자는 대중독재론의 맥을 이어가는 최근 학계의 흐름을 감정의 정치학으로 파악하고 있다. 임지현이 제기한 대중독재론은 사실 주장만 있을 뿐 구체적인 내용 분석은 없다. 그가 공동 작업으로 보여준 대중독재론의 사례 분석은 서양이나 동양의 권의주의의 여러 체제 현상들을 나열하지만, 역사의 예증에 불과하다. 그런데 최근에 한국 학계에 소개되는 감정의 정치학이라는 흐름들은 대중독재론의 이름을 붙이고 있지는 않으나(심광현, 2009; 김홍준, 2009; 김찬호, 2014; 소영현 외, 2014; 굿윈 · 재스퍼 · 폴레타, 2012), 상당 부분 동일한 문제의식을 공유하며, 나아가 대단히 개념적인 수준에서 미시적으로 분석하고 있어, 대중독재론의 빈자리를 채워가는 것으로 평가해볼 만하다. 따라서 그 내용을 음미하며 한국적 대중정치학의 모델을 만들어가는 데 길잡이를 삼아볼 수 있겠다. 우선 『열정적 정치Passionate politics』라는 제목으로 번역된 책이 눈길을 끈다(굿윈 · 재스퍼 · 폴레타, 2012). 번역된 시점은 최근이지만 영어본이 출판된 시기가 2001년이므로 서구의 이론적 수준을 가장 먼저 소개하고 있는 책이다. 다양한 정치사회학 학자들의 이론과 경험적 사례가 있어 이 글의 취지에 잘 부합한다.

『열정적 정치』의 서론으로 게재된 논문 「왜 감정이 중요한가?」(굿윈, 2012)는 집단심리론의 문제점을 지적하며 감정의 개념이 중요한 이유를 설명한다. 저자는 사회 저항운동이라는 각도에서 보면, 르 봉의 군중심리론이 사실은 군중들의 공포와 불안을 암시한다고 주장한다. 그런데 군중심리론은 개인의 퍼스낼리티personality에 초점을 맞추는 경향이 강했으며, 그로 인해 개인적인 것과 사회적인 것의 상관관계를 정확히 추적하지 못했다고 비판한다(굿윈, 2012: 16). 저자들은 사회적 저항운동과 같이 집단행동이 이루어지는 동기는 단순히 인지적 요소만으로 설명될 수 없으며, 참여 동기가 밝혀져야 하는데, 이 부분에 대한 논의가 그동안 제대로 다루어지지 않았다고 주장한다. 이것이 바로 감정이 중요하게 부각되어야 하는 이유이다. 한편 크레이그 칼훈Craig Calhoun(칼훈, 2012)은 감정이 무의식적인 심리학 혹은 내적 현상으로 축소될 수 없으며, 사회적 연관성을 밝혀내야 한다고 강조한다. 그러면서 감정이 표현되는 육체적 차원을 놓쳐서는 안 된다고 주장한다(칼훈, 2012: 77). 필자의 눈에는 주체와 객체의 분리를 넘어서야 한다고 주장한 모리스 메를로퐁티Maurice Merleau-Ponty의 철학을 암시하는 것으로 보인다. 계속해서 그는 감정이 일어나고 반응하는 감정동학을 이해하는 것이 중요하며, 인간의 정체성과 감정이 어떤 관계를 맺고 있는지 파악해야 한다고 주장한다. 그러면서 노르베르트 엘리아스Norbert Elias, 피에르 부르디외, 드수사 등이 발전시킨 '감정적 아비투스'라는 용어를 사용한다. 또 마벨 베레진Mabel Berezin(베레진, 2012)은 정치적 정체성이란 국가가 주도하는 의례를 통해 이루어지며, 이것이 집합 기억을 만들어낸다고 주장한다. 감정은 정치적 의례가 의존하는 중심축이며, 이것이 집단기억을 통해 과거와 현재를 이어주는 민족적 정체성을 만들어낸다.

한편 심광현(2009)은 국가 폭력에 대한 대중의 외면 · 방관 · 순응 현상이 오늘날 한국 정치에서 중요하게 등장한다고 지적한다. 국가 폭력의 비합리성에 대중이 반드시 합리적으로 대처하지는 않는다는 진단 아래, 그는 수동적-반동적 주체로 전락한 한국민들을 어떻게 능동적-진보적 감정이 충만한 주체로 거듭나게 할 것인가를 고민하는 것이 현 단계 한국 정치의 숙제라고 말한다. 그리고 이러한 숙제를 해결하기 위해서는 인지의 정치 또는 각성의 정치를 넘어 감정의 정치 혹은 체화의 정치라는 새로운 패러다임을 추구해야 한다고 주장한다. 그리하여 안토니오 다마지오Antonio Damosio, 후기 미셸 푸코Michel Foucault, 자크 랑시에르Jacques Rancière를 통해 감정의 정치가 어떻게 작동하는가를 이론적으로 설명한다. 또 김홍준(2009)은 「진정성의 기원과 구조」라는 논문에서 그동안 한국 학계가 사회변동을 주로 제도적 관점에서 설명해왔지만 그러한 체제 변동에 연동되어 있는 사회심리의 체제, 이른바 마음의 레짐regime에 대한 언급이 없었다고 비판한다(김홍준, 2009: 22). 김홍준에 따르면 마음의 레짐이란 자신의 독자적인 주체 형식을 의미하며, 푸코적인 의미에서 주체를 만들어내는 담론적 혹은 비담론적 요소들의 네트워크이자, 권력의 특수한 요구에 의해 역사적으로 형성되어 특정 시대에 특정 방식의 인식과 실천의 주체들을 걸러내고, 빚어내며, 결절시키는 구조를 가리키는 일종의 장치다(김홍준, 2009: 24). 또 김찬호(2014)는 경제학에서 최근 감정의 문제를 다루는 책들이 많이 출판되고 있다는 사실을 거론하며, 경제의 규모가 전 지구적으로 확장되고 복잡해질수록 오히려 감정의 증폭 효과가 커진다고 진단한다. 그리고 그는 감정이 사회적으로 구성된다는 점을 강조하며 역사적 사실을 자세히 추적한다. 이를 통해 당연시되어온 감정과 마음의 습관이 사회적 맥락에서 형성되었다는 사실을 비판적으로 평가하고, 인간의 행복을 도모하는 문화가 어떠해야 하는지를 연구해야 한다고 강조한다(김찬호, 2014: 2장). 마지막으로 소영현 외(2014)는 우울, 슬픔, 절망 따위들이 개인적 수준에서 병리적인 것으로만 다루어지는 것은 적절하지 않으며, 오히려 그러한 인간적 감수성은 사회적이고 정치적이라고 평가한다. 이러한 맥락에서 우리 사회에서 최근 사회문제가 되고 있는 '우울증적 자살'은 엄밀한 의미에서 사회적-역사적 타살이다(소영현 외, 2014: 22). 소영현은 성공 지향적 자본주의 담론, 언론의 상징조작 등을 감정과 사회를 매개하는 변수로 지적한다.

그런데 이러한 감정의 정치학에는 다음과 같은 한계가 있다. 첫째, 감정의 내용을 구성하는 각 요인에 대한 설명이 부족하다. 과연 감정의 아비투스는 어떤 요인들로 구성되는지, 그것이 개인들의 선택에는 어떠한 영향을 주는지 보다 정교한 설명이 필요하다. 둘째, 권력 요인과 내적 감정의 상호 교감에 대한 설명이 부족해 보인다. 인간 감정의 내면적인 것에 국한될 수 없다고 지적한 점에서 감정의 정치학은 군중심리론과 대중독재론의 수준을 넘어서 있다. 그러나 최근의 연구 흐름들에서 감정이 권력과 같은 인간 외부적인 조건과 어떠한 상응 관계가 있는지 충분히 설명하지 못하고 있다. 셋째, 이러한 감정의 요인들이 시대적 구조 변화와 어떤 관련이 있는지 밝히지 못하고 있다. 예를 들어 박정희 시대를 살았던 국민들의 감정구조와 신자유주의 시대를 살아가는 현대인들의 감정구조는 분명히 다른데, 이러한 차이점들이 어떠한 계기에서 발생하는지 설명하지 못한다. 이러한 한계를 극복하며 새로운 이론화 작업을 이룰 때 한국의 대중정치학 모델이 완성될 수 있을 것이다.

4. 한국 대중정치학의 이론화를 위하여

앞에서 검토한 군중심리론과 감정의 정치학의 한계를 극복하는 것은 한국의 대중정치학 모델을 완성하는 데 중요한 과제다. 좀 더 구체적으로 설명한다면 다음과 같은 점이 밝혀져야 한다. 첫째, 대중정치 모델은 무의식 이론과 권력론의 양자를 넘어서야 한다. 둘째, 내면과 외면의 이분법적 구분을 넘어 개인적 퍼스낼리티와 사회적 요인들의 상관관계를 설명해야 한다. 셋째, 대중의 감정과 정치적 정체성의 상관성이 설명되어야 한다. 넷째, 육체, 상징, 의례, 기억, 언어, 아비투스 등의 변수들이 대중의 감정과 정체성에 어떻게 작동하는가를 설명해야 한다. 이러한 내용을 요약하면 그림 4-1과 같다. 이제 이러한 학문적 과제를 하나씩 설명해보도록 하자.

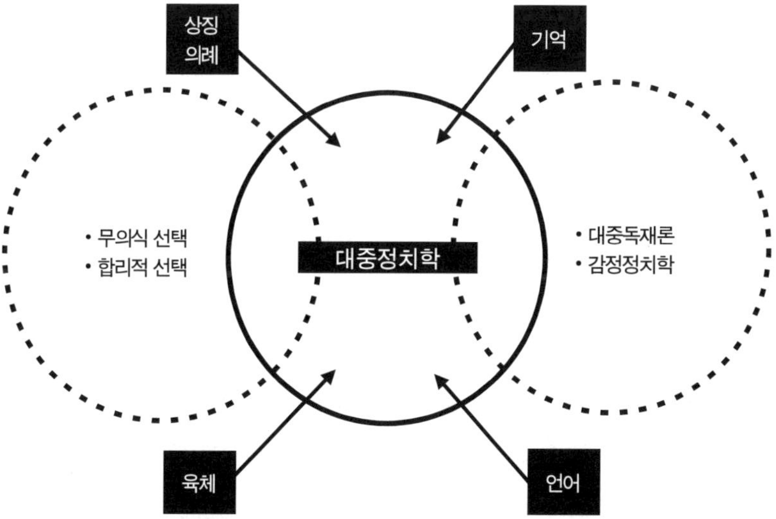

그림 4-1 _ 대중정치학의 일반 모델

1) 육체의 정치학에 대하여

정치적 행동을 설명하는 이론은 대체로 두 가지다. 하나는 합리적 선택론과 무의식 이론(몰개성 이론)이고, 다른 하나는 권력 이론인데, 각각에 대해서 다음과 같은 비판이 가능하다. 전자의 경우에는 행동의 전제가 되는 인간의 선택이 인지론에 국한되지 않는다는 점이다. 즉, 자극-반응의 모델(인과론), 인식-판단-행동(인지론)의 모델이 합리적 선택론이 전제하는 인식론인데, 사실 인간의 정치적 행동은 이러한 인과론이나 인지론으로만 환원될 수 없다는 비판이 있다. 또 무의식 이론은 인간의 내적 욕망에 관련된 억압을 가족 관계나 개인의 사적 영역으로 축소함으로써 사회적 맥락을 충분히 설명하지 못한다. 프로이트의 정신분석학이 전제하는 욕망 이론은 결국 가족 관계를 벗어나지 못한 것으로 보인다. 한편 권력론의 경우에는 권력의 억압에 대해 개인의 선택이 일방적으로 강요되는 것으로 파악한다는 점에서 인간의 내적 반응을 설명하지 못하는 단점이 있다. 사실 인간의 정치적 선택은 권력에 대한 다양한 반응(적극적 저항, 수동적 저항, 단순 수용, 적극적 수용, 무관심 등)을 거쳐가게 된다. 그런데 권력론에서는 이러한 내적 요인의 변화를 괄호쳐둘 뿐이다. 이와 같은 양자의 비판을 극복하기 위해 현대 정치 이론에서 제시된 이론이 바로 육체론이다. 사상적으로 보면 메를로퐁티의 '육체적 도식schema corporelle'(메를로퐁티, 2012), 조지 레이코프George Lakoff가 제안한 '신체화된 프레임'(Lakoff and Johnson, 2002), 다마지오가 제시하는 '문화적으로 사유하는 신체'(다마지오, 2007), 엘리아스(엘리아스, 1996)의 '역사적으로 길들여진 육체', 후기 푸코(푸코, 2011)의 '통치성에 길들여진 육체'가 이러한 분류에 해당한다. 결국 인간은 이념과 이데올로기에 인지론적으로 반응하기보다는 일상에 퍼져 있는 의례와 상징 등에 체화되어 집단적 행동을 유발하는 것으로 이해할 수 있다. 이러한 사상적 기반을 토대로 우리는 여기서 박정희 시대에 만들어진 인간형에 대해 추적해보고, 이것이 오늘날 박정희 향수에 어떻게 반응하는지를 가늠해보자.

진중권(2007)은 박정희 시대의 인간형을 기계화와 군대화라는 말로 요약한다. 전자는 산업화 시대에 강조된 노동에 길들여진 인간형을 가리키며, 후자는 국가주의에 의해 강요된 군대식 인간형을 가리킨다. 이 두 가지 인간형은 모두 정치적 의미가 있다. 즉, 국가가 요구하는 노동의 근면성을 내면화하고, 합리성으로 포장된 노동의 윤리를 그대로 수용하도록 만들며, 군대식 교육에 익숙해진 인간의 신체는 국가주의적 애국심을 손쉽게 수용하는 기제가 된다. 서구의 근대화가 개인주의와 자유주의에 기반을 두고 발전되어왔다면, 한국의 근대화는 기계적 노동 윤리와 군사주의적 복종심을 기반 삼아 이루어져온 것이라고 말할 수 있다. 또 공제욱(2008)이 잘 지적하고 있듯이, 박정희 시대에 필요했던 근대화의 논리는 일사불란한 동원, 효율적 생활, 근검절약, 강도 높은 노동, 미래의 축적을 위한 희생 등이었고, 이를 위해 국가주의와 집단주의가 강조되었는데, 전통을 끌어들여 역사적 영웅주의를 정권의 홍보 차원에서 이용하기도 했다. 나아가 혼식 장려, 가정의례 준칙, 교복 착용, 새마을운동의 정신 개조 등은 국가가 개인의 사고방식과 일상의 습관까지 관리하고 장악하려 한 것이다. 이는 결국 국가가 필요했던 인간형을 만들어내려는 노력의 일환이었다. 즉, 박정희 시대에 진행된 근대화는 그에 상응하는 순종적 인간형을 만들어냈는데, 이를 엘리아스식으로 표현해보자면 국가권력이 일상에까지 권력의 효과를 발휘한 것이다.

우리는 지금까지 박정희 시대를 정치적 독재, 경제 발전의 전략이라는 수준에서 평가해왔지만, 그 시대가 어떻게 한국인의 일상을 지배했던가에 대해서는 상대적으로 소홀했다. 그러나 정치와 경제가 현저히 변화했는데도 한국 국민의 정서에 여전히 박정희 향수가 남아 있는 것을 보면, 문화의 흔적은 단순히 잔재가 아니라 오늘의 현재성을 만들어내는 근본적 원리라고 인정해야만 할 것이다. 다시 말해 박정희 시대에 만들어진 정형화된 육체는 국가의 통치 방식이나 경제적 구조가 변화해도 상당 시간 집단 정체성의 기반이 된다. 박정희 향수의 근원에는 박정희 시대에 만들어진 육체의 사회적 활용이 작동하고 있으며, 권력의 효과가 여전히 재생산되고 있다.

2) 상징과 의례에 대하여

에밀 뒤르켐Émile Durkheim의 종교사회학(뒤르켐, 1992)은 박정희 시대에 사용된 상징과 의례가 발휘하는 정치적 효과를 분석하는 데 커다란 함의를 준다. 뒤르켐은 오스트리아 아룬타족의 토템 분석을 수행한 후, 토템은 사회적 상징이며, 이것이 집단의식을 표현하는 방식이라고 결론내린 바 있다. 이것을 현대적 의미로 해석하면 인간 사회의 질서가 유지되는 것은 바로 상징이 작동하기 때문이다. 이러한 뒤르켐의 종교사회학의 교훈은 박정희 시대의 국민 의식과 집단적 정서를 설명하는 데 중요한 실마리를 던진다. 사회학적 종교의 의미를 정치종교로 확대해석할 수 있기 때문이다. 예를 들어 나치 시대에 정치를 우상화하고 국민들에게 독재 권력을 사명감으로 받아들이도록 만들기 위해 축제, 행진, 조형물, 등과 같이 일상을 정치적으로 미학화하는 작업을 수행한 바 있는데, 이를 두고 학자들은 정치종교라고 부르기도 한다. 즉, 정치종교란 정치 운동이나 정치체제가 정치적인 모든 것을 포괄하는 하나의 우월한 영역으로 승격되고, 이를 통해서 절대적인 사명과 권위를 유지하기 위해 그것이 속한 사회의 종교 문화를 이용하는 것을 의미한다(나인호, 2004: 217). 이렇게 놓고 보면 정치종교는 결국 뒤르켐이 말한 상징과 의례를 통해 대중의 일상을 조정하며, 궁극적으로 의식과 감정을 통제하려는 문화적 수단이라고 말할 수 있다. 이러한 맥락에서 박정희 시대에 진행된 민족적 영웅신화 , 위인의 동상 건립, 국기에 대한 맹세 등이 이른바 정치종교의 한 형태다. 이것이 박정희 시대의 독특한 대중 동원체제를 만들어낸 것으로 추정해볼 수 있다. 본질적으로 종교가 개인의 믿음을 만들어내는 영적 작업인 것처럼, 정치종교도 집단적 믿음과 세계관을 만들어가는 영적 과정이라고 말할 수 있다. 특히 정치종교는 인간의 감정을 이용해 권위주의적 정치권력이 필요로 하는 의식을 주조해간다는 의미에서 보다 정교한 작업이다. 그리고 이렇게 형성된 집단의식과 집단 감정은 권위적 정치체제가 사라진 후에도 지속되는 것이 보통이다.

한편 뒤르켐의 종교사회학은 이러한 상징의 정치적 효과가 발휘되기 위해 일정한 의식화ritualization 과정이 필요하다고 강조한다. 예를 들어 노래,

기도, 함께 춤추기, 지도자의 연설, 대중의 열광 따위가 바로 집단의 공통된 행위를 유도하는 의식의 절차이며, 이것이 있어야만 행위가 의식화되고, 이를 바탕으로 집단적 정체성이 나타난다는 것이다. 즉, 의식화된 절차가 집단의 공동행위에 특별한 정치적 감성을 불어넣고, 이것이 집단적 경험과 가치관을 오랫동안 지속시키는 것이다. 이것을 박정희 시대의 축구 열풍과 음악 조작을 통해 확인해보도록 하자.

우선 축구라는 스포츠가 어떻게 정치적 의례로 이용되었는지 사례 분석을 통해 알아보자(황병주, 2004b 참조). 박정희 정권은 민족중흥을 위한 건민사상을 바탕으로 체력은 국력이라는 구호를 일반화시켰고, 국민 체육의 개념을 구체화해 스포츠 내셔널리즘을 강조했다. 이러한 관점에서 축구는 매력적인 대상이었다. 그리하여 정부는 다양한 형식의 축구 부흥 정책을 추진했는데, 그 대표적인 사례가 1971년에 개최된 박스컵 대회였다. 또 산업화의 영향으로 직장 체육을 만들어 1970년대 초부터 직장 대항 축구가 시행되었고, 1972년부터는 대통령 하사기 전국 새마을 축구대회가 개최되었다. 이러한 정책으로 말미암아 축구는 국민 스포츠가 되었고, 국민적 정체성과 연대감을 만들어내는 중요한 정치적 수단이 되었다. 즉, 뒤르켐의 종교사회학 용어를 빌려 표현하자면 축구는 자발적 복종과 집단적 순응을 만들어내는 의례였던 것이다. 또 대외적으로는 민족적 일체감을 만들어내는 계기가 되어, 정기적으로 진행된 한일 국가전은 국민들의 열광과 감정을 정치적 충성심으로 이끌어내는 데 이용된 의식 절차였다. 박정희 시대의 축구 열풍은 문민정부 시대에도 여전히 지속되고 있다는 것이 필자의 판단이다. 2002년 월드컵에서 보여준 국민들의 열광은 사실 박정희 시대로부터 연유하는 국가주의적 열광의 한 형태라고 볼 만하다. 물론 2002년 상암동 경기장에는 1971년 동대문운동장을 메웠던 관료 대신 자유로운 시민들과 붉은 악마들이 자리했다. 그래서 문민정부 이후 축구에 대한 국민적 열광은 자유로운 개인감정의 발로인 것처럼 보인다. 그러나 그 밑바닥에는 여전히 폐쇄적인 국가주의와 저항적 민족주의가 도사리고 있으며, 이것이 대중의 욕망을 조정하는 문화적 수단으로 악용된다는 것이 필자의 주장이다. 축구 경기란 오늘날 사회적 무의식의 수준에서 강력한 민족주의가 작동하는 수단이며, 애국심의 통로이기 때문이다.

한편 박정희 시대의 음악 정책을 통해 정치 의례의 또 다른 면을 살펴보자(김은경, 2010 참조). 일단 박정희 시대는 국가주의적 총동원체제로 규정할 수 있는데, 이러한 억압적 권력이 자신의 헤게모니를 유지하기 위해 일상을 어떻게 지배했는가를 파악하는 것이 매우 중요하다. 지금까지 박정희 시대를 평가하는 정치경제론의 접근(개발독재론, 권위주의 정권론, 종속적 파시즘)이 간과한 치명적인 약점이 바로 미시 권력의 작동 방식을 정확히 이해하지 못했다는 것이다. 따라서 일상을 지배하며 국가 동원체제를 유지하는 하나의 수단으로서 박정희 시대의 음악 정책을 주목할 필요가 있다. 박정희 시대의 음악 정책은 크게 보아 세 가지로 분류된다. 첫째는 민족주의, 둘째는 공동체주의, 셋째는 반공주의다. 여기에 대응해 음악 정책도 세 가지 형태를 띤다. 첫째는 국악 장려 정책, 국제 음악제 개최, 왜색조 금지 정책, 둘째는 문예진흥법 제정, 국민가요 제정 및 보급, 건전가요 보급, 향토가요 경연대회 개최, 셋째는 군가 제정 및 보급, 박정희 찬가 제정 및 보급이다. 여기서 필자가 특히 주목하고 싶은 대상은 재생산의 층위에서 음악의 보급이 이루어진 방식이다. 각종 음악제, 경연대회 등이 박정희 시대에 개최되었고, 각종 제도를 통해 국가가 음악의 보급을 관장했다. 예를 들어 애향가 경연대회, 전국 새마을국민 예술제, 건전가요 합창 경연대회, 새마을 어머니 합창대회 등이 그 대표적인 예다. 뒤르켐의 용어로 설명하자면, 이처럼 수많은 경연대회가 존재했다는 사실은 음악이 집단적 의례의 과정이었음을 말해주는 것이다. 즉, 온 국민이 노래를 통해서 동일한 리듬과 규칙에 적응해 집단적 열광의 도가니에 빠져 있었던 것이다. 이것이 바로 박정희 시대가 만들어낸 동원체제의 실상이다. 또 수많은 경연대회가 존재했다는 사실은 박정희 시대에 이르러 음악이 고급 예술의 범위를 넘어 대중적 음악의 수준에 도달했음을 웅변해준다. 이러한 맥락에서 보면 한국 사회에서 대중문화의 시대가 열린 계기는 바로 박정희 시대의 대중음악 정책이다. 물론 박정희 지배 체제를 찬양하는 관제 음악이 주도한 대중음악 시대이지만, 이로부터 권력을 비판하는 이른바 저항 음악가와 작곡가가 나타나기도 했다. 이는 당시 영화 영역에서 정치를 비판하고 억압적 동원체제를 넘어서려는 시도가 있었음에도, 그러한 영화가 오히려 퇴폐적인 호스티스 영화로 왜곡된 것에 비하면 매우 이례적인 사례다(유선영, 2008 참조). 즉, 한국에서 대중문화와 저항 문화의 본산은 영화라기보다는 음악이었고, 이로부터 국민들이 새로운 "감성적 대중"으로 발전하는 계기가 되었다는 것이다. 그런데 음악을 통해 형성된 대중은 건전한 비판 정신을 소유하지만, 개인적 퇴폐성에서 빠져나오질 못할 가능성도 동시에 갖는다. 이것이 음악이 만들어낸 감성의 치명적 위험성이다. 박정희 시대가 지난 후 한국 사회에는 문화적 황금기가 찾아왔고, 이것이 오늘날 한류라는 이름으로 전 세계에 확산되어가고 있다. 이러한 과정에서 과거 국가권력이 주도하던 음악의 생산/재생산 과정을 거대 자본을 가진 세력이 대신하게 되었다. 그리하여 국가 찬양과 동원체제를 위한 음악이 이윤 추구와 개성 시대의 음악으로 모습을 바꾸어가고 있다. 이렇게 두고 본다면 권력의 겉모습은 바뀌었으나, 음악을 통해 대중을 동원해가는 제도적 차원은 실질적으로 바뀌지 않았다고 평가해볼 수 있겠다. 박정희 시대의 관료적 음악 정책이 권력에 자발적으로 순응하는 인간형을 만들었다면, 오늘날 신자유주의 시대의 상업주의 음악 정책은 순간적인 쾌락주의 인간형을 만들어가고 있지 않을까? 권력에 순응하는 인간형이나 순간적 쾌락주의에 물든 인간형이나 시대가 요구하는 비판적 정신을 결여한다는 점에서 어쩌면 동일한 인간형일지 모른다. 총화단결의 열광이나 개인적 쾌락의 열광은 그래서 동전의 앞뒷면과 같다. 타락한 열광이 오늘날 한국 국민의 일상에서 과거의 향수에 물들게 하는 문화적 효과로 나타는 것이다.

3) 언어에 대하여

레이코프는 인간의 정치적 무의식을 '프레임'이라는 개념으로 설명한 바 있다(레이코프, 2006). 국민 개개인은 정치를 바라보는 일정한 틀을 가지고 있는데, 이것이 언어적으로 구성된다는 것이다. 또한 레이코프는 최근의 저서에서(레이코프, 2012: 52)에서 "삶을 이끌어 가는 서사"를 강조한다. 그의 설명에 따르면 한 사회의 지배 담론은 일정한 언어 구조로 형식화되며, 이것이 궁극적으로 일반 국민들에게 특정한 사실만을 수용하도록 만드는 정치적 효과를 발휘한다. 다시 말해 국민들이 정치를 경험하는 최초의 단위가 바로 언어인데, 이러한 정치의 언어화 과정은 각 시대마다 일정한 특수성이 있으며, 이것을 통해 특정한 정치권력이 만들어낸 인간형을 파악할 수 있다는 것이다. 알기르다스 줄리앙 그레마스Algirdas Julius Greimas의 언어학 이론에 기대어 다시 설명한다면, 정치적 담론은 행동적 주체sujets pragmatiques와 인지적 주체sujets cognitif의 구분을 통합해 하나의 인간형을 만들어낸다. 이렇게 통합된 주체는 가치관의 형성과 행동 방식에서 일정한 특수성을 나타낸다(김성도, 2002 참조). 한편 프랑스의 철학자 폴 리쾨르Paul Ricoeur에 따르면 개인의 정체성은 바로 내러티브narrative에 의해 구성된다(Ricoeur, 1969, 1976,

1983, 1986). 즉, 주체는 이야기 구조(내러티브) 안에서 구성되는 것이다. 국민들이 정치적 사건을 이해하는 것은 문화적 전통 안에서 주어진 사건을 텍스트와 같이 이해하는 작업이라고 바꾸어 생각할 수 있다. 이때 장기간 반복되는 정당 정책, 정부 담화문, 언론 기사는 개인들의 내러티브 구조를 형성하며, 이것은 상당한 시간이 지난 후에도 일정한 인식의 지도(프레임)로 작동하게 된다.

이와 같은 정치-언어의 상관관계에 주목한다면, 박정희 시대를 주도한 지배 담론의 내러티브 구조를 파악하는 것이 매우 중요하다는 사실을 알게 된다. 즉, 당시의 발전 담론이 국민들에게 특수한 프레임을 만들어냈고, 이것이 현재까지도 큰 영향력을 준다고 추정할 수 있기 때문이다. 대체로 1963년까지의 발전 전략은 내포적 공업화로 요약된다. 국내 경제의 균형 발전을 도모할 수 있는 성장 모델을 추구하려 했던 것이다. 그러나 미국에 존 F. 케네디John F. Kennedy 정부가 들어서 세계 전략이 수정되고, 일본 중심으로 동북아 방위를 구상하면서 한국 정부는 어쩔 수 없이 수출 지향적 공업화 전략으로 발전 경로를 수정하게 된다. 이로 인해 한국 경제는 외부의 경제적 요인에 극도로 취약한 체질이 되며, 국민경제 안에서 분배보다는 성장을 우선시하는 전략을 선택하게 된다. 그로 인해 농민이나 노동자의 희생을 요구할 수밖에 없었다. 이것이 박정희 시대를 지배한 '발전국가 모델'의 실상이다. 그러나 당시 사람들에게 발전국가는 모든 국민에게 보다 나은 삶을 공평하게 보장하는 이야기 구조로 인식되었고, 이것이 한 시대를 특징짓는 프레임이 되어버렸다. 경제성장은 민주주의를 위해서, 조국통일을 위해서, 미래를 위해서 반드시 달성되어야 할 국가적 목표가 되었기 때문에 이에 대한 비판과 반대는 곧바로 반민주적 인사, 빨갱이, 사회적 불순 세력으로 간주되었다. 박정희의 정신적 기원을 밝힌 한 연구에 따르면(이준식, 2002), 국가와 민족을 박정희가 그토록 강조한 이유는 한국 근대화의 원형을 일본에서 찾고 있었기 때문이다. 즉, 만주군관학교를 통해서 일본을 경험한 박정희에게 만주국은 국가의 모범이었으며, 그가 육군사관학교 시절에 경험한 2 · 26 사건은 국가 개조의 전형이었다. 따라서 서구 역사에서 경제 발전이 시민사회에서 주도된 부르주아 계급의 공공 담론이었다고 한다면, 박정희 시대의 경제 발전은 국가가 주도하는 민족적/국가중심적 지배 담론이었다. 여기에 대한 비판과 도전은 일절 허락되지 않았다.

한편 새마을운동이 개입해 일상생활의 담론도 국가가 주도해갔다. '우리도 잘살아보세', '하면 할 수 있다'라는 담론이 일반 국민들의 마음속에 특수한 프레임을 형성해간 것이다. 사실 당시 새마을운동은 성과에 따라 마을의 등급을 구분하고 그에 따라서 차등 보상하는 경쟁 체제였기에, 전형적인 노동 착취의 방식이었다. 그런데 당시에 한국 국민들에게 이러한 새마을운동은 근면 · 성실 · 자립 · 협동이라는 이데올로기를 주입했고, 일반인의 마음속에 정부 정책을 해석하는 중요한 언어적 구조를 형성시켰다. 또 1960~1970년대에 박정희 정권은 마을문고/직장문고 운동, 국민 독서 경진대회 등을 활발하게 벌였다. 이것은 당시의 정치권력이 국민들의 의식을 조정해 '근대 국민 만들기 = 경제 발전 = 민족중흥'이라는 동원체제를 형성하려 한 사실을 암시한다. 즉, 일반 국민의 교양을 국가가 지배한 것이다. 사실 이러한 교양 운동은 1930년대 미국에서 유행하던 자유 교양 운동을 한국식으로 개조한 것인데, 미국에서 강조한 전통은 서유럽의 자유주의 흐름에서 탄생한 인문학적 인간형을 지향하는 데 반해, 1970년대 한국에서 강조된 전통은 민족적 전통이었으며, 이것은 곧바로 정권에 대한 충성으로 이어지게 된다(권보드래 · 천정환, 2012 참조).

그런데 박정희 시대의 생활 담론과 교양 대중은 오늘날에도 이어진다. 이른바 1990년대 이후 유행이 된 성공학, 처세술, 자기계발서의 열풍은 비록 국가에 의해 주도된 것은 아닐지라도 여전히 박정희 시대의 언어적 내러티브와 매우 유사한 정치적 프레임을 만들어낸다. 이것이 박정희 향수에 큰 영향을 주고 있다고 필자는 평가한다. 물론 박정희 시대와 신자유주의 시대의 정치경제적 상황은 판이하게 다르다. 1970년대 한국의 경제모델이 국가 주도형 발전국가 모델이었다고 한다면, 1990년대 이후에는 유연화된 세계화 모델로 탈바꿈했다. 잘 알고 있다시피 외환위기가 큰 기폭제가 되었다. 따라서 형식논리적으로 보면 과거와 다른 새로운 경제주체가 필요한 것이다. 그러나 언어의 내러티브 형식은 1970년대와 1990년대 이후가 큰 변화가 없다. 박정희 시대에 요구된 근면·성실·자조·협동이라는 단어는 1990년대 이후 자기 경영, 성공하는 사람의 습관, 인력 관리 등으로 바뀌었지만 내러티브 구조는 동일한 형식을 취하고 있다는 것이다. 즉, 인지적-행동적 언어 모델에서 설명하자면 개인은 성공을 지향하면서 국가의 지배 담론에 포섭되고 있는 것이다. 이것이 오늘날 언어적 관점에서 박정희 향수를 불러오는 큰 이유이다.

4) 기억에 대하여

박정희 향수라는 주제에서 '향수'라는 단어는 과거에 대한 기억을 의미한다. 따라서 사회과학적인 의미에서 개인이나 집단이 과거를 기억하는 이유, 방법, 효과 등에 대해 설명하는 것이 학문적으로 매우 중요하다. 여기서는 기억에 대한 이론적 흐름을 살펴보고, 이것이 한국적 상황에 적용될 수 있는 가능성을 탐색해보기로 하겠다.

우선 기억에 대한 사상적 기초를 놓은 사람으로 앙리 베르그송Henri Bergson

을 살펴보는 것이 유용하다. 베르그송은 『물질과 기억Matière et mémoire』에서 두 가지 질문을 던진다. 첫째, 어떠한 과정을 거쳐 인간의 의식이 기억의 형태로 남아 있게 되며, 어떤 점에서 현재의 지각과 매우 유사한 회상들 사이에서 저것이 아니라 이것인 단 하나가 왜 의식의 빛 속에 나타나는가?(베르그송, 1991: 181). 우선 첫 번째 질문에 대해서 그는 기억이란 기계적 습관과 독립적 회상이라는 두 가지가 존재하며, 전자는 반복된 학습에 의해 습관처럼 나타나는 기억의 형태이며, 후자는 정신의 노력이라고 분류한다. 그런데 후자는 현재의 상황에 가장 잘 개입될 수 있는 표상들을 현재로 인도하기 위해 과거의 표상을 찾는 작업과 관련되어 있다고 설명한다(베르그송, 1991: 88). 이렇게 보면 두 번째 기억의 형태를 설명하는 것이 사회과학적으로 중요하다. 그런데 정신적 노력으로 이루어진 독립된 회상(이것을 이미지-회상, 'imgae-souveir'라고 불러볼 수도 있다)은 어떤 과정을 거쳐 현재에도 등장하는 것일까? 과거의 기억이 현재에 등장하는 과정에 대해 베르그송은 재인식reconnaissance이라고 명명하는데, 여기에서 작동하는 중요한 기제는 바로 현재 시간 속의 구체적인 행위다. 즉, 기억이란 의식이나 관념의 흐름이 아니라, 인간의 육체를 매개로 하는 구체적인 지각 행동이라는 것이다. 그런데 왜 특정한 기억만이 선택되는 것일까? 베르그송은 "삶에 대한 주의attention a la vie"가 그 대답이라고 한다. 기억이 순수한 과거의 상태가 아니며, 또한 기억이 현재로 다시 살아오는 것은 일정한 지적 긴장과 필요에 의해 선택적으로 이루어지기 때문이다. 이것이 바로 삶에 대한 주의다. 그런데 여기서 베르그송은 이해interet라는 단어를 자주 사용하며 삶에 대한 주의를 설명한다. 이는 삶에 대한 주의가 지적 긴장을 넘어서 경제적 필요를 의미한다는 것일까? 사실 이 문제가 베르그송의 철학에서는 선명하게 밝혀지지 않은 채 남아 있다.

한편 삶에 대한 주의를 현실적 필요나 계급적 이해관계와 같은 사회학적 분류와 연결 지어 생각한 학자는 모리스 알박스Maurice Halbwachs와 부르디외다. 우선 알박스의 기억의 문제를 다루어보자. 알박스의 기억 이론은 크게 보아 두 시기로 구분될 수 있는데, 초기에는 뒤르켐의 영향이 남아 있던 시기로, 기억이 개인의 행동에 어떤 영향을 주는가에 관심이 집중되어 있다(Halbwachs, 1930). 이때 알박스는 기억이란 개인의 지각이 사회적 요구에 순응하는 과정이라고 파악한다. 예를 들어 개인이 자살하게 되는 동기는 다른 사람들과 소통이 단절되어 자신이 소외되었다는 감각을 느끼는 순간인데, 이것은 집단이 요구하는 대화와 지식의 분류 체계에서 배제되었기 때문에 발생하는 사회적 문제이다. 즉, 개인이 집단 소속감에서 벗어나지 않도록 하는 기능으로서 기억이 중요한 역할을 한다. 이렇게 보면 기억이란 사회가 용인하는 원초적인 분류 체계와 같다. 한편 후기에 오면 집단표상이 개인에게 영향을 주는 방식에 관심을 기울인다(Halbwachs, 1952, 1968). 개인은 일상에서 다양한 경험을 하며 이에 따라 수많은 기억을 가지게 되지만, 실제로 개인이 집착하는 기억은 매우 높은 수준의 통일성을 띠는 집단기억뿐이다. 그리고 이러한 집단기억은 개인의 표상에 큰 영향을 주는데, 그 과정에서 정치적 추모제, 기념물과 동상들, 역사의 정치적 술책 등이 작동한다. 이 시기에 알박스는 기억을 정치적 상징물로 이해하며, 이때 정치적 상징들은 집단의 분류 체계를 개인에게 강요한다.

알박스가 다룬 기억의 문제는 초기에서 후기로 진행될수록 기억과 사회적 분류 체계로 관심이 바뀌지만(Halbwachs, 1972), 기억을 계급의 관점에서 다루고 있지는 않다. 이러한 한계점을 넘어서는 학자가 바로 부르디외다. 그의 아비투스 이론은 계급의 성향 체계를 분석하는 도구로 알려져 있지만, 그 개념을 깊숙이 들여다보면 기억과 계급 행동이라는 주제를 다루고 있다.

부르디외(Bourdieu, 1980)는 과거의 경험과 미래에 대한 기대감이 현재의 행위 양식으로 나타나는 속성을 '아비투스'라고 부른다. 원시 부족사회의 교환관계를 분석하며 부르디외는 부족사회에서 발생하는 교환관계에 일정한 시간 간격이 존재하는 사실을 강조한다. 교환관계는 과거의 관습을 존중하면서도 미래에 대한 예측과 객관적 가능성을 염두에 둔 일종의 전략적 행위이다. 이것을 집단기억이라는 주제와 연결 지으면 교환 행위는 이른바 집단적 기억이 발휘되는 구체적인 사회적 행위인데, 여기서 중요한 사실은 교환 행위를 통해 일정한 이해관계를 성취할 가능성을 두고 집단행동이 발생한다는 것이다. 이것을 계급 논리로 확대시켜보면, 자본주의 사회에서 계급별 행위는 과거에 대한 기억과 미래에 대한 기대감을 두고 사회적 차별이 발생한다고 말할 수 있다. 부르디외는 하층계급의 출산율이 높은 이유에 관해서 과거의 경험과 더불어 미래에 대한 기대감이 낮기 때문이라고 설명한 바 있다(Bourdieu, 1979: ch.7).

이와 같은 기억 이론의 흐름에 기대어 한국 사회에서 주기적으로 반복되는 박정희 향수에 대해 논의해보자. 왜 한국민들은 박정희에 대한 기억을 자주 떠올릴까? 그러한 기억은 집단 정체성에서 유래하는가, 국가의 제도에서 유래하는가? 그러한 기억은 계급별로 동일한가?

우선 첫 번째 질문은 베르그송의 사상으로부터 설명해볼 수 있겠다. 적어도 우리 국민의 경제적 삶이 빈곤해질 때 과거에 대한 기억이 더욱 강렬하게 추동된다고 볼 수 있다. 즉, 존재의 불안이 과거의 기억을 불러온다고 말할 수 있다. 2000년대 초 박정희 향수에 대한 논의가 시작되었을 때 한국 사회는 환란 위기를 겪고 있었으며, 이로 인해 수많은 사람이 경제적 낙오자가 된 바 있다. 베르그송 식으로 말하자면, '경제적 삶에 대한 주의'가 수많은 과거의 기억 중에서 박정희 시대의 부국 정책을 떠올리게 만들었다고 볼 수 있다.

여기서 두 번째 질문을 해보자. 이러한 기억은 단순히 개인적 기억인가, 아니면 집단적 기억인가? 박정희에 대한 기억이 개인적 수준에서 머물렀다면 그것은 결코 사회적인 현상이 되지 않았을 것이다. 따라서 박정희 향수는 집단적 정체성과 관련되어 있으며, 이것은 국가와 시민사회에서 일정 부분 정치적으로 조작된 것이라고 볼 수 있다. 홍윤기(2009)와 진중권(2007)이 강조한 바 있듯이, 2000년대 초반에 시작된 박정희 향수는 보수 언론의 상징조작과 밀접한 관련이 있다. ≪조선일보≫를 선두로 한 보수 언론에서 박정희 향수를 자극했는데, 여기에는 영남의 보수층을 통합해 특정 정당에 대한 지지를 확보하려는 전략적 고려가 깔려 있다는 것이다. 이러한 맥락에서 박정희 향수는 지역감정의 고착화와 관련이 깊다. 나아가 사회주의권의 몰락으로 북한과의 대결 구도가 희석되는 정국에서, 박정희를 신화적 존재로 끌어올려 우익의 역사성과 정통성을 확보하려는 의도도 있었다는 것이다(진중권, 2003: 345~346). 이러한 신화 만들기에 이인화(1997)의 소설과 조갑제(2001)의 칼럼이 큰 역할을 했다. 두 책은 보수 언론의 홍보에 힘입어 엄청난 판매 부수를 기록한 바, 이를 알박스의 기억 이론에 기대어 설명한다면 이인화 소설은 대중 소통의 원재료였으며, 조갑제의 칼럼은 사회의 원초적 분류하기를 만들어낸 지적 자원이었다. 전자가 가공된 영웅 만들기를 실현했다면, 후자는 보수와 진보의 대결에서 반공 우익의 이념적 분류 체계를 만들어낸 것이다. 전자가 박정희를 사람들 사이에서 대화의 중요한 주제로 만들었다면, 후자는 박정희를 해석하는 일정한 세계관을 고착화시켰다. 이러한 맥락에서 2000년대 한국 정치가 보수/진보의 이분법 대결 구도로 치닫게 된 계기가 박정희 향수 효과와 관련이 있다고 필자는 생각한다. 세계 정치의 흐름에서 본다면 2000년대는 이미 자본주의/사회주의 냉전 구도가 허물어지고, 이데올로기보다는 실용주의적 정치가 발흥하던 시기였다. 이에 비하면 한국 정치는 이와 같은 세계 정치의 흐름과는 크게 뒤떨어진, 시대착오적인 진보/보수의 논쟁에 휘말리게 되는데, 여기에 큰 역할을 한 것이 바로 박정희에 대한 기억의 정치라고 필자는 판단한다. 이렇게 본다면 현대 한국 정치의 후진성은 정당 제도나 선거구 제도에 있기보다는 상징조작을 통해 국민들의 마음을 과거로 회상하게 만들고, 이를 토대로 왜곡된 분류 체계를 강요하는 기억의 정치학에서 비롯된 것이라고 진단할 수도 있겠다.

그렇다면 세 번째 질문을 해보자. '만들어진 정치 기억'이 모든 국민에게 동일한 효과를 발휘하는가? 이 질문에 대답하기 위해 부르디외의 이론에 도움을 받을 필요가 있겠다. 부르디외의 설명에 따르면 아비투스 개념은 경제적 자본과 문화적 자본의 소유 정도에 따라 계급적 차별성을 갖는다. 예를 들어 경제와 문화를 종축과 횡축으로 나누어 보면, 우리는 사회적 계급의 위치를 네 개로 구분해볼 수 있다. 즉, 1상한은 경제적/문화적 자본이 모두 우세한 계급, 2상한은 경제적 자본은 우세하나 문화적 자본은 열등한 계급, 3상한은 경제적 자본은 열등하나 문화적 자본이 우세한 계급, 4상한은 경제적/문화적 자본이 모두 열등한 계급으로 분류해볼 수 있다. 여기서 문화적 자본이 우세한 계급은 자신의 세계관을 설명하고 방어할 수 있는 언어 자원을 소유한 계급이다. 따라서 이들은 조작된 정치 기억에 대해 비판적 거리두기를 할 수 있으며, 박정희 향수가 자신의 정치적 선택에 크게 영향을 주지 않는다. 여기서 우리가 주목해야 할 계급은 4상한이다. 이들은 이른바 하층계급, 노동자 계급, 민중 계급 등으로 불리던 사회적 소외 계급이다. 전통적인 마르크스주의 논리에서 보면 이들은 경제적으로 박탈된 계급군으로서 저항 의식이 높고, 개혁 의식이 강한 사람들로 취급되었다. 그러나 오늘날 현실을 보면 이와는 사정이 사뭇 다르다. 이들은 문화적 자본이 열등하기 때문에 언론의 상징조작에 무방비로 노출되는 경우가 많으며, 박정희 향수에서도 가장 많은 영향을 받을 가능성이 있다. 물론 이것은 보다 구체적인 실증 조사를 필요로 하는 작업이다. 그러나 2000년대 이후 한국 사회가 점차 보수화되고 있으며, 이러한 결과가 2008년과 2012년의 대선 결과로 나타났다고 필자는 생각한다. 이와 같은 한국 사회의 보수화 경향을 두고 볼 때, 3상한의 일부 계급군을 제외한 나머지 분류에 속하는 국민들은 경제적 박탈감뿐만 아니라 문화적 박탈감을 경험하고 있으며, 이것이 박정희 향수에 크게 동화되도록 만든 요인이라고 평가할 수 있다. 기억의 정치는 문화적 열등 계급을 대상으로 하며, 여기서 보수적 상징조작이 크게 성공하고 있다.

5. 맺음말: 새로운 시민성을 향하여

그동안 대중정치학에 대한 연구 성과는 크게 보아 두 가지 차원에서 진행되었다. 첫째는 대중 형성의 내재적 과정(무의식)을 강조하는 대중심리론이며, 둘째는 대중 형성의 외재적 요인(권력)을 강조하는 대중파시즘론(독재론)이다. 전자가 르 봉, 타르드, 프로이트로 대변된다면(한국에서는 무속 신앙 연구) 후자는 에리히 프롬Erich Fromm, 빌헬름 라이히Wilhelm Reich(한국에서는 임지현의 연구) 등으로 대표된다. 필자가 보기에 이러한 두 가지 흐름은 대중의 형성과 특징을 각각 심리와 권력관계라는 틀 속에서 설명했다는 점에서 인식론적으로 한계가 있다. 즉, 미시적/거시적 수준에 한정되어 대중을 연구함으로써 미시와 거시의 요인들이 어떻게 상호관계를 맺는지 설명하기 어렵다. 이러한 맥락에서 필자는 두 이론의 요인 분석을 통해서 대중 형성에 필수적인 요인들을 네 가지로 추출했고(육체, 상징과 의례, 언어, 기억), 각 요인들의 특성과 작동 방식을 고찰한 후, 그에 상응하는 박정희 시대의 특성과 현대적 특성을 비교해보았다. 이것은 대중정치의 특성이 주체화의 양식에 있다는 학문적 판단에 근거한 작업이었다. 이렇게 구축된 대중정치학의 모델은 2000년대 이후 한국 사회에 등장한 대중정치의 흐름을 이해하는 데 큰 도움을 줄 것으로 기대된다. 2000년대 이후 한국 사회에는 독특한 대중정치의 사건들이 빈번히 발생했다. 예를 들어 효순이 미선이 사건, 솔트레이크 동계올림픽에서 불거진 반미 감정, 월드컵을 계기로 촉발된 길거리 응원전, 이명박 정부 초기 발생한 미국산 쇠고기 수입 반대 촛불시위, 황우석 박사 사건을 계기로 시작된 모바일 여론전 등과 같이 과거 군사독재 시절에 있었던 집단행동과는 질적으로 전혀 다른 군중행동이 나타났고, 이것은 정치적으로 큰 영향력을 지녔다. 이를 두고 한국에 대중정치의 시대가 도래했다고 평가해볼 만하다. 다시 말해 박정희 · 전두환 · 노태우 시대의 대중행동이 민중적이고, 계급적이며, 학생과 지식인 중심의 저항운동이었다면, 2000년대 이후 대중행동은 민중과 계급을 넘어서고, 학생이나 지식인이 주도하지 않는 주민들의 자발적인 저항운동이라는 점에서 대중정치의 시대라고 이름 붙일 수 있겠다. 또한 경제구조와 기술력이 변화하며 일상에서 대중의 삶 자체가 변화했다는 점에 주목하는 이론들이 다양하게 등장했다. 대중소비사회론, 인터넷 집단 지성, 다중 사회 등과 같이 대중의 역할에 주목하고 그들의 특성을 파악하려는 학문적 흐름이 있다. 이처럼 현실적으로나 이론적으로 한국 사회는 대중정치(학)의 시대를 맞이하고 있다.

또한 필자의 이러한 시도는 한국 정치의 새로운 비전을 찾아보려는 학문적 목표에서 시작된 것이다. 현재 한국 사회를 진단하고 그에 대한 해결책을 제시하는 연구들이 많지만, 대중정치의 흐름을 정확히 이해하지 못한 채 제시되는 정책들은 사실 실효를 거두기 어려울 것이다. 예를 들어 오늘날 한국 사회의 특징을 신자유주의 체제라고 규정하며 그에 대한 분석을 제시하는 연구들은 크게 두 종류가 있다. 첫째는 이른바 구조적 분석으로 국제적 금융 책략이 한국 사회에서 비정규직을 양산하고 부의 불평등을 심화시킨다는 분석이다[피케티(2014)가 대표적인 연구다]. 둘째는 문화 권력이 개인의 심성을 지배함으로써 개인이 점차 순응적 인간으로 타락한다는 분석이다[엄기호(2014)가 대표적인 연구다]. 필자가 보기에 사회구조에 주목한 기존의 연구들은 행정부의 성격이나 자본주의의 재생산 방식에 주목해왔고, 개인의 심성에 주목한 연구들은 국민적 심리 상태를 내적 작용으로 생각해왔다. 이렇게 되면 이론과 현실에는 늘 괴리가 있기 마련이고, 정책적 처방 역시 효율적이지 못하게 된다. 이제는 한국 사회를 진단하고 처방하는 안목을 바꾸어야 한다. 이를 위해 필자는 한국 학문의 시각이 정치경제론에서 문화론으로 옮겨와야 한다고 강조하고 싶다. 그 이유를 잠시 설명해본다.

레이먼드 윌리엄스Raymond Williams는 감정의 구조를 정치경제와 그에 상응하는 마음의 얼개라고 정의내리며, 한 사회의 변화는 감정구조가 변화할 때 비로소 성취되는 것이라고 말한 바 있다(윌리엄스, 2013). 즉, 정치적 자유나 경제적 자유와 같은 외면적 발전 못지않게 국민 내면의 의식구조가 바뀔 때 진정한 혁명이 성취된다는 뜻이다. 바로 이러한 맥락에서 그는 서구 근대화의 역사는 기나긴 혁명의 시간이 필요했다고 설명한다(윌리엄스, 2007). 이것을 한국 사회에 적용해보자. 대개 1987년 이후 한국 정치는 형식적 민주화가 달성된 것으로 평가한다. 그럼에도 그 이후 계속해서 한국 정치는 혼란에서 벗어나지 못하고 있다. 그 원인이 어디에 있을까? 필자는 바로 윌리엄스가 지적한, 감정구조가 제대로 정착되지 못한 것에서 하나의 이유를 찾을 수 있다고 생각한다. 정치와 경제는 변화했고 그에 상응하는 정책적 대응이 있지만, 한국 국민들의 감정구조는 여전히 박정희 시대에 머물러 있는 것은 아닌가? 새로운 시대에 적합한 개인주의와 정체성이 제대로 정착되지 못한 것이 여전히 한국 정치가 보수화되고 혼란 속에서 헤매는 이유가 아닐까? 윌리엄스의 논리에 기대어 보면, 진정한 민주화란 정치적 민주화, 경제적 민주화, 그리고 마지막으로 감정의 민주화가 달성되어야만 가능한 것이다.

물론 세 가지 차원의 민주화에 단계가 있다거나 순서가 있는 것은 아니다. 다만 그동안 학계에서는 감정의 민주화라는 차원에서 한국 사회의 비전을 모색하는 작업이 상대적으로 적었고, 그에 대한 정책적 대안도 부족했기에, 필자는 우리가 이제 감정의 민주화라는 수준을 강조하며 이것이 정치와 경제의 민주화와 어떤 관련을 맺는지 파악할 시점에 이르렀다고 주장하려 한다. 이와 관련해 문화적 관점에서 한국의 민주화를 연구하고 정책 대안을 추구한 선구적 연구로 여건종(2001)의 작업을 눈여겨볼 필요가 있으며, 또한 사상적으로 감정의 문제를 민주화와 연결시킨 선구적 작업으로 알렉시 드 토크빌Alexis de Tocqueville(토크빌, 1997)의 연구를 꼽을 수 있겠다. 이러한 맥락에서 보면 박정희 향수는 개발독재국가 시절 형성되어 새로운 시대에도 여전히 잔존하는 감정구조라고 해석해볼 수 있다. 다시 말해 21세기에 적합한 감정구조가 아직 한국 사회에 정착하지 못했다는 반증이며, 따라서 한국 정치의 미래는 새로운 감정구조, 즉 새로운 정치권력과 경제구조에 적응할 수 있는 시민성을 찾아내는 데 있다고 말할 수 있겠다.

이 글은 바로 새로운 감정구조, 혹은 시민성의 요인들을 찾아볼 수 있는 이론적 단초이다. 그러나 이 글에서 지적된 네 가지 요인들을 이론적인 수준에서만 정리할 수는 없다. 보다 정교한 대중정치학의 모델을 마련하기 위해서는 더 많은 요인이 추적되고, 그 작용 원리가 설명되어야 한다. 더구나 이러한 주체화 양식의 요인들은 이론의 수준을 넘어 실증 작업을 통해 증명되어야 한다. 즉, 육체, 상징과 의례, 언어, 기억과 같은 요인들이 계급별·세대별·지역별로 어떤 편차를 보이며 다르게 나타나는지를 설문 조사와 질적 접근 방법을 동원해서 확인해야 한다. 또 시대별로 어떻게 다르게 변화해가는지도 실증 조사를 통해 확인해야 한다. 이는 앞으로 남은 과제라고 할 수 있다.

참고문헌

강준만. 1999.「박정희 신드롬을 해부한다」. ≪인물과 사상≫, 2월호. 인물과사상사.

_____. 2001.「박정희 신드롬과 DJ신드롬」. ≪인물과 사상≫, 10월호. 인물과사상사.

_____. 2002.「박정희 신드롬과 공정영역의 소멸」. ≪인물과 사상≫, 12월호. 인물과사상사.

공제욱 엮음. 2008.『국가와 일상: 박정희 시대』. 한울.

굿윈, 제프(Jeff Goodwin). 2012.「왜 감정이 중요한가?」. 제프 굿윈 외 엮음.『열정적 정치』. 박형신 · 이진희 옮김. 한울.

굿윈(J. Goodwin) · 재스퍼(Jasper J. M) · 폴레타(F. Polletta) 엮음. 2012.『열정적 정치』. 박형신 · 이진희 옮김. 한울.

권보드래 · 천정환. 2012.『1960년대를 묻다: 박정희 시대의 문화정치와 지성』. 천년의상상.

김성도. 2002.『구조에서 감성으로』. 고려대학교 출판부.

김성일. 2007.「대중의 탈근대적 변환과 참여적 군중에 관한 연구」. 고려대학교 사회학과 대학원 박사학위논문.

김은경. 2010.「박정희 체제의 지배양식에 대한 비판적 연구: 음악정책을 중심으로」. 인하대학교 정치외교학과 대학원 박사학위논문.

김찬호. 2014.『모멸감: 굴욕과 존엄의 감정사회학』. 문학과 지성사.

김홍준. 2009.「진성의 기원과 구조」.『마음의 사회학』. 문학동네.

나인호. 2004.「나치독재의 정치종교와 전체주의적 대중만들기」. 임지현 · 김용우 엮음.『대중독재』. 책세상.

다마지오, 안토니오(A. Damasio). 2007.『스피노자의 뇌』. 임지원 옮김. 사이언스북스.

뒤르켐, 에밀(E. Durkheim). 1992.『종교생활의 원초적 형태』. 노치준 · 민혜숙 옮김. 민영사.

레이코프, 조지(G. Lakoff). 2006.『코끼리는 생각하지마』. 유나영 옮김. 삼인.

_____. 2012.『폴리티컬 마인드』. 나익주 옮김. 한울.

레이코프(G. Lakoffe) · 존슨(M. Johnson). 2002.『몸의 철학』. 임지룡 외 옮김. 박이정.

르 봉, 귀스타브(Gustave Le Bon). 2012.『군중심리』. 이상률 옮김. 지도리.

리즈먼, 데이비드(D. Riesman). 2013.『고독한 군중』. 류근일 옮김. 동서문화사.

마르크스, 슈테판(S. Marks). 2009.『나치즘, 열광과 도취의 심리학』. 신종훈 옮김. 책세상.

마틴, 에버릿 딘(E. D. Martin). 2012.『군중행동』. 김성균 옮김. 까만양.

메를로퐁티, 모리스(M. Merleau-Ponty). 2012.『지각의 현상학』. 류의근 옮김. 문학과 지성사.

메스트로비치, 스테판 G.(S. G. Městrović). 2014.『탈감정사회』. 박형신 옮김. 한울.

모스코비치, 세르주(S. Moscovici). 1996.『군중의 시대』. 이상률 옮김. 문예출판사.

바커, 콜린(Colin Barker). 2012. 「공포, 웃음, 그리고 집합적 권력: 1980년 8월 폴란드 그단스크 레닌 조선소에서의 자유노조 만들기」. 제프 굿윈 외 엮음. 『열정적 정치』. 박형신 · 이진희 옮김. 한울.
버거(P. L. Berger) · 루크만(T. Leckmann). 2013. 『실재의 사회적 구성』. 하홍규 옮김. 문학과지성사.
베레진, 마벨(Mabel Berezin). 2012. 「감정과 정치적 정체성」. 제프 굿윈 외 엮음. 『열정적 정치』. 박형신 · 이진희 옮김. 한울.
베르그송, 앙리(H. Bergson). 1991. 『물질과 기억』. 홍경실 옮김. 교보문고.
벨라, 로버트(R. Bellah). 2001. 『미국인의 사고와 관습』. 김명숙 외 옮김. 나남.
소영현 외. 2014. 『감정의 인문학』. 봄아필.
슈워츠, 베리(Barry Schwartz). 2007. 「문화체계로서의 기억: 제2차 세계대전 속의 에이브러햄 링컨」. 최종열 편역. 『뒤르케임주의 문화사회학』. 이학사.
신용구. 2000. 『박정희 정신분석, 신화는 없다』. 뜨인돌.
심광현. 2009. 「감정의 정치학」. ≪문화과학≫, 가을호(59호), 13~32쪽.
엄기호. 2014. 『단속사회』. 창비.
여건종. 2001. 「대중은 누구인가?" ≪비평≫, 8호, 97~114쪽.
엘리아스, 노르베르트(N. Ellias). 1996. 『문명화 과정 1, 2』. 박미애 옮김. 한길사.
오르테가 이 가세트, 호세(J. Ortega y Gasset). 2006. 『대중의 반역』. 황보영조 옮김. 역사비평사.
요시미 순야. 2009. 『문화연구』. 동국대학교 출판부.
윌리엄스, 레이먼드(Raymond Williams). 2007. 『기나긴 혁명』. 성은애 옮김. 문학동네.
_____. 2013. 『마르크스주의와 문학』. 박만준 옮김. 지만지.
유선영. 2008. 「과민족화 프로젝트와 호스티스 영화」. 공제욱 엮음. 『국가와 일상: 박정희 시대』. 한울.
이수원 외. 2000. 『집단심리』. 정민사.
이인화. 1997. 『인간의 길』. 살림.
이준식. 2002. 「박정희 시대 지배이데올로기의 형성: 역사적 기원을 중심으로」. 홍석률 외 지음. 『박정희 시대 연구』. 백산서당.
이진경. 2012. 『대중과 흐름: 대중과 계급의 정치학』. 그린비.
임지현. 2004. 「대중독재의 지형도 그리기」. 임지현 · 김용우 엮음. 『대중독재1』. 책세상.
임지현 · 이상록. 2005. 「대중독재와 포스트 파시즘: 조희연 교수의 비판에 부쳐」. 임지현 · 김용우 엮음. 『대중독재2』. 책세상.
임희섭. 1999. 『집합행동과 사회운동의 이론』. 고려대학교 출판부.

전재호. 2001. 『반동적 근대주의자 박정희』. 책세상.

조갑제. 2001. 『내 무덤에 침을 뱉어라』. 조선일보사.

진중권. 2003. 「죽은 독재자의 사회」. 이병천 엮음. 『개발독재와 박정희시대』. 창비.

_____. 2007. 『호모 코레아니쿠스』. 웅진지식하우스.

칼훈, 크레이그(Craig Calhoun). 2012. 「감정을 제자리에 위치시키기」. 제프 굿윈 외 엮음. 『열정적 정치』. 박형신 · 이진희 옮김. 한울.

타르드, 가브리엘(G. Tarde). 2012. 『여론과 군중』. 이상률 옮김. 지도리.

토크빌, 알렉시스 드(A. de Tocquevill). 1997. 『미국의 민주주의 II』. 임효선 · 박지동 옮김. 한길사.

파머, 파커 J.(Parker J. Palmer). 김찬호 역. 2012. 『비통한 자들을 위한 정치학: 왜 민주주의에서 마음이 중요한가』. 글항아리.

푸코, 미셸(M. Foucault). 2011. 『안전, 영토, 인구; 콜레쥬 드 프랑스 강의 1977-1978』. 심세광 외 옮김. 난장.

프로이트, 지그문트(S. Freud). 2004. 「집단심리와 자아분석」. 『문명속의 불만』. 김석희 옮김. 열린책들.

피케티, 토마(Thomas Piketty). 2014. 『21세기 자본』. 글항아리.

한민. 2008. 「문화심리학적 관점에서 본 박정희 신드롬의 무속적 의미」. ≪한국 무속학≫, 16호, 35~52쪽.

한양대 사회인지발달연구모임 엮음. 2000. 『집단심리』. 정민사.

호르크하이머(M. Horkheimer) · 아도르노(T. W. Adorno). 2013. 『계몽의 변증법』. 김유동 옮김. 문학과 지성사.

홍윤기. 2009. 「민주화 시대의 박정희」. 이병천 엮음. 『개발독재와 박정희 시대』. 창비.

황수영. 2007. 『물질과 기억』. 그린비.

황병주. 2004a. 「박정희 체제의 지배담론과 대중의 국민화」. 임지현 · 김용우 엮음. 『대중독재 I』. 책세상.

_____. 2004b. 「박정희 시대 축구와 민족주의; 국가주의적 동원과 국민형성」. ≪당대비평≫, 19호, 145~187쪽.

Barus-Michel, J. 1987. *Le sujet social*. Dunod.

Bourdieu, P. 1979. *La Distinction*. Minuit.

_____. 1980. *Le sens pratique*. Minuit.

Braud, P. 1996. *L'Emotion en Politique*. Presses de sciences po.

Dobry, M. 1992. *Sociologie des crises Politiques*. PFNSP.

Dubet, F. 1994. *Sociologie de l'experience*. Seuil.

Dumouchel, P. 1995. *Emotions*. Synthelabo.

Halbwachs, M. 1930. *Les causes du suicide*. Alcan.

_____.1952. *Les cadres sociaux de la memoire*. PUF.

_____. 1968. *La Memoire Collective*. PUF.

_____. 1972. *Classe sociales et Morphologie*. Minuit.

Hillier, J. 2005. "Mind the Gap." in J. Hiller et al.(eds.). *Habitus: A sense of Place*. ASHGATE.

Marcel, Jean-Christophe. 2004. "Mauss et Halbwachs: vers la fondation d'une phychologie collective(1920-1945)." *Sociologie et societe*, 36(2), pp.4~32.

Ricoeur, P. 1969. *Le conflit des interprétation*. Seuil.

_____. 1976. *Métaphore vive*. Seuil.

_____. 1983. *Temps et RECIT*. MinuitI.

_____. 1986. *Du text à l'action*. Seuil.

제5장

'첫사랑'의 후기 근대적 운명과 노스탤지어에의 '차가운' 열정

정수남

1. 머리말

많은 이들이 한 번쯤 떠올려보는 기억의 대상이 있다. 매우 강렬해서 깊이 각인된 사건, 하지만 실현되지 못하고 좌절된 사건이기에 때로는 가슴 쓰리고 때로는 애틋한, 그래서 시간이 지나도 쉽게 잊히지 않는 그런 사건을 함께 경험한 타자, 바로 '첫사랑'이다. 현대사회에서 첫사랑은 누구에게나 한 번쯤은 있을 법한 공통의 경험인 듯 보이며, 과거의 '순수한 한때'를 상징하는 신성한 시 · 공간으로 특권을 부여받고 있는 것처럼 보인다. 흔히 첫사랑은 대부분 '실패한다'고 하지만 다수의 대중이 경험한 사건이라는 점, 그리고 사랑 담론에서 첫사랑은 여전히 중요한 감정자본으로 활용된다는 점과 이것이 대중문화 산업의 요청에 의해 소비의 대상으로 자주 전유된다는 여러 상황을 고려해볼 때, 첫사랑은 사회학적 탐구 대상으로 논의될 만하다.

첫사랑은 소년기나 청년기에 한 번 정도는 경험하며 가슴 아파하는 통과의례와도 같아서, 신성한 대상과 대면할 수는 있지만 결국 그를 자신의 것으로 소유하지 못하는 신도들의 애절함에 빗댈 수 있겠다. 멀리는 1953년 황순원의 소설 「소나기」부터 가깝게는 영화 〈김종욱 찾기〉(2010), 〈건축학개론〉(2012), 웹툰 「사춘기 메들리」(2013), 드라마 〈응답하라 1997〉(2012, 이하 '응칠'), 〈응답하라 1994〉(2013, 이하 '응사'), 〈응답하라 1988〉(2015, 이하 '응팔')에 이른다. 여기에 등장하는 소년과 소녀, 고등학생, 그리고 20대 초반 대학생의 이야기는 '한때의 순수함' 혹은 '잃어버린 진정성'을 되살려주는 기억작업working for memories을 요청한다. 한 예로 2012년 영화 〈건축학개론〉의 흥행 직후 어느 소셜 데이팅 서비스 사이트가 싱글 남녀를 대상으로 실시한 조사 결과에 따르면, 이들은 첫사랑에 대한 정의를 '순수함'에서 찾았다고 한다(박혜림, 2012.4.30).

첫사랑은 강렬한 종교적 체험처럼 우리 마음과 육체에 깊이 각인되어 오랜 시간이 흘러도 쉽게 잊히지 않는다. 첫사랑이 유독 향수의 대상이 되는 데는 이러한 육체화된 기억이 작용했을 수 있다. 개인에 따라 차이는 있지만, 첫사랑이 우리 기억 속에서 잘 사라지지 않는 데는 분명 심리 내적 요인이 작용한다. '첫' 경험이라는 특정한 사건이 가져다주는 새로움, 충격, 신선함, 애틋함, 고통, 아픔, 아련함, 설렘 등과 같은 심리 내적 경험은 뇌리에 깊이 새겨져 유사한 사건을 접할 때마다 뇌 신경이 동일한 반작용을 일으키기 때문이다. 하지만 첫사랑을 심리 내적인 차원으로 환원해 설명하기에는 첫사랑이 왜 다른 감정이 아닌 유독 순수함, 애틋함, 설렘과 같은 감정을 유발하는지 설명해내기 어렵다. 이러한 감정은 과거의 상실·소외·이별 경험으로부터 비롯된 아픔이나 애달픈 느낌을 현재 시점에서 사후적으로 재구성한 역사적 감정이다. '잃어버린 것'에 대한 현재적 아쉬움과 애잔함이 바로 그러한 사후적 구성감構成感을 이루는 감정들이다.

첫사랑에 대한 향수라는 구성된 감정은 '잃어버린 것'이 무엇이고, 이것을 왜 다시 기억해내려 하며, 이 과정에서 인간은 왜 아련해하고 때로는 아파하는지 규정하며 범주화하는 사회문화적 조건을 필요로 한다. 다시 말해, 기억작업을 통해서 첫사랑을 재구성하고 이를 낭만화하거나 이상화하려는 작업은 특정한 사회역사적 맥락과 조건을 동반한다. 전통 사회의 남녀 관계에서 '첫사랑'이라는 관념이 구조적으로 형성될 수 없는 조건에 처해 있었다면, 근대적인 남녀 관계에서 첫사랑은 잠재적 필연성을 내재하고 있다. 이는 친밀성의 근대적 전환에 따른 사회적 결과로서 사회분화와 개인성의 증대가 가져온 '연애'의 탄생과 맞물려 있다(권보드래, 2003; 김경일, 2004; 서지영, 2011). 남녀 간 상호작용 형식의 근대적 변화는, 이른바 사랑이라는 삶의 내용을 연애라는 특정한 형식으로 창출해냈다(김덕영, 2014: 5장 참고). 여기서 중요한 모티브는 로맨스다. 로맨스는 근대적 친밀성의 장場을 구성하는 핵심 동력이다. 통상적으로 낭만적 사랑은 "합리적이기보다는 비합리적이고, 이윤 지향적이기보다는 이유가 없고, 공리주의적이기보다는 유기적이며, 공적이기보다는 사적"인 것으로 받아들여진다(일루즈, 2014: 19). 이처럼 로맨스의 탈세속적 특성은 사람들에게 순수하게 받아들여지고, 이러한 순수함을 상실할 경우 고통스러운 감정적 격랑을 겪게 된다. 첫사랑이 로맨스와 결합될 수 있는 것은 바로 순수함과 상실감을 동시에 수반하는 속성에서 기인한다. 근대적 친밀성의 장에서 로맨스는 순수함, 무사심無私心, 무사무욕과 같은 감정자본으로 등장하며 현실적 사랑과의 상징 투쟁에 들어서기 때문이다.

인간의 역사에서 정열적인 사랑 혹은 낭만적인 사랑처럼 개인 간의 순수한 '호감'과 '성적 매력'을 매개로 교감하는 방식은 이미 알려진 바와 같이 특수한 역사적 산물이자 근대 문화의 특성이다. 오늘날 우리가 꿈꾸는 로맨스나 이상화된 사랑은 18세기 이후 서구 부르주아 핵가족의 출현과 함께 등장한 사회역사적 산물이다(기든스, 1999: 83~93). 그럼에도 첫사랑이 설레고 강렬하며 정신을 빼놓는 경험이 될 수 있는 더 근원적인 이유는 근대 이전에 남녀가 교감했던 형식과는 전혀 다른 방식의 교감 형식에서 찾을 수 있다. 즉, 낭만적 사랑은 순전한 개인 대 개인의 결합으로만 구성되는 신성한 시·공간적 체험이자, 그들만의 자유를 은밀하게 누릴 수 있는 공간에서 행해지는 체험이다. 이러한 체험은 '개별성individuality'이라는 근대성의 문화적 특징과 조우한다. 이른바 첫사랑은 근대적 자아가 독자적으로 체험하는 '개인 법칙'의 실현이다(김덕영, 2014: 267). 첫사랑은 한 개인이 독립된 객체로서 자율성을 실천하는 상호 간의 체험이자, 이것이 끝내 실현되지 못함으로써 내적 상실감 또한 체험하게 되는 이중성을 내재한다. 따라서 대부분의 사람들이 첫사랑을 떠올릴 때 느끼는 지배적인 감정은 설렘과 상실감이 교차하면서 발생하는 애틋함일 것이다. 이처럼 첫사랑에 대한 향수는 이중 감정(그리움/원망, 설렘/체념, 흥분/아쉬움)을 짙게 드러낸다.

첫사랑이 애틋한 기억으로 재구성되기 위해서는, 즉 향수화되기 위해서는 몇 가지 조건이 전제된다. 첫째, 상호 호감을 갖는 상대와의 첫 만남이 내외적 제약 없이 자유롭게 이루어졌다는 조건이다. 생리적 욕구와 번식만을 위해 강제로 맺어진 관계가 일반적일 때 첫사랑에 대한 향수는 발생하기 어렵다. 둘째, 기억을 재구성할 수 있는 행위자의 사회적 조건이다. 기억을 재구성한다는 것은 일정한 시·공간적 여유가 필요하며, 사회적 제약으로부터 일정한 거리가 전제될 때 보장될 수 있다. 마지막으로, 기억을 재구성하는 방식이다. 이는 '어떤 방식으로 기억을 재구성할 것인가'라는 방법론적 문제로서 기억이 개인의 직접적 체험으로부터 주체적으로 구성되는가, 아니면 문화 산업이라는 매체를 통해 간접적으로 체험되는가라는 쟁점을 제기한다. 이것이 첫사랑의 향수화를 가능케 하는 조건이라면, 오늘날 한국 사회는 이를 얼마나 충족시키고 있는가? 만약 충족되지 않거나 조건이 달라졌다면 첫사랑 혹은 그에 대한 향수는 오늘날 어떻게 가능하며, 어떻게 재구성되고 의미화되는가? 이러한 질문이 시사하는 바는 우리 시대 사랑의 가능성에 대한 우회적 탐색이다. 연애 불가능성 시대를 목도하는 요즘, 그에 대한 탄식에 젖기보다는 좀 더 차분하게 현재의 모습을 바라보자는 것이다. 그런 점에서 첫사랑 혹은 첫사랑에 대한 향수는 이를 가늠해볼 하나의 척도가 될 수 있다. 첫사랑에 대한 강렬한 느낌과 순수함만큼은 누구도 부정할 수 없기 때문이다. 만약 순수함에 대한 향수마저 박탈당한다면 우리는 무엇을 그리워할 수 있을까.

이 글은 이 시대 첫사랑의 힘겨움에 대한 논의이자 첫사랑에 대한 기억작업이 처한 사회적 조건, 그리고 첫사랑을 기억해내는 방식의 후기 근대적 전환을 탐색하는 데 목적을 둔다. 또한 후기 근대적 상황에서 기억의 재구성 작업이 노스탤지어의 상업화와 결합해 어떻게 전개되는지 살펴보려 한다. 이 글에서 필자는 오늘날 첫사랑이 점차 개인의 주체적인 기억작업에 의해 낭만화되기 어려운 운명에 놓여 있다는 전제에서 출발한다. 이 힘겨움은 낭만적 사랑이 처한 후기 근대적 조건과의 연관성 속에서 논의될 것이다. 이를 통해 후기 근대적 상황에서 주체가 기억을 재구성하는 방식을 살펴보고, 이것이 한국 사회에 갖는 함의를 도출해보고자 한다.

이를 위해 필자는 첫사랑에 대한 향수를 표현한 대표적인 대중가요 · 드라마 · 영화를 주요 논거로 활용할 것이다. 자료는 다음과 같은 기준에 입각해 필자가 취사선택했다. 우선 첫사랑에 대한 그리움과 애절함을 가장 잘 표현한 대중가요를 선택했다. 연인 간의 사랑을 다룬 상당수의 대중가요는 이별 후 옛사랑을 그리워하는 서사나 첫사랑 자체의 설렘을 표현한 경우가 많은 반면, 첫사랑에 대한 그리움을 직접적으로 표현한 서사는 그리 많지 않다. 첫사랑은 옛사랑에 포함될 수 있지만 이 글에서는 첫사랑을 노골적으로 언급한 가요만을 택했다. 그리고 노래가 발표될 당시 대중에게 상당한 인기를 끌었던 곡을 택했다. 영화와 드라마의 경우 일정 수준의 관객과 시청률을 기록하고, 당시 많은 언론에 소개된 텍스트를 선택했다. 마지막으로 소설의 경우는 청년 세대를 주인공으로 한 최근 작품들 중에서 문학상을 수상한 대표적인 소설을 택했다. 수상작이라고 해서 대중성을 획득한 것은 아니지만, 소설에 함축된 시대적 상징성을 고려해 자료로서 충분한 가치가 있다고 판단했다.

2. 낭만화된 첫사랑: 근대화의 이중성

1) 첫사랑 향수의 근대적 조건: 속도와 기억작업

첫사랑을 낭만화하는 작업들은 대중문화가 발달하는 과정에서 더욱 진전되었다. 특히 소설, 대중음악, 그리고 로맨스 영화는 줄곧 첫사랑을 소재로 활용해왔다. 일찍이 서구의 경우 1860년 이반 투르게네프Иван Тургенев의 자전적 소설 『첫사랑Первая любовь』에서 첫사랑에 대한 다음과 같은 묘사는 전에 없던 감정적 강렬함을 보여준다. "그녀 앞에 서면 나는 뜨거운 불에 타는 것 같았다. 그러나 나를 불태우며 녹여버리는 그 불이 도대체 어떤 불인지는 알 필요가 없었다. 나로서는 불타며 녹아버리는 것 자체가 말할 수 없이 달콤한 행복이었기 때문이다"(투르게네프, 2014: 104).

첫사랑이 주는 이러한 강렬함과 의미는 근대 대중문화의 한 부분을 이끌어가는 하나의 원동력일 정도로 인간의 삶에 커다란 파급력을 가져다준다. 첫사랑의 강렬함은 기억에서 쉽게 지워지지 않는 감정적 생채기와 같아서 최근까지도 문화적 소재로 자주 활용되고 있다.

첫사랑은 현재의 사랑이 아니라 이별 뒤에 오는, 실패한 사랑 뒤에 주체가 다시 그때 그 사람을 떠올리며 돌아가고 싶은 갈망, 즉 그리움과 향수이다. 또는 실향민이 다시는 갈 수 없는 고향을 떠올리며 아련해하는 내밀한 고통과 같은 아픔을 가져다주기도 한다. 이처럼 첫사랑을 얘기한다는 것은 주체로 하여금 현재의 시점에서 과거를 어떻게 재구성할 것인가를 둘러싼 일종의 감정 작업emotional works을 요구한다. 과거의 재구성 작업은 주체가 현재에 처한 상황과 감정 상태에 따라 그것의 범주, 내용, 분류 체계를 달리한다. 감정 작업은 형식적으로 누구나 자유롭게 할 수 있지만, 개인이 처한 사회적 조건과 문화적 인지 틀(혹은 담론)에 따라 재구성 방식과 의미 도출 방식이 다양하게 나타난다. 그리고 감정 작업은 한 시대의 집단 구성원들이 공유하는 감정적 분위기, 레이먼드 윌리엄스Raymond Williams가 말하는 정서 구조structure of feeling의 범위 내에서 이루어진다.

앞의 논의를 바탕으로 이번 장에서는 먼저 첫사랑이 어떠한 사회적 조건에서 낭만화될 수 있으며, 이를 가능하게 하는 요인은 무엇인지 살펴보고, 다음으로 '첫사랑에 대한 향수'(이하 '첫사랑 향수')를 구성하는 담론은 어떤 구조와 내용을 포함하는지 분석해보려 한다.

한국 사회에서 첫사랑 향수를 가장 대중적으로 불러일으킨 계기는 아마도 황순원의 소설 「소나기」라고 볼 수 있다. 시골 소년과 서울에서 온 소녀의 순수한 사랑을 성인의 관점에서 재구성한 내러티브는 오늘날 첫사랑 향수의 전형으로 자리 잡았다. 소년과 소녀의 사랑이 순수했는지 여부는 두 인물의 의지와 상관없이 이들을 바라보고 구성하는 성인 작가 혹은 독자가 결정한다. 순수함은 아이들이 직접 생산한 것이 아니라 그들을 바라보는 성인들에 의해 만들어진 산물이다. 한국전쟁 이후 산업화와 더불어 삶이 세속화되는 과정에서 이제는 되돌아갈 수 없고 다가갈 수 없는 유년 시절을 신성한 시 · 공간(순수함과 자연)적 체험으로 재구성해내는 내러티브는 노스탤지어의 전형적인 감정구조이자 감정 작업의 산물이다. 노스탤지어는 고향과 고향에서 보낸 시절을 애타게 그리워하는 감정이다. 임철규에 따르면 노스탤지어는 "귀환의 불가능성을 전제로 한 욕망"이라는 점에서 비극으로 끝날 수밖에 없지만, 사람들은 "귀환을 향한 욕망이 허망하다는 것을 알면서도, 고향은 그때의 고향 모습 그대로 여전히 자기를 기다리고 있다는 환상을 통해 자기 위안을 얻으려" 한다는 것이다(임철규, 2009: 16~17). 첫사랑 향수 또한 고향을 그리워하는 감정과 마찬가지로 첫사랑을 순수했던 체험으로 상상하면서, 순수함을 상실한 채 세속적인 관계에 익숙해져가는 현재의 자신을 위로하려는 감정 작업의 일환이다.

우선, 1960년대 이후 한국의 근대화는 첫사랑에 대한 향수를 가능하게 한 사회적 조건으로 작용했다. 낭만적 사랑이 서구의 근대사회 출현과 조우하듯이, 한국 사회의 첫사랑 향수 또한 근대화 과정과의 연관성 속에서 이해될 필요가 있다. 급속한 도시화와 이촌향도, 대도시적 삶의 보편화, 대중문화 산업의 확산, 서구적 로맨스 담론의 유입 등은 한편으로 전통적 규범과 질서의 파괴이자 소멸을 초래했지만, 다른 한편으로 (미완의 형태로나마) 근대적 '개인'의 확산을 가져왔다. 전통적 유대의 쇠퇴와 자율적 개인의 등장은 근대화의 필연적인 숙명이기도 하지만, 첫사랑은 이 두 조건이 충족됨으로써 가능해진다. 고향에 대한 그리움이 개발독재의 여파로 전통과 과거, 즉 내가 살아온 흔적이 소멸하는 데 대한 아쉬움으로 솟구치듯이, 첫사랑 또한 이와 유사한 감정동학의 논리를 갖는다. 요컨대 근대화는 첫사랑을 가능케 하는 조건인 동시에 달성되기 어렵게 만드는 조건이라는 이중성을 지닌다. 근대화의 존재론적 조건은 '개별화'의 가망성chance에 있다. 개별화는 전통적 규약의 해체와 전체주의적 공동체 질서 및 규범의 쇠퇴 이후에 도래하는 근대 세계의 새로운 삶의 원리다. 게오르크 짐멜Georg Simmel은 이러한 근대성의 특징을 '액화' 개념으로 명명했는데, 이를 현대적으로 계승한 지그문트 바우만Zygmunt Bauman 또한 액체 또는 유동성 개념을 오늘날 후기 근대성의 특징으로 내세운다(바우만, 2009). 개별화는 근대성의 조건이기도 하지만 그 결과이기도 하다. 끊임없는 접속과 단절이 생성되는 유동적인 근대사회에서 자아의 발견 혹은 자아 정체성 형성은 개인들에게 집요하게 요구된다. 이렇게 보면, 첫사랑 향수는 근대사회의 유동적 성격(유동성)과 자아 정체성 구축(고정성)이라는 상충 관계를 현재의 개인이 매듭짓는 특정한 사건으로 작용한다. 즉, 불안정한 사건으로 존재했던 첫사랑이 현재 시점에서 안정성으로 전환되는 것이다. 그렇다면 이 안전성은 어떻게 확보되는 것인가? 거기에는 독특한 시 · 공간이 자리하고 있다. 공간적으로는 대체로 '(자신이 살았던) 고향'이거나 전원적 장소이고, 시간적으로는 '유년 시절'이다.

먼저 첫사랑 향수의 공간적 차원을 살펴보자. 첫사랑 향수는 좀처럼 번잡하고 화려한 도시 속에서 그려지지 않는다. 첫사랑이 펼쳐지는 주요 무대는 상당 부분 한적한 시골이거나 아직 근대화의 세례를 덜 받은 중소 도시다. 앞서 언급한 소설, 드라마, 웹툰 등에서 설정된 공간도 농촌 풍경의 시골 아니면 근대화의 주변부인 서민이 사는 동네다. 그러므로 여기서 '시골'은 농촌 그 자체가 아니라 '근대화된 시골', 즉 거대한 도시화의 흐름에 딸려갈 수밖에 없는 '도시화된' 시골이다. 시골은 도시(화)와 대비됨으로써 첫사랑 향수의 거점이 된다. 어쨌든 시골은 자연 그 자체가 내뿜는 원시성, 순수성, 안정성, 신성성의 이미지를 표상한다는 점에서 첫사랑 향수의 공간으로 종종 채택되곤 한다. 송경동의 시 「읍내 형수」(2006)는 이를 잘 반영하고 있다.

> 소전으로 가는 길목/ 이십 년째 잡화를 하는 신세계슈퍼 이층에/ 단란주점을 낸 소연이가/ 내 첫사랑이다. 지금은/ 만리장성이라는 중국집을 냈지만/ 장터 포주집 아들로/ 내가 성, 성하며 쫓아다니던/ 어릴 적엔 순 건달로 내게 그 짓은/ 콩알을 넣고 해야 제 맛이라고 가르쳐주던/ 덕기형과 결혼한 그 친구가/ 내 첫사랑이다. 나와 내 친구와/ 또 한 친구까지를 관통하고 다녀/ 지금껏 팽팽한 삼각을 유지해 주는/ 그 피멍 같은 계집
>
> …… 지금도 홍계리 그 외등은/ 벌겋게 타오르고 있을까/ 장미꽃 넝쿨처럼 가시를 치며 담을 넘던/ 세 자매의 웃음소리/ 가쁜 숨쉬며 나는 어디쯤 달려 왔는가/ 굉음처럼/ 지나가버린 세월/ 긴 밤내 썼던 편지를 쫙쫙 찢어 날리던/ 그 철로변 꽃잎들은 다 날아갔을까

이 시에 설정된 공간은 시적 화자가 어린 시절에 살았던 지방 소도시, 즉 평범한 소시민들이 살아가는 읍내이다. 이 시에서 끝내 이루어지지 않은 첫사랑에 대한 애틋함과 "굉음처럼 지나가버린 세월"로 인해 잊힐 것 같은 첫사랑에 대한 아쉬움은 읍내라는 안정적인 심적 공간 속에서 꿈틀거린다. 결국 읍내는 첫사랑 향수의 본원지이자 순수한 공간으로 재구성된다. 역설적이게도 첫사랑은 근대화된 공간을 상정하지만, 정작 첫사랑 향수는 시골과 같은 정적인 공간을 통해 이루어진다. 이처럼 첫사랑 향수가 자연과 부합해 이상화되는 것은 급속한 근대화 과정과 빠르게 변해가는 도시적 삶에 대한 자아의 성찰적인 기억작업으로 볼 수 있다. 향수는 현재와 과거의 거리감을

전제로 하지만, 이 거리감은 주체가 자신의 체험을 어떤 방식으로 재구성하는지에 따라 그 내용과 성격이 달라진다.

두 번째는 '유년 시절'이라는 시간적 차원이다. 여기서 어린 시절은 문화적 차원에서 특유의 상징성을 갖는다. 근대적 의미에서 유년기는 순수함 · 천진난만함 · 깨끗함 · 아름다움 · 순결함으로 상징화된다(아리에스, 2003). 첫사랑 향수가 줄곧 '어린 시절'이라는 시간성과 결합할 수 있는 것은 시골이라는 안정적이고 순수한 공간 이미지와 친화력을 갖기 때문이다. 노스탤지어적 시간 의식은 "보다 충만했던 과거의 어떤 시간 혹은 배경에로 되돌아가고자 하는 강렬한 욕망"이자, "이전의 시대를 그것이 실제로 존재했던 것보다 더 매혹적으로 만드는 방식으로 과거의 요소들을 선택적으로 결정화함으로써 이상화하고자 하는 경향"을 지닌다(차승기, 2006: 242). 앞서 언급했듯이, 첫사랑이 은밀한 흥분과 희미한 그리움을 불러일으키고 아련하게 다가오는 것은 성스러운 시 · 공간을 접하는 이중적 감정에서 비롯된다. 즉, 성스러운 경험은 흥분을 유발하는 동시에 그 실재에 이를 수 없는 안타까움과 좌절감을 가져다주기 때문이다. 이런 측면에서 첫사랑 향수는 성스러운 경험이자 성스러운 것의 상실이라는 이중적 경험이기도 하다.

이러한 경험이 가능한 이유를 개인들이 체험하는 근대화의 속도와 그에 따른 반작용으로서 성찰성, 즉 기억작업과의 변증법적 결합에서 찾아볼 수 있다. 한국적 개발 근대는 과거의 실재 혹은 흔적을 제거해나갔으며, 속도의 경제학은 과거를 낭만화할 수 있는 여유와 기억작업을 점차 허락하지 않았다. 그러나 다음 절에서 논하듯, 근대화는 역으로 이러한 상실감을 만회할 수 있는 여력을 제공하기도 했다. 근대화에 따른 개인화와 경제적 풍요는 이전과 다른 형태의 기억작업을 가능하게 해주었다. 1970년대 압축 성장과 1980년대 3저 호황으로 1990년대 초반까지 경제 부흥을 누렸던 사람들은 근대화로 겪은 과거의 상실감을 낭만화하고 미화할 수 있는 '느긋한' 현재를 누릴 수 있었다. 여기서 느긋함은 과거를 주체적으로 객관화하고 꾸미며 그에 의미를 부여할 수 있는 물질적 조건과 문화자본이 결합된 시간 효과다. 역설적이게도 이러한 느긋함은 근대화의 결과다. 이런 감정과 시간 구조는 첫사랑 향수에 대한 담론을 분석해봄으로써 우회적으로 확인할 수 있다.

2) 첫사랑 향수의 시간 구조: '느긋한' 현재와 '아련한' 과거

1990년대 한국 사회는 이른바 소비자본주의로의 전환이 이루어진 시기다(주은우, 2010). 경제적 풍요를 발판으로 소비의 민주화를 경험했으며, 실제로 자동차, 해외여행, 명품 소비 등으로 대표되는 중산층적 소비가 급증하는 시기였다. 문화적으로는 '네 멋대로 해라' 식의 자유의 시대였고, 서태지와 아이들이 「교실이데아」를 외치며 기성 담론에 대한 반격을 시도한 시기이기도 했다. 반면 이명세 감독의 〈첫사랑〉이라는 영화가 1993년에 개봉했고, 공일오비, 윤종신, 전람회, 토이 등이 첫사랑이나 옛사랑에 대한 발라드 풍 노래를 히트시키며 인기를 구가한 시절이기도 했다(당시 이 가수들은 모두 20대였으며 1980년대 후반에 대학에 입학한 세대였다). 물론 그전부터 있었던 이문세의 「소녀」(1985)와 같이 옛사랑을 그리는 노래나 (당시 40대 중반이었던) 최백호의 「낭만에 대하여」(1995)도 빼놓을 수 없다. 이러한 시대적 상황을 바탕으로 1990년대의 대표적인 첫사랑 향수 노래를 분석해보면서 여기에 내재한 향수의 특징을 살펴보자.

우선, 첫사랑의 낭만화를 보여주는 전형적인 사례로 1995년에 발표된 최백호의 「낭만에 대하여」는 삶의 허무와 '미련 있음'을 강하게 전달해준다. 이 곡 전체가 풍기는 복고적 사운드는 차치하고서라도 노랫말에 스며 있는 첫사랑에 대한 기억은 그야말로 아쉬움과 서글픔으로 채색되어 있다. 무엇보다도 이 곡은 '잃어버린 것'과 '다시 못 올 것'에 대한 차분한 성찰이 전제된 노래다. 빠르게 지나가버린 세월 탓에 잃어버린 것을 다시 찾지 못하는 안타까움이 진하게 배어 있지만, 중요한 것은 이 노래의 화자가 잃어버린 것을 낭만화할 수 있는 느긋함과 과거를 되돌아볼 수 있는 여유를 지닌 듯 보인다는 점이다. 최백호의 첫사랑 향수는 그의 노래 「첫사랑」(2013)에서 강렬하게 표현된다.

> 거리엔 바람 너의 야윈 모습/ 흔들리는 청춘으로 힘이 들었지/ 창밖엔 비 밤을 새우는 길 잃은 새가 되어 울었지/ 아쉬워 작은 가슴 어쩌지 못해 아팠던/ 이제는 멀어진 세월 그리운 첫사랑/ 처음 그 순간 젖은 눈동자/ 가슴에 생채기로 남았지/ 모든 것이 사라져 지고/ 내 앞엔 너 하나만 서 있었지/ 그리워 찾아가는 너의 집 빈터에/ 이제는 아련한 추억 서러운 첫사랑

이 노래에서 첫사랑은 아련하고 가슴 아픈 사건으로 그려진다. 여기서 첫사랑은 '흔들리는 청춘' 시절의 경험이지만, 더 이상 존재하지 않아서 마냥 아쉽고 힘들며 구슬픈 추억이다. 첫사랑에 대한 전형적인 향수를 보여주는 이 노래는 '젊은' 베르테르가 로테를 향해 품었던 고뇌처럼 이루어지지 못한 고통스러운 사랑의 서사를 보여준다. 이 전형적인 첫사랑 향수 서사에는 과거 지향적인 시간 의식이 지배적으로 나타나면서 현재나 미래와의 소통이 단절되고 과거 속으로 빨려 들어가는 듯한 회귀 서사로 마무리된다. '모든 것이 사라지고 내 앞엔 너 하나만 있는' 현실이지만 그곳에 찾아가도 정작 '너의 집은 빈터'인 허무한 현실 앞에서 화자는 첫사랑을 아련하게 떠올릴 뿐이다. 이 노래에서 표현되는 슬픔이나 고통 또한 화자의 기억작업을 통해

상상된 경험이다. 무엇보다도, 첫사랑을 경험해봤고 이를 자신의 삶에 어떤 서사로 구성해낼 수 있는 능력은 '느긋한' 현재를 누릴 수 있는 사람에게서 가능해진다. 앞서 말했듯이 이러한 느긋함은 시간의 물리적 차원이 아니라 주체가 성찰적으로 과거를 통제할 수 있는 문화적 능력을 의미한다.

다음은 첫사랑을 '풋내 가득한' 그리움이자 '아련하고 설레는' 추억으로 노래한 이문세의 「조조할인」(1996)이다.

> 그 시절 그땐 그렇게 갈 데가 없었는지/ 언제나 조조할인은 우리 차지였었죠/ 돈 오백 원이 어디냐고 난 고집을 피웠지만/ 단지 조금 더 일찍 그대를 보고파/ 하지만 우리 함께한 순간 이젠 주말의 명화됐지만/ 가끔씩 나는 그리워져요 풋내 가득한 첫사랑/ 수많은 연인들이 지금도 그곳에서 추억을 만들겠죠 우리처럼

'그렇게 갈 데'도 없고 '돈 오백 원'으로 데이트를 해야 했던 소시민적 어린 시절의 상황을 순수함으로 그려낸다. 이러한 서사는 현재의 '내'가 과거를 아름답고 낭만적으로 상상할 수 있는 능력이 있음을 암시한다. 즉, 과거를 경쾌하고 순수하며 풋풋하게 구성할 수 있고, '가끔씩 그리워'할 수 있는 주체의 기억작업은 현재의 사회적 위상을 반증해준다. 가난 때문에 전전긍긍해야 했던 어린 시절의 속앓이는 성공한 지금의 위치에서 순수하고 세련되게 낭만화될 수 있다. 미래만이 아니라 과거 또한 주체의 현재적 사회 위상에 따라 늘 재구성될 수 있는 상상의 공간이다. 가난했던 과거가 풍요롭게 낭만화될 수 있는 것은 전적으로 현재의 자아가 지닌 문화자본의 힘에 달려 있다. 결과적으로 첫사랑을 풋내 가득한 추억으로 서사화하든, 아련하고 아픈 추억으로 서사화하든 첫사랑 항수는 주체의 성찰적인 기억작업의 결과다.

이렇게 의미화된 첫사랑은 좋은 추억으로든 안타까운 추억으로든 그 자

체로 신성시되기 때문에 오염되지 않고 온전하게 머물러 있기를 (주체는) 갈망한다. 이러한 속성은 무한궤도의 「여름이야기」(1989)에 잘 표현되어 있다.

> 여름날 햇빛 속에 옛 동네를 걸어가다/ 건널목 앞에 있는 그녀를 보았지/ 조금은 변한 듯한 모습 아쉽긴 했어도/ 햇살에 찌푸린 얼굴은 아름다웠지/ 너의 손을 잡고 말하고 싶어도/ 소중한 기억 깨어질까 봐 그냥 다시 돌아서/ 잊어버렸던 첫사랑의 설레임과 떨려오는 기쁨에 다시 눈을 감으면/ 너는 다시 내 곁에 예쁜 추억으로 날아들어/ 내 어깨 위에 잠드네

이 노래에서 화자는 첫사랑의 연인을 우연히 보고도 다가가지 않고 오히려 "소중한 기억이 깨어질까 봐" 돌아선 후 "잊어버렸던 첫사랑의 설렘과 떨려오는 기쁨"을 오롯이 간직하려는 태도를 보인다. 첫사랑은 온전히 과거의 공간에만 존재해야 하는 것처럼 신성시되고, 현실 세계는 세속적인 공간으로 분류된다. 현실이 과거의 공간과 뒤섞이는 것을 경계한다. 첫사랑 향수의 이 같은 신성화는 전람회의 「첫사랑」(1997)에도 고스란히 나타난다.

> 더 높게 보이고 더 크게 보였지/ 내가 아닌 마음에 난 눈물을 흘리고/ 잡을 순 없었지 가까이 있지만/ 숨겨진 네 진실을 난 부를 순 없었지/ 볼 수는 없었지 마음 깊은 곳까진/ 언제나 한발 멀리서 그냥 웃기만 했어/ 추운 날이 가면 알지도 모르지/ 겨울밤의 꿈처럼 어렴풋하겠지만/ 잊을 순 없겠지 낯익은 노래처럼/ 바래진 수첩 속에 넌 웃고 있겠지

이 노래에서 화자에게 첫사랑은 쉽게 다가갈 수 없었던 당시의 애달픈 감정으로 회고되며, 잊힐 수 없는 '바랜 수첩 속에 웃는 모습'으로 남겨져 있다.

그때의 첫사랑은 가까이 있지만 잡히지 않는, 함부로 진실을 말할 수도 없는, 마음속도 깊이 들여다 볼 수 없는, 그래서 한발 멀리서 웃기만 하며 지켜만 봐야 했던, 현재에도 때 묻지 않은 존재로 기억될 대상이다. 신성한 것은 가시화되지 않을 때 가장 큰 위력을 발산한다. 이같이 첫사랑에 대한 과도한 상징화는 분명 첫사랑을 낭만화·신성화할 수 있는 주체의 능력과 이를 가능하게 해주는 사회적 감정구조가 뒤따른 결과이다.

마지막으로, 첫사랑 향수는 주체의 현재적 삶과 소통하면서 현실 세계의 세속성과 일정한 긴장 관계를 갖게 해준다. 여기서 기억작업은 단순히 과거를 회상하는 데 그치는 것이 아니라 자신의 현재와 미래를 다잡는 실천이다. 대표적으로 1993년 윤종신의 노래 「오래전 그날」(1993)에서 첫사랑은 현재의 자신과 적극적으로 교감한다. 여기서 화자는 과거를 현실 세계로 적극 끌어들여 현실적 삶을 위로하고 찌든 일상을 정화해주는 도구로까지 활용한다. 즉, 계산적 삶과 세속적인 일상으로부터 일정 정도 벗어나기 위해 첫사랑 향수는 현실 세계와 공존한다.

> 교복을 벗고 처음으로 만났던 너/ 그때가 너도 가끔 생각나니/ 뭐가 그렇게도 좋았었는지/ 우리들만 있으면 너의 집 데려다 주던/ 길을 걸으며 수줍게 나눴던 많은 꿈/ 너를 지켜주겠다던 다짐 속에 그렇게 몇 해는 지나/ 너의 새 남자친구 얘길 들었지 나 제대하기 얼마 전/ 이해했던 만큼 미움도 커졌었지만/ 오늘 난 감사드렸어/ 몇 해 지나 얼핏 너를 봤을 때 누군가 널/ 그처럼 아름답게 지켜주고 있었음을/ 그리고 지금 내 곁엔 나만을 믿고 있는 한 여자와 잠 못 드는 나를 달래는 오래전 그 노래만이/ 새 학기가 시작되는 학교에는 그 옛날 우리의 모습이 있지/ 뭔가 분주하게 약속이 많은 스무 살의 설레임/ 너의 학교 그 앞을 난 가끔 거닐지 일상에 찌들어갈 때면/ 우리 슬픈 계산이 없었던 시절/ 난 만날 수 있을 테니

특히 이 노래에서 첫사랑 향수는 화자가 현재를 성찰할 수 있게 해주는 감정적 토대로 작용한다. 스무 살에 만난 첫사랑과 나눴던 꿈과 사랑을 지키겠다던 다짐이 끝내 성사되지 않은 지금, 화자는 옛 연인의 행복한 현재를 바라보며 자신의 현재 또한 바라본다. 화자의 현재 또한 자기만을 믿는 한 여자가 곁에 있다는 점에서 첫사랑과는 일정한 거리를 둔다. 하지만 화자는 '일상이 찌들어갈 때' 첫사랑과 거닐던 학교 앞 거리를 떠올리고, 그때를 "슬픈 계산이 없었던 시절"로 재구성하면서 첫사랑을 이상화한다. 이러한 기억작업은 화자가 처한 현재의 세속적 삶을 되돌아보는 성찰적 실천이자, 슬픈 계산의 삶으로부터 탈출하기 위해 자기만의 은밀한 유토피아를 구축하려는 전략이기도 하다.

이와 같이 첫사랑을 낭만화할 수 있는 '느긋한' 현재는 1990년대의 정서구조를 함축한다. 첫사랑은 주체의 기억작업을 통해 순수하고 신성한 시·공간으로 재구성될 수 있는 성찰의 대상이었으며, 현재적 삶과도 소통하는 상상적·이념적 채널이었다. 첫사랑은 기억할 만한 것이고 개인의 현재적 삶에도 영향을 끼치는 체험으로 이상화되었다. 그러나 뒤에서 살펴보겠지만, 주체가 과거를 '느긋하게' 바라보고 성찰할 수 있는 여유와 그러한 기회를 부여하는 사회적 조건은 1990년대 후반 이후 점차 소멸해갔다.

3. 첫사랑의 후기 근대적 운명

1) 낭만적 사랑의 최후

1990년대는 크게 두 갈래의 사랑 방식이 뚜렷하게 진행된 시기였다. 하나는 개인화와 민주화에 의한 사랑 양식의 변화, 즉 앤서니 기든스Anthony Giddens가 제시하는 '합류적 사랑'의 확산이고(기든스, 1999: 115~117), 다른 하나는 보다 철저히 자본 권력에 포섭되어가는 사랑의 식민지화였다[박이은실, 2013; 꿈지모(이윤숙), 2003; 백지연, 2004]. 일반적으로 순수함 · 진정성 · 낭만성은 수많은 연인이 당위적으로 가져야 할 사랑 이념이고, 친밀성을 유지시키는 강력한 감정적 에너지로 인식되어왔다. 그러나 세기말로 접어들수록 이러한 순수한 감정은 점점 뒤로 물러나며, 점차 물화되고 세속화된 사랑이 친밀성의 공간으로 침투하기 시작했다. 첫사랑 또한 더 이상 신화화 · 낭만화 · 이상화되지 않는 운명에 놓이게 되었다. 앞서 논의한 식의 첫사랑 향수에 대한 적극적인 기억작업의 이면에는 이미 첫사랑 향수의 종말을 알리는 징후적인 현상들이 나타났다. 우선 낭만적 사랑에 대한 이상화가 얼마나 공허하고 불가능한 것인지 인정하는 냉소적인 태도가 전면에 등장했다. 대표적으로 공일오비의 노래 「수필과 자동차」(1992)에는 낭만적인 순수한 사랑의 종말을 예견이라도 한 듯 냉정한 현실 인식과 함께, 더 이상 되돌아갈 수 없음을 안타까워하는 체념 또한 깔려 있다.

> 영화를 보곤 가난한 연인 사랑 얘기에 눈물 흘리고/ 순정 만화의 주인공처럼 되고파 할 때도 있었지/ 이젠 그 사람의 자동차가 무엇인지 더 궁금하고/ 어느 곳에 사는지 더 중요하게 여기네/ 우리가 이젠 없는 건 옛 친구만은 아닐 거야/ 더 큰 것을 바래도 많은 꿈마저 잊고 살지/ 우리가 여태 잃은 건 작은 것만은 아닐 거야/ 세월이 흘러 갈수록 소중한 것을 잊고 살잖아/ 버스 정류장 그 아이의 한 번 눈길에 잠을 설치고/ 여류 작가의 수필 한 편에 설레어할 때도 있었지/ 이젠 그 사람의 아버지가 누군인지 더 궁금하고/ 해외여행 가봤는지 중요하게 여기네

물질적 제약이나 세속적 장벽을 극복함으로써 신성함을 획득해온 것이 낭만적 사랑의 신화였다면, 「수필과 자동차」에서 이러한 신화는 자동차, 사는 곳, 부모의 능력, 해외여행 등에 의해 가볍게 제거된다. '영화를 보고 눈물을 흘리는 가난한 연인'이나 '순정 만화의 주인공' 같은 연인은 사라지고, 세속적인 것들이 낭만적 사랑을 대체하는 시대 또한 1990년대였다. 이 노래가 사랑의 세속성을 비판하고 있지만, 그럼에도 여전히 순수한 사랑의 상실을 아쉬워한다는 점에서 더욱 1990년대의 정서 구조를 내포하고 있다. 사랑이 물화되어가는 시대에 유감을 표현하면서도 잃어버린 것이 무엇인지, 소중한 것이 무엇인지를 반어적으로 알려주기 때문이다. 그렇다고 1990년대 이전 시대에 순수한 사랑과 낭만적 사랑 관행이 지배적이었다고 할 수는 없다. 어떤 시대에나 '순수한' 사랑은 없다. 다만 순수한 사랑에 대한 이상향적 추구를 당위적이고 규범적으로 내면화하느냐, 아니면 더 이상 이러한 이상향적 추구를 부정하느냐라는 차이가 있을 뿐이다.

1990년대 중반 이후 낭만적 사랑의 운명은 크게 뒤바뀌었다. 고삐 풀린 소비자본주의, 포스트모더니즘, 문화 산업의 대자본화로 대표되는 후기 근대사회에서 사랑은 이전과는 전혀 다른 모습으로 전개되었다. 사랑은 점점 소비의 대상으로 전환되었고, 즉흥적이고 피상적인 사랑 관행이 부상했으며, 대중매체는 시뮬레이션 테크놀로지를 활용해 사랑을 낭만화하는 데 급급했다. 연애 담론이 급부상하고 데이트 방식의 다양화가 진행되었다[꿈지모(이윤숙), 2003: 188~193]. 연인만을 위한 독특한 상품과 소비문화가 확산되어갔으며, 다양한 서사의 로맨스 영화나 드라마가 문화 산업계에서도 독자적 장르로 자리를 잡아갔다. 이 같은 변화는 엄청나게 빠른 속도로 사랑 관행의 풍경을 변화시켰다. 소비의 대상으로 전환된 사랑은 백화점 상품처럼 유행에 민감해졌으며, 연인들 사이에 늘어나는 데이트 비용의 이면에는 그

만큼의 노동의 대가가 요구되었다. 온전한 데이트를 위해서는 임금노동에 더욱 힘을 쏟아야 하는 아이러니가 발생했다. 즉흥적인 사랑 관행이 확산되는 만큼 수많은 연애 담론이 쏟아져 나왔다. 연애 담론은 대중적인 연애소설, 여성 잡지에 실린 연애 상담 코너, 연애 코치 전문 잡지, 인터넷 동호회 등을 통해 급속히 확산되었다. 지구화와 인터넷 기술의 발달에서 비롯된 소통 방식의 대전환으로 사랑 방식 또한 크게 변했다. 원격 연애가 가능해졌으며, 간접 체험으로서의 연애가 시공을 초월해 이루어졌다(심영희, 2005).

이러한 변화는 직접적 체험이나 우연적 사건으로 경험할 수 있는 첫사랑에도 일련의 전환을 가져왔다. 첫사랑은 과연 가능할 수 있을까, 나아가 첫사랑을 낭만화할 수 있는 기억작업이 충분히 이루어질 수 있을까에 대한 질문을 던짐으로써 그 전환의 성격을 파악해볼 수 있다. 즉, 첫사랑 자체의 불가능성과 첫사랑을 낭만화할 수 있는 조건으로서 '느긋한' 현재가 과연 허락될 수 있을까에 대한 근원적 회의에서 출발해볼 필요가 있다. 프레드릭 제임슨Fredric Jameson이 주장하는 후기자본주의적 문화 논리를 적용해보면(제임슨, 1989), 사랑은 점점 더 가벼워지고, 허위적이며, 의미가 없고, 깊이도 없이 탈신성화된다. 탈신성화된 사랑은 첫사랑의 체험조차 무의미하게 만들고, 첫사랑에 대한 기억작업은 중단되거나 불필요해진다. 점차 자본주의 시장 논리에 포섭되어가는 로맨스는 유행 상품처럼 그럴싸한 치장 논리에 의지하는 운명에 놓인다. 이런 상황에서 주체는 자신이 경험한 첫사랑을 느긋하게 낭만화하거나 현재의 자신과 소통하는 하나의 문화적 채널로 활용하는 실천을 기획할 수 없다. 이 같은 첫사랑 향수의 최후는 이창동 감독이 연출한 영화 〈박하사탕〉(1999)에서 가장 비극적으로 나타난다.

〈박하사탕〉에서 주인공 영호는 첫사랑 순임의 남편의 부탁으로 찾아간 병실에서 순임이 임종을 앞두고 있다는 사실을 알고 난 뒤, 그녀에게 박하사탕을 내밀며 "미안해요, 순임 씨"라고 흐느낀다. 현시점에서 40대인 영호에게 첫사랑은 바로 1980년대 초, 즉 그가 20대가 되던 해 구로공단 노동자로서 만난 순임이다. 영호가 순임을 처음 만나는 순간은 쑥스러움, 순진함, 애틋함으로 채색되었지만, 한국 사회에 살면서 겪은 굴곡진 삶의 과정에서 첫사랑에 대한 기억, 즉 박하사탕으로 표상되는 순수함과 진정성은 잊힌 지 오래다. 영호는 점차 세속적 삶에 익숙해져가고, 스스로 악마 혹은 '개'가 되어간다는 생각에 첫사랑(의 대상)과 거리를 둔다. 영호가 고문 경찰관으로 복무하던 시기에 순임이 그를 찾아오자, 그는 순임 앞에서 식당 종업원의 엉덩이를 만지며 자신의 '더러움'을 노골적으로 드러낸다. 영호가 보인 이런 추한 행동은 이미 악해져버린 자신의 영혼이 순수한 첫사랑의 영역을 침범할 수 없다는 처절한 거부이자, 순임이라는 첫사랑에 대한 이상화를 마지막까지 포기하지 않겠다는 몸부림으로 볼 수 있다. 학생운동을 하는 청년을 고문하면서 악한 영혼으로 변질되어가는 영호는 순수한 첫사랑의 상대인 순임에게 다가갈 수 없다는 자기부정을 시작으로 끝내 자살로 삶을 마감한다. 이때 자살은 처음 순임을 만난 야유회 장소 주변에 있는 철교 위에서 "다시 돌아갈래"라는 절규와 함께 다가오는 기차를 마주하며 행해진다.

〈박하사탕〉의 시·공간은 '다시 돌아가고픈' 곳, 순수했던 첫사랑을 만난 청년 시절을 전제한다. 이러한 유토피아적 시·공간은 현재의 주체가 부여하고 의미화한 상상적 세계다. 공장에서 박하사탕을 하루에 1000개씩 포장하는 구로공단 노동자(순임)의 고된 삶조차 낭만화될 수 있는 것은 영호라는 주체가 과거의 시간을 현재적 관점에서 아름답게 재구성할 수 있기 때문이다. 그도 그럴 것이 영호는 동료들과 있을 때면 줄곧 "꼭 첫사랑 얘길"하는 사람이다. 한국적 근대화의 부조리를 담지하고 있는 영호의 삶은 점점 파국으로 치닫는다. 미래에 대한 희망이 파멸한 상황에서 영호가 돌아갈 곳은

'그때 그 시절 그곳'이다. 이는 1990년대라는 시간 지평 위에서 가능할 법한 기억작업이다. 하지만 영화는 영호의 마지막을 자살로 끝맺으면서 우리에게 다음과 같은 질문을 던지는 것처럼 보인다. 과거를 낭만화할 수 있는 성찰적 주체가 더 이상 가능할 수 있을까? 첫사랑을 낭만화할 수 있는 기억작업 혹은 그러한 느긋함을 누릴 수 있게 해주는 사회적 조건은 가능할 수 있을까?

2) 고달픈 사랑

이 질문은 첫사랑을 직접 체험할 수 있느냐 없느냐의 문제가 아니라 과거-현재-미래라는 시간층을 주체가 성찰적으로 통제하고 재구성할 수 있는가에 대한 것이다. 과거를 재구성할 수 있는 능력은 주체가 현재, 나아가 미래를 성찰적으로 포섭할 수 있는지 여부와 연관되어 있기 때문이다. 그런 점에서 〈박하사탕〉은 이러한 성찰적 주체의 비극적 종말을 그려냈다고 볼 수 있다. 이제 첫사랑을 낭만화하는 것은 '쿨'하지 못한 '찌질한' 일이 되어버렸고, 오랫동안 마주 앉아 후일담처럼 얘기할 수 있는 소재로서도 가치를 상실해버린 듯하다. 2000년대 이후 첫사랑의 운명은 더욱 비극적으로 치닫고 있다. 이러한 비극은 사랑이라는 소통 방식의 본질적인 변화에서 연유한다. 산업화 이후 더욱 심화된 경제지상주의적 근대화와 문화적 근대화 간의 극심한 괴리, 사랑이라는 친밀성 영역의 식민지화, 특히 1998년 외환위기 이후 경제적 양극화를 포함한 사회 불평등의 심화, 청년 실업 증가, 무한 경쟁 문화, 불안 심리 증폭 등 신자유주의적 사회체제의 전면화는 사랑 방식에도 급격한 변화를 가져왔다.

가장 주목할 만한 변화는 '사랑의 계급화'다. 이 현상은 계급 재생산과 사회적 관계의 구획화와 맞물려 발생한다. 그렇다고 이것이 곧 열정에 토대를 둔 낭만적 사랑이 사라졌다는 사실을 의미하지는 않는다. 다만 낭만적 사랑은 상이한 계급들 간의 문화적 실천에 따라 각기 다른 의미로 전유될 뿐이다. 에바 일루즈Eval Illouz가 밝혔듯이, 로맨스는 계급 층위에 따라 상이하게 생산 · 소비되며, 문화자본의 소유 정도에 따라 그 가치를 달리한다(일루즈, 2014). 로맨스는 열정 그 자체로 존재하는 것이 아니라 점차 자본주의적 논리에 따라 생산 · 소비되는 상품으로 전환되고, 역으로 상품은 로맨스화되어 새로운 의미를 부여받는다. 이처럼 계급적 실천 논리에 따라 재구성되는 낭만적 사랑은 순수하고 신성한 체험으로서의 첫사랑을 선험적으로 어렵게 만든다. 경제 위기 이후 한국 사회의 연애와 결혼은 계급 재생산 메커니즘과 더욱 연관이 깊어졌다. 친밀성의 영역에서 경제적 부, 학벌 · 학력, 직장, 부모의 지위 등 외적 요소가 총체적으로 고려되고, 치밀하게 계산되며, 효율성 담론이 사랑을 재조직한다(정여울, 2014: 125~126). 언제부턴가 결혼과 관련한 언론 보도에는 결혼 상대자가 선망하는 연봉 수준, 직업, 집 평수, 외모 등이 노골적으로 공개된다. 사랑은 계급적 위계 서열에 맞춰 순수함을 달리 드러낸다. 이제 낭만적 사랑에서 요구되는 열정과 순수함은 한발 물러나고, 그 자리에는 세속화된 차가운 열정이 들어섰다.

다음으로는 사랑의 물화 혹은 상품화다. 후기자본주의 사회 혹은 신자유주의적 삶의 규범은 사랑마저도 쉽게 물화시킨다. 연인들은 상품 소비를 통해 서로의 사랑에 대한 확증 절차를 실천하면서 관계를 유지해나가는 데 익숙해진다. 로맨스 산업은 연인들이 소비를 통해 관계를 맺고 이를 존속시켜 나갈 수 있도록 감정 지도를 조직한다. 감정 지도는 일종의 매뉴얼로 작동하기도 한다. 연애하는 방법을 배우기 위해 학원을 다니며 카운슬러를 방문하고, 각종 연애 지침서를 보며 상대방의 호감을 사려는 일련의 노력들은 모두 로맨스 산업에 의해 상품화되어가는 친밀성의 후기자본주의적 운명을 예감한다. 또 다른 예로, 지난 20년 동안 급증한 결혼정보회사들은 커플 매칭의 요소로서 자산, 학벌, 나이, 키, 연봉, 직업, 스타일, 성격, 집안 등을 점수로 환산한 다음 등급을 부여해 회원을 차등적으로 관리한다. 로맨스와 열정은 이러한 물적 조건이 충족된 다음에야 비로소 가능해진다. 대중매체로 전파되는 짝짓기 프로그램에서도 이러한 요소들은 선제 조건이다. 몇 년 전까지 방영된 SBS 〈애정촌, 짝〉의 경우에도 출연자 대부분은 외적 조건에 의해 일차적으로 선별된 사람들이다. 계급적 기준으로 선별된 출연자들은 직접 상대 출연자들을 만나고 나서야 '서로의 마음을 확인하는' 절차를 감행한다. 이처럼 피상적인 것이 내면적인 것에 우선하는 방식으로 사랑의 세속화 과정이 더욱 가속화되고 있다.

마지막으로, 직접적인 사랑 체험의 유예 혹은 불가능성이다. 이러한 현상은 최근 3포 세대(연애, 결혼, 출산 포기)의 출현으로 심화되고 있다. 현재 20~30대 중에 경제적 여건이 충분치 않거나 안정적인 직장을 얻지 못한 젊은이들 혹은 문화자본을 충분히 갖추지 못한 청년들이 갖는 불안감, 즉 삶의 실질적인 지속성(생존)에 대한 불확실성은 이들의 사랑 관행마저 바꾸어 놓았다. 이러한 청년들의 삶을 가장 잘 반영한 브로콜리 너마저의 노래 「졸업」(2010)은 그야말로 절망과 체념의 극단을 보여준다.

그 어떤 신비로운 가능성도 희망도 찾지 못해 방황하던 청년들은 쫓기듯 어학연수를 떠나고/ 꿈에서 아직 덜 깬 아이들은 내일이면 모든 게 끝날 듯 짝짓기에 몰두했지/ 난 어느 곳에도 없는 나의 자리를 찾으려 헤매었지만 갈 곳이 없고/ 우리들은 팔려가는 서로를 바라보며 서글픈 작별의 인사들을 나누네/ 이 미친 세상에 어디에 있더라도 행복해야 해

이 시대 수많은 청년에게 예측 가능한 미래는 '앞으로도 계속 불안하고 불안정할 것'이라는 불확실성에 대한 확신뿐이다. 물론 이러한 확신은 청년들 제각각이 처한 계급적 위상에 따라 매우 다를 수 있다. 하지만 미래에 대한 불확실성, 치열한 경쟁의 심화, 소득 격차의 증대, 노동시장의 불안정성 등에 대한 인식만큼은 초계급적으로 공유된다. 이들이 당장 취할 수 있는 전략은 다양한 스펙 관리, 학점 경쟁, 취업 경쟁 등에 열정을 쏟는 것이다. 그 외 다른 삶의 방식을 택할 수 있는 현실적 자원도, 능력도, 장기적 계획도 쉽게 찾아볼 수 없다. 국가가 제시하는 비전에 대한 신뢰는 이미 무너져버렸고, 국가권력과 정치에 대한 뿌리 깊은 냉소주의와 불신이 세대 전반에 걸쳐 퍼져나갔다. 이로써 중산층 이상의 청년들은 자신의 계급적 지위를 계속 유지할 수 있는 선에서, 하층계급 청년들은 최소한의 낙오자만이라도 되지 않으려는 선에서 생존경쟁에 각자 열정을 쏟는다. 옥상달빛의 노래 「하드코어 인생아」(2010)는 청년들의 이 같은 현실을 압축적으로 대변한다.

> 뭐가 의미 있나 뭐가 중요하나 정해진 길로 가는데/ 축 쳐진 내 어깨 위에 나의 눈물샘 위에/ 그냥 살아야지 저냥 살아야지 죽지 못해 사는 오늘/ 뒷걸음질만 치다가 벌써 벼랑 끝으로/ 어차피 인생은 굴러먹다 가는 뜬구름 같은 질퍽대는 땅바닥 지렁이 같은 걸

이러한 하드코어적 삶에서 사랑 체험의 가능성은 축소된다. 생존경쟁의 압박과 로맨스 산업의 소비 담론은 전통적인 방식의 사랑 체험을 점차 불가능하게 만들어버린다. 또한 로맨스 산업의 소비 담론은 사랑 체험에 소요되는 물적 자원과 문화자본의 양을 점점 더 많이 요청한다. '돈 없으면 연애도 못 한다'는 인식이 퍼져나가면서 연애 무능력자를 양산해내고 있다. 이 속도

에 맞춰 사랑 체험은 그만큼 유예된다. 이와 동시에 과거를 회고하거나 회상할 수 있는 '느긋함'도 상실된다. 생존경쟁의 가속화, 사회복지의 축소, 국가권력의 합리적 분화 결여, 신자유주의적 체제의 확대가 복합적으로 결합되면서 '생활세계의 식민화'는 더욱 빠르게 진행되고, 생활세계에서 수행되는 개개인의 기억작업은 점점 불가능해진다.

1980년대 후반에 일본 젊은 세대에서 진행된 하류 지향, 초식남, 절식남 현상이 현재 한국에서도 여러 지표를 통해 확인되고 있다. 최근 보건사회연구원이 발표한 조사에 따르면 '25~29세, 대졸, 연봉 2500~3500만 원, 정규직' 정도의 자격을 갖춘 남녀가 연애 중인 비율이 높은데, 그중에서도 특히 소득수준의 정도가 연애 여부에 가장 큰 영향을 미치는 것으로 나타났다(조성호, 2014). 이와 유사하게 2013년에 현대경제연구원도 "미혼 남성 43.1%가 연애와 결혼에 관심이 없는 초식남이고, 여성 33.8%가 결혼보다는 독신의 삶을 즐기는 육식녀"라는 보고를 내놓았다(이상재 · 이영희, 2013.8.22). 이 같은 현상으로 인해 가장 먼저 눈에 띄는 문제는 사회인구학적 문제(고령화, 저출산, 노동력 고갈 등)라고 볼 수 있지만, 그에 못지않게 두드러지는 문제는 우리의 일상으로부터 사랑이라는 화두가 멀어지는 현상 또한 뚜렷하다는 점이다. 물론 사랑은 거대한 대중문화 산업을 통해 과잉생산됨으로써 우리 주변에 널려 있는 것처럼 보이지만, 그럴수록 사랑은 우리의 일상으로부터 소외된 길을 걷게 된다. 사랑은 "서로에 대한 관심과 존경, 서로에 대한 이해와 책임감을 통해 자기 자신뿐 아니라 다른 사람의 영적인 성장을 돕는 것"이라는 벨 훅스bell hooks(훅스, 2012: 177)의 주장처럼, 사랑은 주체로 하여금 타인과의 상호작용을 통해 인정, 배려, 포용, 인내, 존중, 헌신 등을 경험하게 해 개인의 인격과 정체성, 그리고 타인과의 민주적 의사소통 능력을 고양시켜주는 감정적 실천이다(서용순, 2012: 181). 개인의 의지나 세계관에 따라 연애나 결혼을 하지 않을 수 있지만, 그러한 행위 자체를 불가능하게 만드는 사회적 조건에 대해서는 문제 삼을 필요가 있다. 이러한 조건은 사랑 체험을 수행하지 못하는 이들에게 자괴감, 열패감, 수치심, 괴로움을 가져다준다.

앞서 언급했듯이, 사랑 체험은 타인에 대한 인정 아비투스recognitive habitus를 형성하는 과정이자 자신의 인격을 고양시키는 계기다. 이와 관련해 박주영은 소설 『백수생활백서』에서 주인공과 남자 친구인 경의 관계를 다음과 같이 표현한다.

> 내 연애는 소설 속에서처럼 그렇게 파란만장하지도 멋있지도 재밌지도 않았고, 언제나 늘 아주 한심하고 시시했다. …… 경과 내 관계가 이렇게 지속되고 있는 건 우리가 서로에게 기대하는 바가 없기 때문이다. 정확히는 그의 미래와 내 미래가 아주 무관하기 때문이다. 지금보다 나은 관계를 꿈꾸지 않으며, 내가 이 정도를 하면 너도 저 정도는 해줘야지 하는 것도 없으며, 남들에게 서로를 소개시키지도 않으니 굳이 어떤 관계로 규정을 내릴 필요조차 없다. …… 경은 성공하고 싶어 하고 훌륭해지고 싶어 한다. 그러나 집안, 학벌, 능력 또한 변변치 않은 경이 성공하는 방법은 이미 성공한 훌륭한 여자나 앞으로 그럴 것 같은 여자를 만나는 것뿐이다. 경은 그 사실을 누구보다 잘 알고 있다. 그래서 잘나가는, 돈 많은, 게다가 예쁘고 멋진 여자를 만나서 결혼하는 것이 경의 유일한 꿈이 되었다. 그것 말고는 꿈도 없고 희망도 없는 인간 말종이라고 말하고 싶으나 나는 경의 그 뻔뻔한 그지없는 솔직함이 싫지 않다(박주영, 2006: 110).

청년 백수들에게 연애란 열정적인 로맨스가 결여된 시시한 관계이거나 서로에게 기대할 것도 없는 차가운 관계다. 김혜나의 소설 『제리』(2010)에는 사랑이 결여된 청춘들의 관계가 얼마나 잔혹하고 사막처럼 황폐한지를 탁월하게 표현한다. 이 소설에서 주인공은 삼류 야간대학에 다니는 20대 초반 여성이다. 주인공을 비롯한 주변 사람들은 모두 이 사회의 낙오자와 다름없는 청년들로 묘사된다. 주인공에게는 강이라는 남자친구가 있지만 성적인 관계 이상의 의미가 없는 '엔조이 파트너'일 뿐이다. 우연히 주인공은 노래방 도우미로 등장하는 제리라는 필명의 남자에게 호감을 갖지만 그와의 관계도 그저 피상적일 뿐이다. 이 소설에서는 주인공이 자신의 육신을 잔혹하게 파괴하는 방식으로 남자들과 성관계하는 장면이 그려진다. 겉으로는 포르노에 가까운 리얼한 묘사가 성적 흥분을 불러일으킬 듯 보이지만, 실제로 그들의 섹스는 열정도 로맨스도 없이 냉혹하며, 때로는 야만적일 정도로 비참하다. 한국 사회의 주변부를 떠도는 소설 속 청년들의 일상은 허름한 여관, 술집, 노래방, 그리고 자신의 외로운 방 정도를 순환하며 맴도는 것이 대부분이며, 이들에게 섹스는 자학과 자기 파괴로 이르는 길에 불과하다. 그들의 이 같은 사랑은 아름답게 기억되지도, 낭만화될 수도 없는 잔혹한 실재 세계에 그저 적응하기 급급한 생존 본능에 가깝다. 이들이 보여주는 냉혹한 섹스는 유희나 쾌락이 아니라 처절한 자기 증명일 뿐이다. 다시 박주영의 소설로 돌아와 보자. 다음 인용문에서 경은 '생각 없이' 사는 것이 차라리 마음 편한 삶이라고 주장한다. 주어진 현실에 적응하기 급급한 동물적 존재는 이성도 감정도 아닌 야성에 기대어 사는 게 훨씬 편한 삶이라는 것이다.

"나는 생각을 하면서 살아오지 않았어. 그냥 느낌으로 살아왔어. 좋으면 좋은 대로 싫으면 싫은 대로 그렇게 살아왔어. 복잡하게 생각 따위를 하지 않은 탓에 실수를 했고 본의 아니게, 아니 어차피 내게 본의 따위는 없으니까. 다른 사람에게 피해를 입힌 경우도 많았어. 그렇지만 나 같은 인간이 생각을 한다고 뭐가 달라지겠어." 경이 자주 하는 말이다. 그냥 느낌대로 산다. 생각을 한다고 뭐가 달라지겠는가. 나 역시 그렇게 생각한다. 그렇게 사는 데 동조한다는 뜻이 아니라, 경의 경우 그 편이 낫다고 생각한다. …… 어떤 인간은 이성을 기저로, 어떤 인간은 감정을 기저로 움직인다면, 경은 야성을 기저로 움직이는 인간, 아니 동물이라고 할 수 있다(박주영, 2006: 111).

이 인용문에서 강조되는 것은 '생각 없음'과 '야성'이다. 이는 마치 한나 아렌트Hannah Arendt가 언명한 "말과 사고를 허용하지 않는 악의 평범성"과 동일한 구조를 갖는다(아렌트, 2006: 349). 오늘날 한국 사회가 스스로 성찰할 수 있는 체계 내적 합리성을 구축하지 못하고 오히려 복잡성이 증대하면서 불확실성만 커져가는 가운데, 개인들이 취할 수 있는 전략 중 하나가 그야말로 '생각 없이 동물적으로 사는' 삶이다. 이러한 삶의 조건은 앞서 논의했던 사랑에 대한 기억작업을 불가능하게 만들거나 왜곡시켜버린다. 앞에서 인용한 소설이나 노랫말이 표상하는 오늘날 청년들의 삶은 사랑 체험 자체를 거세하는 조건 속에 놓여 있다. 이들에게는 분명 첫사랑이라는 특별한 계기가 없으며, 더욱 중요한 것은 첫사랑을 기억하고 재구성할 만한 현재적 여유도 없고 그 능력 또한 상실했다는 점이다. 정확히 말하자면, 첫사랑 향수는 이들의 현재적 삶, 정확히 말하자면 이들의 생존에 아무런 '이익'을 가져다주지 않는다. 오히려 기억하지 않는 것, 혹은 기억작업을 포기하는 것이 현재의 삶을 더욱 '효율적으로' 조직하는 데 일조한다. 이들의 냉소는 분명하다. '이 시대에 첫사랑을 운운하는 게 얼마나 지질한 짓인가!!'

노스탤지어는 과거를 단순히 회상하거나 재현하는 데 그치는 것이 아니다. 노스탤지어는 주체가 기억작업을 통해 과거-현재-미래를 자율적으로 재구성하는 성찰적 과정이다. 그런 점에서 '생각한다'는 것은 노스탤지어의 생성 조건이다. 한편 노스탤지어는 불만족스러운 현실과 불안한 미래에 대응하기 위한 하나의 전략으로서 '있지도 않았던' 과거를 마치 '존재했던 것처럼, 그것도 아름답게 존재했던 것'처럼 현재의 우리가 원하는 방식으로 재구성한 문화적 산물이기도 하다. 이럴 경우 현재나 미래의 욕망을 과거에 투사함으로써 일시적이나마 심리적 안정감을 찾는 위안 메커니즘이 작동하게 된다. 위안 메커니즘은 크리스토퍼 래시Christopher Lasch에 따르면 '기억의 퇴진'으로 이해될 수 있다. 래시는 향수를 '과거와 현재를 덮어버리는 것'으로 이해하면서, "우리의 과거를 창조적으로 재구성하거나 미래를 냉정하게 평가하는 작업을 방해한다"고 주장한다(래시, 2014: 5). 자칫 향수는 예전의 삶이 지금보다 더 좋았다는 순진한 복고주의를 불러와 정치적 보수화를 넘어 문화적 보수화를 정당화는 기제로도 활용될 수 있기 때문이다. 향수를 기억과 엄밀하게 구분하는 래시는 "향수에서는 기억이 조금도 작용하지 않"으며, "향수가 이상화하는 과거는 불변의 완전성으로 꽁꽁 얼어붙은 채 시간의 바깥에 서 있다"고 주장한다. 반면 기억은 "현재를 살찌우고 앞으로 다가올 현실을 기쁘게 맞이하려고 과거에서 희망과 위안을 가져온다"고 주장한다(래시, 2014: 92).

미래 전망이 불투명한 세대의 '생각 없음' 혹은 생각할 기회의 박탈은 주체로 하여금 자신의 직접적 체험에서 기인하는 노스탤지어를 생성할 수 없게 만든다. 그들에게 노스탤지어는 불필요한 기억작업이 될 수도 있다. 그런 세대나 사람들에게 노스탤지어는 실재 세계를 마주하지 않고 과거로 회귀하려는 현실도피 정도로 비춰질 뿐이다. 그래서 노스탤지어는 구세대의 세상 물정 모르는 한적한 놀이로 전락하고 만다. 그러나 노스탤지어는 반드시 구세대의 한적한 놀이로서만 존재하지 않는다. 오늘날 노스탤지어는 전혀 다른 방식으로 모든 세대를 아우르는 공통의 문화적 코드로서 되살아나고 있다. 이는 문화적 전체주의로 향하는 징후적 현상이기도 하다. 첫사랑 향수 또한 이전과는 다른 논리로 지금 우리 앞에 전개되고 있다. 즉, 사랑 체험이 유예되는 시기에 첫사랑의 운명은 1990년대를 배경으로 한 복고풍 영화 〈건축학개론〉과 드라마 '응답하라' 시리즈 등이 2010년대에 등장하면서 새로운 계기를 맞이하게 된다.

3) 과거는 '빨리' 소비된다, 고로 현재는 '빨리' 늙어간다

〈건축학개론〉과 '응답하라' 시리즈는 1990년대를 재현하는 이른바 복고풍 영화와 드라마다. 그리고 첫사랑에 대한 향수가 서사 구조의 중심에 놓여 있다. 이러한 복고풍 영화나 드라마가 인기를 끌게 되면 곧바로 매체 비평이나 미디어 연구가 뒤따르곤 한다(문재철, 2003; 최병근, 2011). 앞에서 언급한 드라마나 영화에 대한 연구들도 이미 진행된 바 있다(김숙현 · 장민지 · 오지영, 2013; 태지호, 2013). 그런데 이들 연구는 과거의 재현이나 향수를 다룬 드라마 또는 영화에 대해 서로 유사한 입장을 취한다. 요컨대 과거를 낭만화하거나 판타지화해 역사의 새로운 가능성을 찾으려는 대안적 의미로 향수를 해석하거나, 과거를 '현재'의 사회적 맥락 안에서 구성된 상호작용의 결과로 보며 향수의 현재성을 분석한다. 이들 연구는 주체의 직접적 체험에 의한 노스탤지어가 여전히 가능하다는 전제를 깔고 있다. 즉, 주체가 과거를 성찰적으로 재구성할 수 있다는 가능성을 긍정적으로 제시한다. 이는 노스탤지어에 대한 전형적인 인식 틀로, 여전히 개인적 차원에서 노스탤지어를 바라보는 시각에 머물러 있다고 볼 수 있다.

하지만 앞서 논의한 바와 같이 후기 근대적 상황에서 노스탤지어는 개인적 차원에서 쉽게 생성될 수 없는 구조적 제약을 마주하고 있다. 거대서사의 소멸로 인한 불확실성의 증대, 삶의 유동성 심화, 상호작용의 복잡성 증대, 생활세계의 식민화, 디지털 문화의 전면화 등의 조건들은 개인에게 '느긋한' 삶과 여유를 허락하지 않는다. 그런 점에서 2000년대에 등장한 복고 문화를 바라보는 시각은 이러한 조건 속에서 탐색되어야 한다. 그렇다면 후기 근대적 상황에서 첫사랑 향수는 어떤 운명에 처하게 되는가. 이 운명의 특징을 앞서 제시한 〈건축학개론〉과 '응답하라' 시리즈로부터 추출해낼 수 있다.

무엇보다도 시·공간적 차원에서 변화된 양태를 탐색해볼 필요가 있다. 이 작품들 모두 2010년대의 시점에서 1990년대 중반이라는 불과 20년도 채 안 된 시기를 향수의 대상으로 삼았다. 최근에 방영된 〈응답하라 1988〉은 2015년을 기준으로 27년 전을 시대적 배경으로 삼았다는 점에서 앞선 작품들에 비해 좀 더 긴 시간적 격차가 있다. 하지만 '응팔' 또한 앞선 '응칠', '응사'와 동일한 서사 구조와 감정구조를 지닌다는 점에서 본질적 차이는 없다. 어쨌든 이들 모두 2015년을 기준으로 30대 후반과 40대 중반에 해당되는 성인들의 10대 후반과 20대 초반 시절 이야기를 다룬 작품들이다. 〈건축학개론〉과 '응답하라' 시리즈는 1990년대를 전후로 한 복고 텍스트이기도 하지만, 특히 첫사랑 향수를 기본 서사로 한다는 점에서 공통점을 지닌다.

특히 〈건축학개론〉에서 그려지는 첫사랑 향수는 낭만적이고 아련하며 애틋한 이미지로 재현된다는 점에서 노스탤지어의 전형성을 띤다. 하지만 작품 속 주인공의 첫사랑은 시간적으로 아주 오래전 이야기가 아니다. 앞서 살펴본 바와 같이 첫사랑 향수 담론이 통상 시간적으로는 '어린 시절', 공간적으로는 '시골'과 같은 공간을 전제로 한다는 점에서 〈건축학개론〉 속에 설정된 시·공간 구조는 분명 다르다. 영화 속 주인공들의 첫사랑은 20대(성인)에, 그것도 대도시 서울의 신촌이라는 대학가를 배경으로 이루어진다. 〈건축학개론〉이나 '응답하라' 시리즈 모두에서 첫사랑 향수는 대도시를 배경으로 매우 짧은 시간차를 두고 일어난다. 즉, 이들 텍스트는 그리 멀지 않은 시기에 일어난 일을 마치 오래전 일인 것처럼 회상하며 첫사랑을 낭만화한다. 그렇다면 그리 오래전 일이 아닌데도 1990년대는 왜 이렇게 빨리 향수의 대상으로 소환되었을까? 지금의 30~40대는 자신의 20대 초반 시절을 다룬 옛 이야기에 왜 그렇게 빠져들까? 이 물음에 대한 답을 당시 소품이나 그 시절 소시민적 정감에 대한 감각적 환기에서 비롯된 즉흥적인 감상에서 찾는다면 매우 탈역사적이다. 그런 방식으로 향수를 다룬 복고풍 작품들은 이전에도 충분히 많았기 때문이다. 이에 대한 답은 1990년대를 회상하는 현재의 주체가 어떤 사회적 위상을 갖추고 있는지에서 모색될 필요가 있다. 노스탤지어는 과거의 단순한 재현이 아니라 현재의 주체가 자신의 원망願望을 과거에 투사해 체험을 재구성해내는 기억작업이라는 점에서 현재와 미래를 배태하고 있기 때문이다. 즉, 과거를 어떻게 재구성하느냐의 문제는 궁극적으로 현재와 미래의 이면을 들여다보는 것일 수 있다.

그런 점에서 〈건축학개론〉이나 '응답하라' 시리즈는 우선, 1990년대('응팔'의 경우 1980년대 후반)를 순수함 혹은 진정성의 시대로 드러내려는 감정구조를 전면에 내세운다. 계산도 이해타산도 없는 순수한 사랑, 가족 같은 친분과 우애, 목가적 공동체성, 고향의 아늑함과 정겨움 등 동화적 휴머니즘이 전체 분위기를 뒤덮는다. '응답하라' 시리즈에서는 등장하는 모든 인물에게서 세속적인 이해관계로 얽히는 갈등 관계나 권력 다툼을 찾아볼 수 없다. 이 시리즈를 연출한 신원호 PD(그는 1975년 서울 태생이자 서울대학교 출신이다)는 어느 잡지 인터뷰에서 제작 의도에 대해 "따뜻한 이야기다. 고향 이야기, 친구 이야기 등 주위를 둘러볼 수 있는 따뜻한 이야기를 하고 싶었다. 따뜻한 휴먼 코미디다"라고 말한 바 있다(진혜린, 2013.12.13). 그 시절 소시민들의 삶이 실제로 그랬을지에 대해서는 당연히 회의적이지만, 설령 그랬다고 해도 이는 문제될 것이 없다. 노스탤지어는 결국 과거의 사실을 확인하는 것이 아니라 현재적 관점에서 과거를 성찰하는 것이라는 점에서 이들 텍스트는 1990년대를 그런 식으로 재구성하려는 현재적 주체의 욕망과 희망이 투영된 것이라고 봐야 한다. 더 정확히 말하자면, 현재 이 텍스트의 생산자는 1990년대를 그렇게 회고할 수 있는 다양한 자본과 권력을 지녔다고 볼 수 있다.

이 문제는 두 번째 쟁점을 불러온다. 이 텍스트에 등장하는 인물 대부분은 현재 시점에서 볼 때 한국 사회에서 어느 정도 성공한 부류에 속하는 성인들이다. 2010년 현재 이들의 모습은 번듯하고 안정적인 직장, 전문직, 중산층적 문화 취향, 세련된 외모 등을 겸비한 성인이다. 이렇게 사회의 기득권으로 갓 진입한 사회 초년생의 모습은 평화로우면서 진취적이고 여유롭게까지 보인다. 이들은 어느덧 중산층 신화의 '마지막' 주인공처럼 보인다. 안정적인 사회적 지위와 투명한 미래를 보장받는 이들이 구성해내는 첫사랑 향수는 아련하고 애틋하며, 말 그대로 로맨틱하게 다가온다. 드라마의 서사 구조를 통해 알 수 있듯이, 첫사랑을 낭만화하는 능력은 문화자본과 계급적 위상에 비례할 가능성이 높다. 이는 한국 사회에서 성공한 30~40대가 자신의 문화자본을 활용해 20대 시절을 낭만화한 기억작업의 결과라고 볼 수 있다. 이렇게 향수는 현재의 권력과 붙어 다니기 마련이다. 다시 말해, 1990년대가 향수의 대상이 되었다는 것은 현재의 30~40대가 가진 일련의 권력이 현실 세계에서 행사되고 있음을 말해준다.

셋째는 바로 권력 효과의 문제이다. 1990년대가 소환된 것은 2000년대 한국 사회가 직면한 불확실성, 불투명성, 잔혹성과 관련이 깊다. 이와 관련해 김홍중은 “노스탤지어는 소위 돌진적 근대화 속에서 오직 ‘미래’를 향해 모든 에너지와 관심과 역량을 집중하던 유사 군사적인 삶의 속도가 1990년대 이후 일련의 재난을 통해서 일정 정도 완화되고, 또한 IMF 외환위기 이후에 그러한 전진을 통해 도달하게 될 미래에의 전망이 불투명해지면서 사회적 시선이 회고의 경향을 띠게 되는 현상과 연관이 있다”고 주장한다(김홍중, 2008: 159). 2000년대 이후 한국 사회에 펼쳐진 모든 사회문화적 풍경은 잔혹스럽다. ‘88만 원 세대’ 논의부터 ‘3포 세대’, ‘금수저 흙수저’, ‘헬조선’ 논의까지 이 안에 포함된 노동, 교육, 여가, 결혼, 인권 문제는 모두 생존주의 담론으로 휩쓸려 들어가 버렸으며, 오직 살아남기 위한 냉혹한 경쟁만이 삶의 규칙으로 자리 잡고 있다. 이러한 현실을 감당하기란 누구에게나 매우 버거운 일이다. 이 같은 환경은 1990년대가 향수의 대상으로 소환될 수 있는 사회적 조건이 되었다. 미래 전망이 불확실하고 과거를 성찰할 최소한의 물리적 시간과 여유를 제공하지 않는 사회 체계에서 1990년대는 ‘오래된 미래’인 양 빠르게 소환되었다. 현재 문화 권력의 한 부분을 차지하며 1990년대에 대학을 다닌 지금의 30~40대들은 자신의 청춘 시절로 빨리 돌아가 그때 그곳에서 아늑한 평온을 찾고자 했다. 이 세대가 잔혹한 현실 세계를 향해 던질 수 있는 것이 더 이상 화염병이나 돌멩이도 아닌 상황에서 향수는 적절한 대항 기제로 활용되었다. 우리가 희망하던 미래 혹은 잃어버린 소중한 것들이 불과 20년 전에 있었던 것처럼, 향수는 하나의 대안으로 슬며시 안방극장에 들어왔다. 그리고 향수는 문화 산업의 자본순환 속도만큼이나 빠른 속도로 소비되었다. 2000년대의 신자유주의적 잔혹성에 점점 길들여져 가는 사람들에게, 혹은 사랑 체험이 어려워진 세대에게 1990년대는 ‘순수하고 풋내 가득한’ 첫사랑이 가능했던 시기로 부활되어야 했다.

4) '첫사랑' 산업과 기억작업의 탈감정화

1990년대는 이처럼 빨리 낭만화되었고 그만큼 빨리 소비되었다. 그렇다고 첫사랑의 운명이 끝났는가? 첫사랑 향수가 더 이상 가능하지 않게 된 것인가? 역설적이게도 후기 근대적 상황에서 향수는 '느긋한' 현재가 아니라 문화적 불안과 자본의 유동성을 전제로 등장한다. 사랑 체험이 점점 유예되거나 어려워졌다고 해서 첫사랑 향수가 불가능해지는 것은 아니며, 오히려 문화 산업을 통해 과잉생산되고 소비된다. 즉, 첫사랑에 대한 노스탤지어는 더욱 활기를 띠고 우리 감성을 지배한다. 다만 첫사랑 향수는 이전과 다른 형식, 즉 '감정 산업'을 통해 탈감정적 형식을 갖추고 새롭게 부활한다. 여기서 감정 산업은 특정한 감정, 예를 들어 불안, 공포, 슬픔, 고통을 이윤 동기로 활용해 소비자들의 감정적 동의와 공감을 끌어냄으로써 자본을 축적하는 방식으로 작동한다. 그렇다면 감정 산업이 첫사랑에 주목하는 이유는 무엇일까?

그 이유를 우리 시대의 첫사랑, 더 나아가 사랑 체험의 결핍에서 찾아볼 수 있다. 연애와 결혼까지 포기한 세대 혹은 사랑 체험에 둔감해진 오늘날, 많은 사람이 사랑 체험의 결핍에서 오는 무력감과 공허함을 첫사랑에 대한 가공 · 조작 · 포장된 노스탤지어를 통해 해소하려한다는 점이 바로 그것이다. 첫사랑 체험이 결핍된 세대에게 첫사랑 향수를 불어넣어주는 탈감정적 양식은 조직적이고 체계적인 문화 산업의 논리, 즉 드라마, 영화, 음악, 복고 상품을 통해 실현된다. 실제로 이들 텍스트는 철저히 계산된 복고주의 문법에 따라 제조된 것이다. 이로써 첫사랑 향수는 영화나 드라마를 보는 모든 이를 하나의 감정 공동체로 묶어주는 진정성 깃든 상품으로 전환된다. 실제로 '응답하라' 시리즈는 남녀 전 연령층에서 고른 시청률을 보였다(정은나리,

2013.11.18).

연애가 불가능한 조건에서 살아가는 이 시대에 문화 산업을 통해 되살아난 첫사랑 향수는 다시 신성함을 획득하게 되고, 대중은 여기에 열광한다. 이러한 신성함과 열광은 거대한 대중문화 산업이 창출한 조작적이고 조직화된 감정, 기계화되고 대량생산되는 노스탤지어적 감정에 토대를 둔 것이다. 스테판 메스트로비치Stjepan Meštrović는 이러한 현상을 목도하면서 현시대를 '탈감정사회postemotional society'로 개념화한다(메스트로비치, 2014). 탈감정사회는 막스 베버Max Weber의 합리화 테제나 포스트모더니즘론에서 논의되는 것처럼 감정이 퇴조하거나 약화되는 시대가(제임슨, 1989: 151~154) 아니라 반대로 더욱 창궐하는 시대다. 하지만 이때 감정은 진정성으로부터 멀어진 감정이며, 탈역사화·탈맥락화된 감정이다. 메스트로비치는 이를 '죽은 감정'이라고 명명한다. 순수한 사랑이 실현되기 어려운 시대에 순수함에 대한 열정은 개인의 독립적이고 자율적인 체험이 아닌 거대한 문화 산업의 기제를 통해 발현되고 경험된다. 탈감정주의가 후기 근대적 문화 구조와 호응할 수 있는 공통 기반은 거대서사에 대한 회의에 있다. "이상향적 오아시스가 고갈되면, 진부함과 무력감이라는 사막이 그 위를 뒤덮는다"는 위르겐 하버마스Jürgen Habermas(하버마스, 1996: 271)의 지적대로, 진보·발전·희망·계몽에 대한 근본적인 회의는 복고, 노스탤지어, 문화적·정치적 보수화를 활성화한다. 그런데 탈감정주의는 이러한 진부함을 새로운 것으로 둔갑시키고 무력감을 즉흥적으로 위로하는 문화를 만들어낸다.

탈감정주의는 현실 세계의 문제를 과거의 죽은 감정으로 대체하거나 해소하려 한다는 점에서 문제의 본질에 다가가는 길목을 차단해버린다. 예컨대 연애가 불가능한 사회의 문제를 해결하는 출발점은 연애가 자유롭게 행해질 수 있는 사회적 조건을 조성하는 데 있지, 로맨스 드라마나 영화를 엄청나게 쏟아내는 데 있지 않다. 하지만 탈감정주의는 전자보다 후자를 지향하도록 유도한다. 첫사랑 향수 또한 개인의 성찰적 기억작업을 통해 생성되는 것과 대자본의 문화 산업에 의해 제조된 것 사이에서 표류하고 있다. 하지만 둘 중 무엇이 더 진정성을 담보하는지는 판가름할 수 없다. 다만 첫사랑 향수는 후기 근대적 상황에서 개인의 자율성보다는 점차 산업 복합체를 통해 생산된 상품을 통해서나 가능해질 것이라는 점은 부인하기 어렵다.

탈감정주의를 구성하는 다양한 요소들, 이른바 탈감정적 장치postemotional apparatus를 통해 1990년대는 첫사랑이 가능한 시대이자 첫사랑이 낭만화될 수 있었던 시대로 재탄생했다. 1990년대가 만만치 않은 정치적 · 경제적 · 사회문화적 격랑기였음에도 그와 상관없이 1990년대라는 시 · 공간은 낭만 시대로 탈감정화되었다. 우리가 이러한 문화 산업의 혜택에 힘입어 그나마 첫사랑 향수를 경험할 수 있게 된 시대를 비극으로 받아들여야 할지 행운으로 받아들여야 할지는, 지금 2000년대에 우리가 현실 세계에서 겪는 고통의 정도에 달려 있을 뿐이다.

4. 맺음말: '늙은' 베르테르의 고뇌

지금까지 논의한 바와 같이 이 글은 우선 첫사랑 향수가 생성될 수 있는 사회적 조건과 그것이 불가능해진 조건을 후기 근대적 맥락에서 다루었고, 후기 근대적 상황에서 첫사랑 향수가 더 이상 개인의 진정한 체험을 통한 성찰적 기억작업의 결과로 발생하는 것이 아니라, 탈감정주의적 논리에 따라 감정 산업이 만들어낸 가공된 노스탤지어로 등장한다는 사실에 주목했다. 첫사랑 체험은 친밀성의 근대적 전환에 의해 잠재적인 보편성을 갖는다. 즉, 누구나 경험할 수 있는 형식적 보편성을 지닌다. 그리고 첫사랑 체험은 매우 강렬하고 열정적인 감정 체험이라는 점에서 오랫동안 사람들의 마음속에 각인되어 쉽게 잊히지 않고 향수로 되살아난다. 한국인들은 첫사랑에 대해 유독 민감한 편이다. 첫사랑이 언제였느냐, 누구였느냐, 어떻게 헤어지게 되었느냐, 그 후로 가끔씩 생각은 나느냐라는 질문이 자연스럽게 여겨지며, 줄곧 소소한 이야깃거리로 등장하곤 한다. 근래에는 첫사랑을 찾아주는 검색 서비스가 등장해 여러 이용자에게 인기를 끌고 있으며, 첫사랑을 소재로 한 드라마나 영화 또한 끊이지 않고 만들어진다.

하지만 첫사랑에 대한 이 같은 태도, 즉 첫사랑을 그리워하고 아련해하며 때로는 그때로 돌아가고 싶은 강렬한 열망이 지금과 같은 사회적 조건에서는 쉽게 생성되지 않는다. 첫사랑을 체험할 수 있는 시기는 점점 길어지고, 그만큼 첫사랑에 대한 기억작업도 수행할 수 없게 된다. 연애와 결혼을 포기한 세대에게 첫사랑은 직접 체험이 아니라 대중매체가 제조한 문화 상품을 통해 체험되며, 첫사랑 향수 또한 자신의 기억작업이 아니라 문화 산업에 의해 가공·포장된 상품을 통해서 가상적으로 수행될 뿐이다. 본론에서 예로 든 〈건축학개론〉이나 '응답하라' 시리즈는 첫사랑에 대한 노스탤지어가 불가능한 시대에 만들어진 탈감정적 텍스트이다. 그런 점에서 2010년대는 1990년대를 빨리 소환해냄으로써 첫사랑 체험을 낭만화할 수 있는 마지막 세대를 지금의 30~40대로 한정해버렸다. 20년도 채 안 된 시절의 이야기가 향수를 불러일으킬 만큼 과거는 빨리 소비되었고, 그런 만큼 현재는 빨리 늙어가기 시작했다. 과거와 현재의 거리감이 점차 소멸되는 후기 근대적 상황에서 우리의 기억작업은 첫사랑을 그리워하고 낭만화할 만큼 성찰적으로 수행될 수 없다. 첫사랑은 이제 즉흥 만남으로 대체되고, 첫사랑 향수는 구세대의 처량한 회고담이 되었다. 오늘날 첫사랑은 어린 시절에도, 10대

시절에도, 어쩌면 20대에게도 허락되지 않을 수 있다. 기다려도 오지 않을 수 있고, 체험하더라도 낭만화할 수 없는, 오히려 낭만성을 부정하는 것이 익숙해지는 삶을 살고 있는 것은 아닐까.

그런 점에서 '젊은' 베르테르가 로테와의 끝내 이루지 못한 사랑에 슬퍼하고 고뇌했던 시대는 점차 저물고 있다. 요한 볼프강 폰 괴테Johann Wolfgang von Goethe가 오늘날 태어났다면, 그는 '늙은' 베르테르의 고뇌를 써야 할지도 모른다. 베르테르는 꽤 나이가 들어 사랑을 경험하게 되거나 아예 못할 수도 있다. 늙은 베르테르는 자신의 직접적인 사랑 체험에서 오는 강렬한 열정보다는 대중매체가 제공하는 시뮬라크르화된 대상에 열정적 사랑을 보내고, 그마저도 소유하지 못해 괴로워할지도 모른다. 이러한 결핍은 자기 내면의 고독한 성찰에서 비롯된 것이 아니라 성찰의 가능성을 미리 차단해버리는 거대한 문화 산업 프로그램에 의한 것이다. 그만큼 내면에서 일어나는 은밀하면서도 자율적인 감정의 소용돌이를 경험하는 베르테르는 더 이상 우리 시대를 표상하지 않는다. 결국 젊은 베르테르는 이루지 못한 사랑에 괴로워하다가 자살을 택했다. 그의 자살은 사랑의 숭고함에 궁극적으로 도달함으로써 전통적인 사랑 규칙을 전복시킨 진정성의 체험으로도 이해될 수 있다. 하지만 늙은 베르테르는 첫사랑 자체의 불가능성에서 오는 고뇌를 극복하지 못하고 자살을 택할지도 모른다. 아니면 탈감정화된 사랑 체험에 적응하지 못하고, 그로부터 오는 공허함과 자괴감을 견뎌내지 못해 자살을 택할 수도 있다. 아니면 늙은 베르테르는 첫사랑을 드라마나 영화 혹은 사이버 공간에서 가상적으로 체험하게 되고, 그의 첫사랑 향수는 그러한 매체가 구축해놓은 매트릭스 안에서나 가능하게 될지도 모른다. 따라서 늙은 베르테르는 첫사랑을 낭만화하거나 그리워할 수 없어 괴로운 것이 아니라 너무나 자주 향수에 젖게 됨으로써 감정적 피로감에 시달릴 것이다.

한편 오늘날 정보 테크놀로지는 이러한 변화를 가속화하고 있다. 인터넷, 스마트폰, SNS 등 날로 진화하는 네트워크 시스템은 과거와 현재를 순식간에 넘나들 수 있는 기술적 토대를 구축했다. 사람들은 첫사랑의 대상을 단 몇 초만에도 찾을 수 있게 되었다. 첫사랑은 과거에 존재하는 것이 아니라 바로 내 손아귀에서 '지금, 여기'에 존재한다. 이제 성찰적인 기억작업은 뒤로 물러나고 인터넷에서 첫사랑 상대를 즉물적으로 찾는 것이 우선시 된다. 실제로 첫사랑 찾기 앱과 사이트는 사람들 사이에 인기를 끌고 있다. 이와 관련해 한 일간지는 "〈건축학개론〉 …… 영화 열풍과 함께 '첫사랑 찾기' 수요가 폭발하면서 '오늘부터 사람찾기' 앱도 출시된 지 19일 만에 22만 명이 내려받"았다고 설명하며, "현재까지 이 앱을 이용해 1만 1950명이 첫사랑과 재회했다"고 지적했다. 또한 앱을 개발한 젬볼더 이성암 대표의 말을 빌려 "첫사랑의 마음을 확인하고 직접 찾고 싶어 하는 사람들을 위해 개발한" 이러한 앱에서는 "입력한 상대방의 기본 정보가 일치하면 자동으로 연결된다"고 강조한다(≪동아일보≫, 2012.4.25). 두 사람이 서로를 찾을 때만 연결된다는 것이다. 첫사랑 찾기 열풍은 인터넷 공간에서도 거세다. 첫사랑을 찾는 사람들이 모이는 '첫사랑 찾기 사이트'에는 게시글이 쇄도하고 있다(≪동아일보≫, 2012.4.25).

이는 향수에 대한 집착이 아니라 '찾기'에 대한 열정이다. 이로써 첫사랑 향수는 자신만의 고독한 내면세계에서 성찰적 기억작업을 통해 구성되는 것이 아니라, 순식간에 등장했다가 곧바로 소비되어버리는 운명을 맞이하게 되는 것은 아닌가. 이것이 노스탤지어에의 차가운 열정이 낳은 후기 근대의 문화적 비극이라면 우리는 지금까지 어떤 사랑을 해왔으며, 앞으로는 어떤 사랑이 펼쳐질 것인가.

참고문헌

권보드래. 2003. 『연대의 시대』. 현실문화.

기든스, 앤서니(Anthony Giddens). 1999. 『현대사회의 성 · 사랑 · 에로티시즘』. 배은경 · 황정미 옮김. 새물결.

김경일. 2004. 『여성의 근대, 근대의 여성』. 푸른역사.

김덕영. 2014. 『게오르그 짐멜의 모더니티 풍경 11가지』. 길.

김숙현. · 장민지 · 오지영. 2013. 「〈응답하라 1997〉에 나타난 정서의 구조와 집합기억」. ≪미디어, 젠더 & 문화≫, 26호, 5~40쪽.

김혜나. 2010. 『제리』. 민음사.

김홍중. 2008. 「골목길 풍경과 노스탤지어」. ≪경제와 사회≫, 77호, 139~168쪽.

꿈지모(이윤숙). 2003. 「'연애 권하는 사회'와 자본주의 소비문화」. ≪여성과 환경≫, 36호, 182~195쪽.

래시, 크리스토퍼(Christopher Lasch). 2014. 『진보의 착각』. 이희재 옮김. 휴머니스트.

메스트로비치, 스페판(Stjepan Meštrović). 2014. 『탈감정사회』. 박형신 옮김. 한울.

문재철. 2003. 「변화된 시간성과 대중의 정서」. ≪대중서사연구≫, 9권 2호, 64~87쪽.

바우만, 지그문트(Zygmunt Bauman). 2009. 『액체근대』. 이일수 옮김. 강.

박이은실. 2013. 「로맨스 자본주의」. ≪여/성이론≫, 28호, 32~58쪽.

박주영. 2006. 『백수생활백서』. 민음사.

백지연. 2004. 「낭만적 사랑은 어떻게 부정되는가: 이만교와 정이현」. ≪창작과 비평≫, 통권 124호, 131~143쪽.

서용순. 2012. 「우리 시대의 사랑, 결혼, 가족」. ≪철학논총≫, 67집, 165~187쪽.

서지영. 2011. 『역사에 사랑을 묻다』. 이숲.

송경동. 2011. 『꿀잠』. 삶이보이는 창.

심영희. 2005. 「사이버 섹스: 새로운 친밀성의 가능성인가?」. ≪아시아여성연구≫, 44집 2호, 101~133쪽.

아렌트, 한나(Hannah Arendt). 2006. 『예루살렘의 아이히만』. 김선욱 옮김. 한길사.

아리에스, 필립(Philippe Aries). 2003. 『아동의 탄생』. 문지역 옮김. 새물결.

일루즈, 에바(Eval Illouz). 2014. 『낭만적 유토피아 소비하기』. 박형신 · 권오헌 옮김. 이학사.

임철규. 2009. 『귀환』. 한길사.

제임슨, 프레드릭(Fredric Jameson). 1989. 「포스트모더니즘: 후기자본주의 문화논리」. 정정호 · 강내희 엮음. 『포스트모더니즘론』. 터.

정여울. 2014. 「사랑의 빈곤, 연애의 풍요를 넘어」. 한순미 외 지음. 『우리 시대의 사랑』. 전남대 출판부.
조성호. 2014. 「최근 미혼인구의 특성과 동향: 이성교제를 중심으로」. ≪보건복지포럼≫, 7월호, 14~23쪽.
주은우. 2010. 「자유와 소비의 시대, 그리고 냉소주의의 시작: 대한민국, 1990년대 일상생활의 조건」. ≪사회와 역사≫, 88집, 307~344쪽.
진혜린. 2013.12.13. "청춘아, 응답하라 신원호 PD". ≪여성동아≫.
짐멜, 게오르크(Georg Simmel). 2014. 『개인법칙』. 김덕영 옮김. 길.
차승기. 2006. 「동양적 세계와 '조선'의 시간」. 윤해동 · 천정환 · 허수 · 황병주 · 이용기 · 윤대석 엮음. 『근대를 다시 읽는다』. 역사비평사.
최병근. 2011. 「〈써니〉를 통해 본 복고 이미지와 환각적 기호로서의 향수에 관한 연구」. ≪영화연구≫, 50호, 543~562쪽.
태지호. 2013. 「문화적 기억으로서 '향수 영화'가 제시하는 재현 방식에 관한 연구: 영화 〈써니〉(2011), 〈건축학개론〉(2012)의 '기억하기' 방식을 중심으로」. ≪한국언론학보≫, 57권 6호, 417~440쪽.
투르게네프, 이반(Иван Тургенев). 『첫사랑』. 이항재 옮김. 민음사.
하버마스, 위르겐(Jürgen Habermas). 1996. 「사회복지국가의 위기와 이상향적 활력의 고갈」. 『정치문화현실과 의사소통적 사회비판이론』. 홍기수 옮김. 문예마당.
벨 훅스(bell hooks). 2012. 『올 어바웃 러브』. 이영기 옮김. 책읽는수요일.

박혜림. 2012.4.30. "남녀 10명 중 7명 '첫사랑 다시 만나고 싶지 않아'". ≪헤럴드경제≫.
이상재 · 이영희. 2013.8.22. "젊은 층, 일본 잃어버린 20년처럼 ……". ≪중앙일보≫.
정은나라. 2013.11.18. "'응답하라 1994' 신드롬 …… 시청자 쥐락펴락 인기 이유는?" ≪세계일보≫.
≪동아일보≫. 2012.4.25. "첫사랑 그녀도 나를 찾을까?"

제3부

시대의 추억 속에서

제6장

대중음악 향수

'쎄시봉'과 '7080' 세대

김왕배

1. '쎄시봉'의 추억

수년 전부터 한국 사회에 속칭 '칠공팔공7080'이라는 세대 용어와 함께 1970년대 생음악다방이었던 '쎄시봉'의 이름으로 상징되는 추억들이 미디어 전파를 타고 특정 세대의 향수를 강렬하게 자극하고 있다. TV의 연예 프로그램을 비롯해 동네의 술집 간판으로까지 '7080'의 용어들이 확산되고, 지금은 노회한 '그 시대'의 '그 가수들'이 국내외 순회공연을 하는 등 흘러간 대중음악이 전면에 등장하고 있다.

대중음악은 향수의 통로이기도 하고 재현이기도 하다. 대중음악은 한 세대를 살아간 '대중'에 의해 불리는 노래로, 그들의 감성, 애환, 기쁨, 슬픔, 소망, 작은 서사 등 삶에서 부딪히는 모든 대상을 주제로 삼는다. 대부분 대중음악의 음조와 내용은 다수의 사람이 공유한 감흥을 표현해 쉽게 따라 부르거나 같이 부를 수 있는 곡조를 띠며, 계급이나 세대, 성별 등으로 구별된 삶의 체험이나 정체성을 드러내기도 한다. 또한 대중음악은 세상을 읽고 해석하는 가사를 통해 기존의 권력을 비판하고 우회하려는 독특한 메시지와 음률의 장르들로 구성되어 있기도 하다. 대중음악의 장르들은 성, 지역, 인종, 계급, 직업 등 다양한 사회적 변수에 의해 만들어진 독특한 영역들로, 세상에 대한 순응 또는 비판의 목소리를 담고 있는 것이다. '블루스와 슬픈 음악의 정치학'처럼 고된 노예노동의 삶과 영혼을 담은 블루스나, '저항과 반역의 재즈'처럼 특정 인종과 세대의 삶을 대변하는 가사와 음률의 장르가 대표적이다(최유준, 2012; 홉스봄, 2003). 그리고 1960년대 이후 서양에서 등장한 록rock 음악은 기성세대에 도전하는 저항 음악의 상징이 되었다(임진모, 1993). 대중음악이 개개인이 아니라 세대 전체 향수의 주된 대상이 되는 이유는 그 음악이 일반 세인들의 삶의 이야기를 가사와 함께 묘사하기 때문이다. 특히 특정 전문가 집단이나 상류 집단이 아닌 일반 대중의 사회심리를 가장 잘 드러내는 대중음악의 노랫말은 사회 비판이나 저항의 의미뿐 아니라 취향, 탄식, 갈망 등 대중의 정서와 문화를 잘 표현한다(김수경, 2005; 박애경, 2006).

이 장에서 필자는 '7080'이라 불리는 세대의 향수를 대중가요의 측면에서 접근해보려 한다. 7080의 대중음악은 미디어에 의해 '쎄시봉'의 추억으로 호명되어 무대의 전면에 서게 되었다. 호명된 집단은 당시 대학생이었거나 대입을 준비한 고등학생층, 오늘날 중산층을 선도하면서 당시 낭만의 감각을 맛본 층이다. 그러나 7080 세대 중에는 노동자, 농민, 자영업자 등 당시의 중하층들이 대부분이었고, 그들은 '쎄시봉'으로 기호화되는 낭만적 대중음악의 주체와는 거리가 멀었다. 이 글은 미디어에 의해 호명된 '무대 전면의 층'과 호명되지 않은 '무대 후면의 층' 모두를 7080의 세대에 포괄해보기로 한다. [그렇다면 왜 누구는 호명되고, 누구는 그렇지 못했는가? 즉, 호명의 선택과 배제의 기제는 무엇이며, 그 이데올로기적 효과성은 무엇인가 등의 핵심적이고 중요한 질문이 제기될 수 있다. 이와 같은 중요한 질문들에 대한 논의는 차후의 과제로 둘 것이다.] 먼저 7080의 세대적 특징을 논하고, 이후 각 집단이 그리워하는 대상을 묘사한 후, 그 향수의 의미를 음미하도록 할 것이다.

2. '7080' 세대: 산업화 시대의 청년으로부터 신자유주의 시대의 중·장년

1) '7080' 세대의 범주

일각에서는 4·19 세대, 유신 세대, 386 세대 등 어떤 특정한 역사적 시대의 사건을 경험했거나, 정치적 성향과 사회운동의 이념적 성격을 기준으로 세대를 나누어 지칭하는 경향이 있다. 최근에는 '7080'이라는 용어가 유행하고, TV 예능 프로그램, 술집 간판, 카페의 이름으로 등장하기도 한다. 그러나 '7080' 세대에 대한 학문적 정의나 토의는 찾아보기 힘들다. 그 세대의 구성원은 누구이고, 어떤 특징을 가지고 있는가?

'세대론'에 대한 기존의 정의는 다양하고 복잡하다(박길성·함인희·조대엽, 2005; 박경숙 외, 2013). 대개 연령을 기준으로 구분하긴 하지만, 같은 세대라 하더라도 지위, 직업, 계층, 지역, 성 등에 따라 그들이 각각 선택적으로 경험하는 역사 문화적 선호나 정체성 등이 매우 다양하기 때문에 동일한 잣대로 세대를 구분하기가 어렵다. 또한 일부 연구자들은 세대를 구분하는 기준으로 생물학적 나이보다는 문화적 속성의 공유 여부를 더 강조하기도 하는데, 세대란 비교적 긴 역사의 시간에서 특정한 시대에 태어나 특정 범주의 신체적 연령을 공유하고(생물학적 연령의 공유), 특정한 역사 문화적 배경을 공유하면서(동시대적 문화 배경), 유사한 가치나 생활 방식, 정체성을 지닌(유사 정체성 보유) 집단으로 규정해볼 수 있을 것이다.

7080의 기호sign를 사전적 기의記意 차원에서 본다면 1970~1980년대에 유소년기와 청년기의 삶을 보낸 층을 일컫는다. 대학 학번으로 따진다면 70~80학번, 탄생연도는 대략 1950년 중반 전후부터 1970년도 전후로서 현재(2015년)를 기준으로 40대 중·후반에서 60세 초·중반에 해당하는 나이층이 해당한다(편의상 한국 나이로 46~64세 정도로 잡을 수 있을 것이다). 그러나 7080이라는 용어가 학계가 아닌 미디어에서 나온 만큼 글자 그대로 기호론적인 지시 의미denotation만을 따르는 데는 문제가 있다. 앞서 말한 바와 같이 미디어 매체를 통해 등장한 '7080'이라는 용어는 대개 1970년대 중·후반부터 1980년대 초까지 대학을 다녔으며 오늘날 중산층의 직업을 가진 집단으로 호명되고 있기 때문이다.

학문적 세대론 연구(김신영, 2013; 함인희, 2002)를 참조한다면 7080 세대에 가장 부합하는 층은 '베이비부머' 세대로 한국전쟁 이후 다산多産을 통해 등장한 세대다. 기존 연구들은 '베이비부머' 세대를 1955~1963년에 출생한 사람들로 규정한다. 즉, 2014년을 기준으로 만 49세에서 만 59세의 나이에 해당하는 사람들이다. 대략 50대층의 나이라 보면 될 것 같다. 역사 문화적 양식의 체험을 칼로 자를 수 없는 것처럼 이들 나이에서 몇 년의 오차 범위를 고려한다면 7080의 연령대는 넓게는 40대 후반부터 60세 초반의 나이가 해당되고, 협의로 잡는다면 현재 50~60대 초반 나이를 지칭하는 한국전쟁 이후 '베이비부머' 세대라고 해도 무방할 것이다.

1980년대 학생운동과 시민운동을 주도하고 진보 성향을 지닌 세대를 가리키는 '386'이 2000년대 전반 노무현 정부의 출현과 함께 등장했다고 한다면, '7080'이라는 용어는 2000년 후반에 출현했다. '386'이라는 기호記號가 정치적 전환기(참여정부의 탄생) 급진 성향을 띤 이념적 집단의 의미를 지닌다면 '7080'이라는 용어는 정치와는 무관한 대중문화적 속성이 부여된 복고풍의 이미지를 내포한다.

앞서 말한 바와 같이 7080이라는 용어는 학술 영역이 아닌 미디어와 대중문화 마케팅 분야에서 나왔다. 미디어가 주목한 것은 7080 세대 중에서도 당시 극히 일부를 차지하는 대졸 학력 중산층들의 '향수'였다. '베이비부머 세대'의 한 연구에 따르면 1955~1963년생 중에 대졸자는 그 세대 인구 중 약 23%에 불과하다. 미디어나 문화 마케팅 산업에서 겨냥하는 이들 층과 달리 7080의 구성원은 초·중·고등학교의 학력을 소지한 공장 노동자, 농민, 자영업자 등이 대다수였다. 그들은 사실상 미디어에 의해 사회의 무대 전면으로 호출되지 못한 채 7080의 그늘에 묻혀 있는 것이다.

당시에는 일부 젊은 층들만 대학에 진학했으며, 대학은 출세가 보증되고 특전을 누릴 수 있는 낭만의 상징이 되기도 했으며, 그와 동시에 역사를 짊어지고 나가야 할 지성의 상아탑으로 간주되었다. 그러나 여전히 당시 대부분의 젊은 사람들은 농촌에서는 농업 고등학교, 도시에서는 공업·상업 고등학교, 혹은 중학교만 졸업하고 노동 현장의 일선으로 진출하고 있었다. 더구나 농촌에서 태어나고 자란 일부 젊은이들은 초·중등학교를 마친 후 바로 도시에 나가 당시 공장 노동자의 별명인 '공순이', '공돌이'가 되었다. 그들은 '닭장 같은 방(벌집)에서 기거하며, 옥탑방에서 미싱 일을 하거나, 건축 현장에서 철근을 나르거나 대공업단지의 공장에서 노동자'로 일했다. 그러나 오늘날 미디어로부터 '7080'의 명칭을 부여받지 못하고 있다.

2) '7080' 세대의 전이성(轉移性)과 존재론적 불안

(1) 전이 세대의 중층성

7080 세대는 유년 시절부터 전통적인 유교적 가부장적 문화와 준準병영적인 규율 문화, 견고한 가족주의로 사회화를 경험한 세대로서 연령, 지역, 학벌 등에 따른 연고주의적 위계질서와 가족주의적 집단의식을 강하게 가지고 자란 세대다. 즉, '나'라는 개인보다는 가족, 집단, 조직, 나아가 국가에 충성해야 한다는 집합적 공동체주의 문화에 익숙한 세대다. 직장에서는 이른바 '폭탄주'를 마시며 동료애를 확인하고, 성장의 전의를 불태우던 세대다. 그러한 아날로그의 세대가 오늘날 50대의 7080 세대로서 새로운 디지털 시대의 생활 방식을 복합적으로 경험하는 것이다. 7080 세대는 그들의 부모 세대가 남긴 가난과 빈곤, 억압의 유산을 이어받았지만, 부모 세대와 달리 부모들이 이룩한 산업화의 결실을 음미하고 있다. 해방 이후 한국전쟁기와 초기 산업화 시기의 가난하고 후진적인 빈국貧國에서 태어나 부모들의 삶의 경험을 공유하고 부모 세대의 가치로 사회화되어 있는 한편, 정치, 경제, 문화, 여가, 교육 등 여러 면에서 그들 윗세대가 청(소)년 시절에 맛보지 못한 상대적 풍요와 새로운 가치, 문화, 의식 등을 경험하고 있다.

7080 세대는 절대적 가난으로부터 상대적 풍요, 독재와 민주주의, 부모 봉양의 의무와 자신의 노후 불안, 가족주의와 탈脫가족주의의 경험을 동시적으로 경험하는 세대라고 볼 수 있다. 물론 이때 탈가족주의라는 말은 기존 가족주의에 대항할 만큼의 대칭성을 갖는 것은 아니다. 여전히 50대 전후의 세대는 강한 가족주의를 지니고 있다. 다만 부모 봉양의 의무감, 즉 효를 바탕으로 한 무조건적 순응주의는 그 이전 세대에 비해 급격히 희박해졌다는 의미에서 제한적으로 탈가족주의라 표현한다. 7080의 부모 세대인 5060

세대와의 차이는 무엇일까? 5060의 세대 구성을 60대 중 · 후반부터 80대에 이르는 나이로 본다면 식민지 시기, 해방, 한국전쟁기에 태어난 사람들이 주류를 이룬다. 그들은 절대적 빈곤의 시절을 보내야 했다. 해방 이후의 기간 경제를 완전히 폐허로 만들고 말았던 한국전쟁이 끝나고 그들은 1950년대에는 미국의 잉여농산물 원조로 살아가야 했으며, 1960년대에는 세계에서 가장 가난한 나라 중 하나인 땅에서 살아야 했다.

이들에 비해 7080 세대는 한국의 그 어느 세대보다도 복합적인 시대 경험을 안고 사는 오늘날의 '중추中樞 세대'다. 중추라는 말은 사회를 움직이기 위해 필요한 권력, 부 등의 자원 생산과 의사 결정 및 관리 등에서 핵심적 지위와 기능을 담당한다는 의미다. 이들은 집안에서는 가장으로서 자녀들을 교육하고 노인들을 부양하는 층이다. 기업에서는 부장부터 고위급 임원에 이르는 층이며, 정치계에서는 권력의 중심부에 다가간 층이기도 하다. 또한 각자 나름대로 '삶의 거친 역정'을 거쳐온 나이이기도 하고, 충분히 과거 삶을 회상할 만한 다양한 시대의 '사건과 사고'를 경험한 층이기도 하다.

한편 고령화 시대를 맞이해 이들 7080 세대는 제2의 인생을 적극적으로 예비하는 층들이기도 하다. 젊은 세대에게는 부모 세대이지만 그 윗세대들에 비하면 여전히 젊다. 이들은 "삶의 에너지가 한물간 듯하면서도 여전히 역동성의 여분을 지니고 있으며", "머리가 빠지고 뱃살이 나와 있지만 여전히 거울을 보며 자신의 미용을 신경 쓰는 세대"다. "지하철을 타면 자리에 앉고 싶지만 아직은 노약자석을 마다하는" 세대이자, "젊은이들로부터 자리를 양보받았을 때 당혹스럽고 불쾌한 기분을 갖는" 세대다. 7080 세대는 "아직 현장에서 얼마든지 일할 청춘"이라고 생각하며 은퇴 후의 "이모작 인생"에 대한 설계, 즉 고령화 시대에 준하는 일자리, 문화, 교육, 가치, 여가 등 사회체제의 재정비를 적극적으로 요청한다.

한편 이들은 정치에 대해서도 보다 적극적인 의사표시를 한다. 대통령 선거에서 투표율이 제일 높다는 것이 이를 증명하는데, 결정적으로 정치권의 지각변동을 일으킬 수 있는 세대 간 '캐스팅보트'를 쥔 세대이기도 하다. 그동안 유교적 체면 문화와 장유유서 문화 등으로 인해 한국 사회는 50대가 되면 이미 "'뒷방노인'의 대접"을 받았다. 젊은 세대와 어울리거나 젊은 이처럼 행동하는 것은 "스스로 체면을 깎아먹는 일"이고, 이른바 "주책을 피우는 일"로 간주되었다. 그러나 이들은 세대 간의 교통에도 적극적이며, 그들만의 대중문화 공간을 형성하고 있다. 대중 소비문화와 관련된 가요와 댄스, 의복 유행 등이 20~30대의 전유물인 것처럼 보였지만, 오늘날 사회의 중추 세대가 된 50대가 대중문화의 주요 소비자로서 전면에 나서고 있는 것이다. 그들의 부모 세대가 "웅크리고 앉아 조용하게, 그것도 일주일에 한 번 KBS에서 방영하는 〈가요무대〉를 시청"하는 반면, 7080 세대는 자녀들 앞에서 "'나가수'를 당당히 본다." 7080 세대가 그 부모 세대와 달리 소비 구매력을 갖춘 중산층으로 성장해 있고, 사고와 행동 양식 역시 그들의 부모 세대와 다른 이질성을 띠고 있기 때문이다. 한마디로 7080의 부모 세대가 식민지, 해방, 가난, 빈곤, 전쟁, 그리고 오로지 가족을 위한 삶, 국가주의, 그리고 쓸쓸한 삶의 마감 행진을 걷는 데 반해, 그들은 매우 중첩적인 삶의 경로를 걷고 있다.

7080 세대의 중층성은 아날로그와 디지털 시대의 경험 방식이 혼재된 상황으로 묘사될 수 있다. 그들은 젊은 시절을 아날로그의 방식으로 살아왔지만, 중·장년 시절은 디지털의 삶의 방식으로 살아오고 있다. 정보통신정책연구원(2013)의 연구결과에 따르면 베이비부머 세대는 비록 20~30대에 비해 제한적이지만 스마트폰(카카오톡, 정보 제공 이용 등)을 다루며 살고 있다. 현재의 50대 중반을 기점으로 한 7080 세대들은 아날로그 문화에 매우 익숙

하면서 디지털 문화에도 결코 소외되지 않은 층이다. 아날로그의 느림과 입체적인 행위 양식에도 익숙하지만 디지털의 빠름과 선명함, 단순하고 평면적인 사고와 행위 양식에도 익숙하다. 그들 역시 젊은 세대 못지않게 카카오톡, 네이버 밴드와 같은 디지털 소통 방식을 즐겨 사용한다.

한마디로 이들은 이중적 삶의 의미와 속성을 지니고 있다. 베이비부머 세대를 연구한 논의들도 이 세대의 특징을 중층적인 것으로 묘사한다. 흔히 '낀 세대'라고도 지칭되며 '욕망의 좌절 세대'(김태형, 2013)라고도 묘사되는 이 세대는 삶의 부담과 불안, 일상의 현실 속에서 보수화되고 있는, 그러면서도 능동적이고 적극적인 삶의 기획을 추진하는 세대다. 오늘날 중추 세대가 된 7080의 세대들은 바야흐로 자신들의 삶에 대한 개인주의적 성찰을 시작하는 것으로 보인다. 이 개인적 성찰은 현재 50대의 전후반 세대가 부모 세대의 극빈이 아니라 풍요 속의 신新빈곤을 경험하고, 디지털화된 영상 미디어, 광고, 비주얼 시대의 감각을 체험하는 동시에, 가족과 회사, 민족과 국가 등의 집단주의로부터 "내가 누구인가, 누구였나, 누구일 것인가"라고 묻는 자기 정체성에 대한 질문으로부터 나온다.

(2) 존재론적 불안

그러나 중추 세대로서 살아가는 7080 세대의 사회 환경은 매우 불안정하고 위험하다. 최근 한국 사회는 산업사회와 후기 산업사회가 보여주는 매우 복합적인 위험 현상을 드러내고 있다. '사회 해체'를 알리는 몇 가지 다양한 지표가 이를 말해주는데, 지난 10년 동안 OECD 국가 중 1위를 차지해온 한국의 자살률과 더불어(김왕배, 2011), 가족해체를 알리는 이혼율, 가족의 부양 부담을 알리는 고령화율, 향후 사회를 이끌어갈 생산자층의 감소를 알리는 저출산율 등이 OECD 국가 중 최고 수준에 달한다. 특히 한국 사회를 지탱하는 '핵'이었다고 해도 과언이 아닐 가족의 구조 변화가 주목을 끈다. 가족은 식민지, 분단, 한국전쟁, 산업화와 이농, 세계화 등을 거치면서 한국 사회의 안전망 역할을 해왔다. 가족은 양육과 부양의 산실이었으며, 끈끈한 가족주의 유대는 '외부로부터 경쟁과 위험'을 막아주는 바람막이였다. 하지만 가족은 급속하게 3~4인의 핵가족으로 변화했고, 한부모 가정과 독거 가족이 늘어나기 시작했으며, 아울러 가족의 기능뿐 아니라 가치관에도 급속한 변화가 수반되었다. 특히 부양의 기능을 급속히 상실했지만 가족의 영역을 대체할 만한 안전망과 지지대, 시민 공동체 의식은 아직 형성되지 않고 있다.

사회적인 생존 불안의 현상은 계층의 양극화 현상을 통해 명료해지고 있다. 허수虛數로 팽창한 금융자본의 부는 일부 소수집단 계층에 집중되었고, 중산층의 불안정화와 함께 중산층 범주에 속했던 중하층이 '차상위 저소득층'으로 전락하면서 사실상 하층의 두께가 넓어지기 시작했다. 'IMF 위기라는 금융위기'를 거치며 중산층의 불안정화와 양극화 현상으로 요약할 수 있는 '양극화 테제'가 정부에 의해 공식적으로 선언된 것도 이 무렵이었다. 노동시장의 유연화는 한국인들에게 다소 생소했던 정리해고를 일상화시켰고, 우려한 바와 같이 비정규직도 OECD 국가 중 제일 빠른 속도로 확산되었다. 알려진 것처럼 비정규직은 소득수준은 물론 작업환경, 사회적 위세 등에서 모두 '배제'의 위험에 처해 있는 노동층이다(새로운사회를여는연구원, 2009).

7080 세대는 간단히 말해 오늘날 불안정한 풍요의 시대에 살고 있는 전이 세대라고 볼 수 있다. 여전히 가족이나 조직, 국가 등과 같은 집단에 대한 소속감이 강하면서도 주체적인 개인의 삶의 의미와 방식을 추구하는 세대이기도 하다. 부모 부양의 의무를 벗어나고 싶지만 이 벗어남의 갈등으로부터 온존하지 못하며, 자신들의 부모 세대가 그랬던 것처럼 "자녀를 위해 많은 희생을 할 수는 있으나 모든 것을 다 자식들에게 물려주지는 않으려고 하

며", 스스로 노후를 책임지려 하면서도 현재의 여건에 불안해하고, 자식 세대들로부터의 부양을 기대하지 않으면서, 자신의 삶을 즐기고 싶어 하는 매우 복합적인 의식과 태도를 보이는 층이기도 하다. 어쩌면 한국 사회의 역사에서 이들 세대는 가족으로부터 개인을 분리시키려는 첫 세대의 모습을 보이고 있는지도 모른다. 피부에 닿은 정치사회적 억압과 폭력에 직접 맞서 싸운 7080 세대(의 일부)는 젊은 층들에 대해 자신들의 젊은 시절과 너무나 다른 삶의 태도와 방식, 즉 "이기주의적이고 연약하고 개인주의적인 측면을 아쉬워"하는 기성세대의 모습을 보이기도 한다. 더욱 '현실적'으로 변해가는 '일상의 보수화'가 진행되는 층인 것이다.

그러나 이들은 산업화 1세대였던 그 부모 세대들과 달리 대중문화의 중심에 서서 그들만의 문화 소비층으로 등장함으로써 소비문화로부터 배제되지 않으려는 적극적인 모습도 보인다. 생산보다는 소비를, 노동보다는 여가의 중요성을 인지하는, 다시 말해 소비와 여가의 균형성의 의미를 체화하기 시작하는 세대다.

이처럼 7080 세대는 이질적이며 다면적인 삶의 경험을 소유하는 층으로, 가치관이나 사회적 환경에서 '전이 지대'에 위치하므로 그들의 존재 조건은 더욱 불안하다. 이 불안은 원초적 욕망의 결핍 불안과 중첩되어 현실의 도피 혹은 과거 회귀의 그리움으로 나타나기도 한다.

3. '7080'의 향수의 지점

불안은 그 정체가 확실하지 않다. 채워지지 않은 원초적 결핍 욕망의 불안에 사회적 조건이 더해지면 그 불안의 에너지는 과거에 대한 안녕과 그리움으로, 즉 향수로 치환되기도 한다. 7080의 존재론적 불안(재론하지만, 이 불안은 욕망의 결핍이다)이 선택한 향수 대상 중의 하나는 그들이 유소년 혹은 젊은 시절에 들었던 대중가요였다. 물론 이들의 향수 본능을 자극하는 데는 미디어와 향수 산업의 전략이 크게 작용했다. '7080'을 타깃으로 한 복고와 향수는 미디어에 의해 사회 전면으로 등장했다. 미디어와 광고, 시장(산업)은 매우 밀착되어 있다. 특히 미디어에 의해 대상의 실체가 관찰 · 구성된다고 해도 과언이 아닐 정도로 현대사회에서는 미디어를 통해 생산된 정보가 유통되며, 장 보드리야르Jean Baudrillard(보드리야르, 1992)가 말한 바와 같이 실체reality와 상관없는 기표들의 교환 세계가 형성된다. 7080이라는 용어가 사회적으로 급속히 확산된 계기에는 미디어와 그 연관 산업의 향수 자극 활동이 있었다. 앞서 말한 대로 7080 세대들은 자녀들을 교육하고 부모를 부양하는 층으로서, 불안정하지만 그 어떤 세대보다 경제적 수입이나 사회 활동력이 강력한 세대다. 대중문화 산업은 향수 마케팅(임은미, 2006) 전략을 통해 7080 세대의 향수를 자극함으로써 그들을 시장의 주요 고객, 즉 대중문화의 소비자층으로 포섭했다.

그러나 7080의 소비층도 크게 두 부류로 나뉜다. 미디어/향수 산업이 적극적으로 호출한 층과 그렇지 않은 층이다. 물론 명료하게 구분되는 것은 아니지만 그 양자의 층이 선호하는 대중가요의 음률과 내용도 다르게 나타난다. 후자의 경우 대중가요의 향수에 나타난 상징적 내용을 어머니/고향으로, 전자의 경우는 낭만과 사랑으로 묘사해보고자 한다.

1) 어머니와 고향

7080 세대는 주로 한국전쟁 이후 폐허화된 사회에서 태어나 빈곤과 함께

유소년 시절을 보내고, 1970년대 중반 2차 산업화 시기에 소년 혹은 청년 시절을 보낸 세대다. 시·공간 압축 성장의 저돌적 산업화와 함께 그 속도만큼이나 도시화 역시 빠르게 진행되었고, 많은 인구가 농촌을 떠나 도시로 향했다. 일반적으로 제3세계의 도시화는 산업화 없는 인구 집중, 즉 농촌의 가난이 인구를 도시로 유출시키는 '밀어내기push' 현상으로 설명된다. 반면 선진국에서는 공업화와 함께 노동력을 필요로 하면서 농촌의 인구를 끌어들이는 '끌어내기 요인pull factor'이 작용하는 것으로 알려져 있는데, 이 시기 한국은 양자가 동시에 작동했다. 가난한 농촌으로부터 밀어내는 인구와 공업화로 인한 도시화가 끌어당기는 노동력의 필요성이 서로 맞물리면서 인구 이동이 폭발적으로 진행되었다. 많은 농촌인구가 도시로 올라와 공장에 취업하기도 하고, 공장에 취업하지 못한 사람들은 행상, 일일 노동(일명 노가다) 등으로 생계를 유지하며 야산이나 개천가에 천막집을 짓고 살았다.

한편 신발, 가발, 의류 등 경공업 중심의 도심의 공장 지대에는 이른바 '공순이', '공돌이'들이 들끓었다. 이들은 매우 열악한 작업환경에서 저임금과 장시간 노동에 시달렸다. 그러나 그들은 '남동생들의 학비'와 '시골에 있는 부모'들을 생각하며, '언젠가 잘살 수 있을 것'이라는 희망을 안고 열심히 일했다. 힘이 들었지만 고향과 가족이 있었기에, 그리고 미래의 희망이 있었기에 그 고됨을 인내했다. 이들은 대개 공단 근처의 허름하고 남루한 자취방이나 기숙사 등에서 지내며 일 년에 한두 번 명절 때가 되면 선물을 '듬뿍 사들고' 어머니가 있는 고향으로 달려갔다(안재성, 2007; 장남수, 1984; 김원, 2005).

대중가요의 가사에 나오는 고향과 어머니는 이들에게 안식의 상징이었다. 당시 대중가요에서 '고향'은 핵심 주제였다. 한국을 대표하는 당대의 가수들, 예컨대 남진과 나훈아는 이들에게 고향의 안식과 평안을 가져다주는 우상이었다. 매끈한 표정과 몸매, 감미로운 목소리로 엘비스 프레슬리Elvis Presley의 흉내를 낸 남진은 「님과 함께」라는 노래를 통해 고달픈 현재의 삶으로부터 미래 희망의 메시지를 전달해주었다. 반면 투박하면서도 구성진 목소리의 나훈아는 고향과 관련된 노래를 불러 그들의 향수를 달래주었다(신성원, 2008).

도시의 공장과 생활세계는 고된 노동과 각박한 계산적 삶으로 가득 찬 곳이다. 반면 멀리 있는 고향은 항상 가고 싶은 곳, 어머니의 부드러운 손길이 기다리는 곳이다. 혈혈단신 고향을 떠나 도시의 거리를 배회하며 공장에서 힘겨운 노동을 하던 당시의 '공순이', '공돌이'들에게 고향과 어머니는 향수를 달래주던 대상이었다. 이들은 오늘날 미디어에 의해 공식적으로 호명받지 못하고 7080 무대의 후면에 있는 세대들이다. 후면의 세대들에게 오늘날 향수의 대상은 바로 고향과 어머니인 것이다. 가난했지만 '어머니의 자상한 손길'이 있는 곳(있다고 믿는 곳)인 고향은 1970년대 노동자들에게 주요한 향수의 지점이다. 그러나 오늘날 7080의 향수 산업이나 향수 담론에서 이들 계층은 전면에 등장하지 못하고 있다.

2) 낭만과 사랑

오늘날 미디어가 불러온 7080의 향수 담론은 당시 대학생이었거나 대학에 진학하게 될 인문계 고등학생의 낭만에 초점을 둔다. 그 집단은 상급 학교를 졸업한 후 화이트칼라층으로 진출해 사무직, 전문직, 임원 등의 지위를 차지했던 중상류층으로서 한국 사회의 무대 전면에 등장한 7080들이다. 이들의 향수를 자극하는 대중음악은 남진과 나훈아 등으로 대표되는 트로트 곡조나 어머니와 고향에 관한 내용이 아니라 '쎄시봉'을 중심으로 퍼져가던 서구 풍의 번안 가요, 일명 '포크송'이었고, 그 내용은 주로 젊은이들의 낭만과 사랑에 관한 것들이었다.

이들 노래는 언뜻 청년 문화의 성격을 띠기도 했으나, 한국의 1970년대 청년 문화는 서구 사회에서 발견되는 기성세대에 대한 반항적이고 창의적인 문화와는 거리가 멀었다. 오늘날 무대 전면에 선 7080 세대가 소년기에 들었던 음악은 미8군 무대에서 연주된 소울, 고고 풍 등의 노래이거나, 통기타와 장발, 청바지로 상징되던 미국 포크송의 번안 가요였다. 무엇보다도 남녀 간의 사랑이나 우정을 감미로운 목소리와 가사로 번안해 부른 외국 곡들이 당시 대학생을 중심으로 젊은이들에게 폭발적 인기를 얻게 되었다. 그리고 그들이 모여 통기타 반주에 '라이브 음악'을 선사하던 대표적인 공간이 서울에 있던 '쎄시봉'이라는 음악다방이었으며, 이곳이 오늘날 7080 세대의 향수를 대표하는 상징적 공간이 되고 있는 것이다. 이곳에서 주로 활동하던 송창식, 윤형주가 만든 보컬 그룹, 트윈폴리오와 조영남, 이장희, 김세환 등이 오늘날 미디어가 바람을 일으킨 7080 향수 음악가들이다(이혜숙 · 손우석, 2003). 이들은 기존의 트로트 리듬을 타고 고향과 어머니를 노래하던 남진 · 나훈아와 달리, 상대적으로 고학력인 도시 출신의 젊은 층들을 대상으로 서구식 음악을 선사했다.

당시 한국에서 포크송은 민속음악으로서가 아니라 남진 · 나훈아의 음악과 다른 고학력 젊은 층의 감성을 대변하는 음악으로 상징화되었다. 서구에서 유행한 포크 음악과 청바지, 장발 등의 행동 양식은 서구 사회의 문맥context을 떠나 텍스트만 옮겨진, 미국 사회를 모방한 것들이었다. 즉, 서구의 청바지가 노동과 근면을 재현하는 작업복이었다면 한국에서는 여가와 패션을 상징하는 의복으로 변형되었고, 미국 사회의 장발이 기존 상업주의에 반발하는 히피 문화의 산물인 데 반해 한국에서는 단순히 젊은이의 욕구를 대

변하는 유행 같은 것이었다. 서구의 통기타와 포크송folk song이 글자 그대로 그들의 역사와 민중의 삶을 노래한 민속 곡이었다면 한국에서 포크송이라 불리는 장르는 우리 고유의 민속음악과는 거리가 멀었다.

이후 혼성 듀엣, 그룹사운드 등이 등장하며 폭넓은 음악의 시대가 열린다. 1970년대 후반 〈대학가요제〉가 시작되면서 보다 다양한 음악이 유행하는데, '대학가요제'라는 용어가 지칭하듯 당시의 음악 청취 대상은 고학력자들로서 앞서 말한 남진·나훈아의 트로트를 즐겨 들었던 7080의 그늘 세대와 확연히 구별되었다.

3) 우회적 저항

트윈폴리오의 감미롭고 부드러운 노래와 통기타, 청바지, 장발 문화는 당시 고등교육을 받고 있던 젊은 층의 (그리고 이들 노래를 따라 부르던 당시 청소년의) 감성과 욕구를 대변했다. 하지만 당시 대학생을 주축으로 한 젊은이 문화는 권위주의 체계에 도전하거나 반공 이념을 건드리는 저항적 문화와는 거리가 멀었다. 유신 체제는 정치 영역뿐 아니라 대중문화 영역 전반을 통제하고 억압했다. 약간의 사회성이 담긴 음악이나 장발 가수의 음악은 퇴폐적이며 반사회적이라는 이유로 금지곡이 되기 일쑤였고, 일부 가수는 대마초 사건과 관련해 수감되기도 했다. 아울러 일반인의 장발 역시 금지당했다. 경찰들은 가위를 들고 길거리를 지켰으며, 장발의 젊은이들은 이들을 피해 등교해야 했다.

이 와중에 간접적이나마 기성 사회를 비판하는 가사를 실은 음악들이 등장한다. 한대수의 「물 좀 주소」 등이 대표적인데, 이 노래는 당시 억압적이고 획일적인 사회에 대해 비판의 목소리를 전하고 있다. 또한 불후의 명곡으로 회자되는 김민기의 「아침이슬」 역시 이즈음 대학가의 젊은이들 사이에 널리 퍼지게 되었다. 「아침이슬」에 직접적으로 저항하는 노랫말은 없지만 전체적으로 억압 사회에 대한 비판적 지시어들로 가득 차 있고, 다소 장엄하고 느린 곡조가 시대의 저항 정신을 불러일으키는 '운동 노래'의 역할을 했다(박영신, 2005). 오늘날까지도 「아침이슬」은 민주주의를 위한 저항곡의 상징이 되고 있다. 이와 함께 1970년대 중반에는 송창식의 「고래사냥」 등 빠르고 힘찬 노래가 젊은이들의 반항과 도전의 열정을 담은 노래로 음미되며 대학가를 점령했다.

1960~1970년대 한국 사회에서는 서구 사회에서 발견되는 반항적인 청년문화의 속성들을 발견하기가 어렵다. 1960년대 서구 유럽에서는 자본주의의 대량 소비와 관료제 사회에 염증을 느낀 젊은이들이 정치적·학문적 이데올로기나 대중문화 분야에서 기존 체제와 문화에 도전하는 반反문화를 형성하기 시작했다. 대량 소비사회는 헤르베르트 마르쿠제Herbert Marcuse(마르쿠제, 2009)가 말한 대로 현대인을 비판적 성찰성을 상실한 '일차원적 인간'으로 전락시켰고, 데이비드 리즈먼David Riesman(리즈먼, 1990)이 말한 것처럼 '군중 속의 고독'을 낳았다. 미소美蘇 대립은 냉전과 월남전, 신제국주의의 팽창을 불러왔고, 거대한 국가의 관료제는 개개인의 자유 영역을 침해했다. 이에 비판적 지식인들과 젊은이들은 반체제, 반전 데모 등의 저항을 통해 새로운 세계를 실현시키려 했고, 다양한 영역에서 기성 문화와 다른 급진적인 이념과 행동 양식이 나타났다. 교조주의적이고 전체주의적인 공산주의 체제에 반대하는 동시에 자본주의의 모순을 비판한 네오neo마르크스주의나, 기존 노동계급 운동으로부터 여성, 환경, 평화, 인권 등 다양한 영역의 운동을 지향하는 것도 이와 맥을 같이한다.

세계의 평화를 강조하는 반전反戰 가요와 반전 데모, 인종차별을 반대하는 반反인종차별의 급진 평화운동 등도 서구를 휩쓸었다. 기존 예술 양식을 비판한 전위예술, 인위적인 상품 문명을 비판하고 나선 히피 운동, 기존 종교의 관료제성을 비판한 영성 운동, 그리고 기성 음악 체계를 비판하고 나선 강렬한 록 음악 등 '비판'과 저항의 세대가 사회 전면에 등장하기 시작했다. 이러한 젊은이의 문화가 '찻잔 속의 폭풍인가' 혹은 '거대한 변혁 운동인가'를 둘러싸고 반문화로서 청년 문화 운동에 대한 논의가 일어나기도 했다.

그러나 한국의 사정은 이와 달랐다. 1960년대 대학생들이 주축이 되어 이승만 독재 정권을 몰아내며 학생운동의 저력을 과시했지만, 한국의 대학생들은 다양한 이념과 문화 활동을 통해 기성세대에 도전하지 못했다. 문화 활동을 할 만한 토대, 즉 하부구조의 물적 기초인 경제 발전과 산업화가 이루어지지 못했고, 반공反共을 국시國是로 정한 권위주의 체제에서 다양한 이념을 제시할 만한 상황이 아니었다. 유신 체제에서 절정에 이른 권위주의적 정권은 사상이나 반정부적 행위에 대한 통제는 물론, 개인의 용모(두발, 복장)까지 간섭하게 되었다. 대학생들의 일부는 긴박하게 정치의 민주화를 요구하는 정치투쟁에 몰두할 수밖에 없었다. 이런 상황에서 현실을 우회적으로 비판한 소수의 젊은이 음악들이 등장하게 되었던 것이다.

1980년대에 이르자 1970년대와는 여러 면에서 단절된 상황이 연출되었다. 1970년대까지의 카리스마 독재자 박정희 시대가 종결되고 신군부가 들어섰으며, 산업화의 결과물이 컬러 TV 시대와 함께 중산층의 생활 속에 실질적으로 확산되는 시대가 되었다. 그러나 뒤이어 등장한 신군부는 5·18 항쟁과 비극 속에서 엄청난 저항에 부딪혔고, 대학가는 흘러간 낭만 노래가 아니라 이념 투쟁 가요로 뒤덮이게 되었다.

물론 이 시기 대중음악계는 상업화의 물결을 따라 다양하게 분화한다. 1970년대 중·후반 잠시 동안 젊은이들 사이에서 회자되던 조용필이 혜성처럼 떠오르고, 그의 빠르고 흥겨운 비트 음악이 당시 젊은 층들에게 폭발적 인기를 얻게 된다. 「돌아와요 부산항에」를 비롯한 조용필의 음악 세계는 한마디로 정한情恨으로 묘사된다(김익두, 2011). 조용필의 음악은 7080의 전 계층(7080의 양지층과 음지층 모두)에 걸쳐 인기를 얻었으며, 그의 음악은 오늘날까지도 광범위한 층에서 향수의 대상이 되고 있다. 물론 오늘날 7080의 소수집단들은 완곡하고 우회적인 시대 저항을 담았던 극소수의 대중음악을 여전히 그리워하기도 한다.

이처럼 7080 세대 내에서도 다양한 프리즘이 있고, 1970년대와 1980년대 초반 학력, 직업, 계층적 상황에 따른 이질적 집단들을 관통하는 삶의 경험과 대중음악의 내용이 다양하다. 하지만 대략 그 내용은 어머니/고향, 낭만과 사랑, 우회적 저항으로 요약해볼 수 있을 것이다. 이 대중음악의 내용이 오늘날 중 · 장년이 된 7080이 그리워하는 향수의 지점인 것이다.

4. '지금/여기'에 대한 성찰과 인정 욕구

오늘날 한국 사회의 50대 중 · 후반으로 대표되는 중년 세대가 선택한 향수 중 하나는 그들이 유소년과 젊은 시절에 듣고 자란 대중음악이다. 그들에게 잠재된 향수 본능은 미디어에 의해 '7080'과 '쎄시봉'이라는 집단표상으로서 사회의 무대 전면에 나서게 되었다. 그러나 필자는 이 글에서 호명되지 못한 많은 7080 세대, 즉 사회의 무대 후면에 자리하는 당시 노동자, 농민, 저학력자의 대중음악에 대한 향수도 함께 들여다보았다. 전자의 향수를 대표하는 대중가요가 낭만적 사랑, 혹은 저항의 내용을 담고 있다면 후자의 대중가요 향수는 어머니와 고향으로 상징화된다.

'7080 세대'는 '아날로그와 디지털 시대'의 복합적인 삶의 경험을 지니고 있는 세대다. 그들은 부모 세대가 남긴 가난과 정치적 억압을 유산으로 물려받았고, 가부장적 위계질서와 군사 문화, 가족주의와 집단주의에 의해 사회화를 경험한 세대다. 산업화 2세대로서 당시 많은 젊은 층은 노동 현장에서 땀을 흘렸고, 일부만이 대학생으로서 특권을 누렸으며, 이 중 소수가 민주화 투쟁의 선봉에 서기도 했다. 이들은 중년이 되어 'IMF 위기'와 2008년 미국발 경제 위기를 경험하며 자신 혹은 수많은 동료가 사회적으로 불안해지고 배제되는 상황을 경험하기도 했다. 허술한 사회적 안전망 가운데 무한대의 신자유주의 경쟁에 그대로 노출된 세대로서 자신과 부모, 자녀의 양육과 부양을 책임져야 하는 세대다.

그들은 비록 가난을 물려받았으나, 산업화의 결과물들로 인해 중산층으로 성장했고, 소비주의와 네트워크 사회의 생활 방식에도 적극 적응하는 세대가 되었다. 강한 집단주의를 보이면서도 개인적 삶의 주체성을 성찰하고, 보수 성향으로 기울면서도 사회변화를 지지하는 다소 복잡하고 이질적인 가치관을 지닌 '전이 세대'의 특징을 보인다.

이처럼 복합적이고 불안한 사회적 조건으로부터 자신의 주체적 지위를 확인하고 싶은 욕망이 이 세대가 보여주는 특징이다. 노년으로 넘어가기 전, '인생 무대의 주변으로' 퇴장할지도 모른다는 위기감 속에 그들의 존재감을 인정받기 원하는 세대이기도 하다. 이 위기감의 불안은 채워지지 않는 삶의 욕망, 즉 결핍 욕망의 표현이기도 하다. 불안은 결핍 욕망을 낳고, 채워지지 않은 욕망은 다시 불안을 낳는다. 불안과 욕망의 순환은 죽음으로 멈추지 않는 한 지속될 수밖에 없다. 어머니의 몸에서 분리되는 순간 원초적인 분리 불안을 갖게 되는 인간은 어머니의 자궁을 그리워하지만 갈 수 없는 것처럼, 편안함과 안락함, 보호된 존재를 그리워하지만 귀환은 불가능하다. 그러나 불안으로부터 탈피하고 싶은 욕망은 상상과 기억을 통해 온존하게 존재했던, 엄밀히 말하면 존재했다고 믿는 과거로 돌아가려 한다. 역설적이게도 그 과거는 완성되지 않는 미래의 신기루와 같은 것이다. 이루었으나 허전하고, 무언가 항상 부족하며, 가진 것조차 곧 잃어버릴 것 같은 근심, 잃어버린 것에 대한 좌절, 그렇기에 채워놓고 싶은 갈망이 그들의 삶을 배회하고 있다.

참고문헌

김수경. 2005.『노랫말의 힘, 추억과 상투성의 변주』. 책세상.

김신영. 2013.「노령 세대와 베이비붐 세대의 판별요인 분석: 문화 활동을 중심으로」. ≪통계연구≫, 18권 1호, 16~33쪽.

김왕배. 2011.「자살: 죽음 충동의 해체사회」. 김경일 외 지음.『사건으로 읽는 한국사회』. 이학사.

김원. 2005.『여공 1970: 그녀들의 반역사』. 이매진.

김익두. 2011.『조용필의 음악세계』. 평민사.

김태형. 2013.『트라우마 한국사회』. 서해문집.

리즈먼, 데이비드(D. Riesman). 1990.『고독한 군중』. 김태화 옮김. 정암.

마르쿠제, 헤르베르트(H. Marcuse). 2009.『일차원적 인간』. 박병진 옮김. 한마음사.

박경숙 외. 2013.『세대갈등의 소용돌이』. 다산출판사.

박길성·함인희·조대엽. 2005.『현대 한국인의 세대경험과 문화』. 집문당.

박애경. 2006.『가요, 어떻게 읽을 것인가』. 책세상.

박영신. 2005.「'운동 문화'의 사회학: 집합 열광의 공간과 '운동 노래'」. ≪사회 이론≫, 27호, 57~92쪽.

보드리야르, 장(J. Baudrillard). 1992.『기호의 정치경제학 비판』. 이규현 옮김. 문학과 지성사.

새로운사회를여는연구원. 2009.『신자유주의 이후의 한국경제』. 시대의창.

신성원. 2008.『(우리가 정말 알아야 할) 우리 대중가요』. 현암사.

안재성. 2007.『청계, 내 청춘』. 돌베개.

이혜숙·손우석. 2003.『한국 대중음악사』. 리즈앤북.

임은미. 2006.「리조트의 향수마케팅 도입에 관한 연구: '리조트의 향수적선호성 모형'개발을 중심으로」. 한양대학교 관광학과 대학원 박사학위논문.

임진모. 1993.『팝 리얼리즘 팝 아티스트』. 대륙.

장남수. 1984.『빼앗긴 일터』. 創作과 批評社.

정보통신정책연구원. 2013.『디지털세대와 베이붐세대 비교연구』.

최유준. 2012.「블루스와 '슬픈 음악'의 정치학」. ≪음악학≫, 22호, 111~143쪽.

함인희. 2002.「베이비붐 세대의 문화와 세대경험」. 임희섭 외 지음.『한국의 문화변동과 가치관』. 나남출판.

홉스봄, 에릭(E. Hobsbawm). 2003.『저항과 반역 그리고 재즈』. 김동택·김정한·정철수 옮김. 영림카디널.

제7장

80년대 청춘들의 초상

'386' 세대 정체성과 문학적 노스탤지어

김남옥

1. 머리말

'푸름'으로 호명되는, 가고 없는 '과거'의 청춘은 아련한 그리움의 대상이다. 모든 이의 젊은 시절, 모든 날이 아름답고 싱그럽기만 했을까. 오히려 방황과 고뇌, 불안과 우울, 갈등과 원망, 좌절과 아픔, 실수와 두려움이야말로 청춘을 관통하는 용어일 것이다. 그럼에도 "언젠간 가버리고 말 청춘"의 끄트머리에 서서 속절없이 보내야 하는 세월을 애달파하며, 이미 가버리고만 청춘임을 의식하는 그 순간 자신의 청춘에 비가悲歌를 바치기도 한다. 청춘은 죽음이라는 장애물을 만나지 않는 한 누구나 한 번은 거쳐야 하는 과정이지만, 한번 지나고 나면 다시는 되돌아갈 수 없는 인생 항로의 한 지점이기도 하다. 청춘에서 점점 멀어져갈수록 청춘이 무엇보다 진한 그리움을 불러일으키는 노스탤지어nostalgia의 대상이 되는 이유이기도 하다.

지금은 벌써 전설이 된 먼 과거로부터/ 내 청춘의 초상이 나를 바라보며 묻는다/ 지난날 태양의 밝음으로부터/ 무엇이 반짝이고 무엇이 타고 있는가를!

그때 내 앞에 비추어진 길은/ 나에게 많은 번민의 밤과 커다란 변화를 가져왔다/ 그 길을 나는 이제 다시는 걷고 싶지 않다

그러나 나는 나의 길을 성실하게 걸었고/ 추억은 보배로운 것이었다/ 잘못도 실패도 많았다/ 하지만, 나는 그것을 후회하지 않는다

_ 헤르만 헤세(Hermann Hesse), 「내 청춘의 초상」(헤세, 1986)

그런데 젊음, 아름다움, 전성기, 뜨거움, 돌아가고 싶은 그리운 시절로 수렴되는 청춘들의 초상은 시대에 따라 상이한 이미지로 형상화된다. 시대 상황은 청춘들이 살아가는 '현재' 삶의 조건이자 미래의 지평으로, 그들에게 가장 직접적인 행위 모델을 제공하는 틀이 되기 때문이다. 그런 점에서 청춘들의 초상은 곧 시대의 초상이라 할 수 있다. 그 시대의 청춘 이야기는 곧 그 시대를 관통하는, 시대와 마주한 세대적 특성을 함축하기 때문이다. 강조되어야 할 것은, "비춰지거나 생각되는 모습"이라는 사전적 의미를 지닌 '초상肖像'이란 그야말로 그 무엇에 투영된 하나의 심상心像이라는 점이다.

그러므로 청춘들의 초상은 의식적이든 무의식적이든 한 세대의 청춘'들'에 얽힌 우여곡절의 '사실'들이 누군가의 시선에 의해 선택 · 조합되어 의미화된 하나의 이념형과 같은 것으로, 집합적 차원을 상정한다고 할 수 있다. 특히 이미 흘러가버린 청춘들의 초상은 누가, 무엇을, 어떻게 회상하고 기억하느냐에 따라 그 원형은 탈각되고, 선택된 기억의 파편들로 콜라주를 만들어냄으로써 서로 다른 감성의 두께를 지닌 상이한 세대상像으로 제시된다. 그러기에 세대의 초상은 모순과 왜곡을 포함하기 마련이지만, 그렇게 만들어진 '상'이 '참'임을 믿게 하는 마력 또한 지니고 있다. 무엇보다 자기 세대

에 의해 만들어진 청춘의 자화상自畵像은 '지금-여기'에 존재하는 삶의 여백 사이로 불쑥 떠오르는 그리운 고향의 정답던 옛 동산과 같은 심상일 뿐만 아니라, 자신들의 과거에 대한 돌아봄과 성찰을 통해 의미화된 '기억의 몽타주'(류동민, 2013)인 것이다. 그리고 그에 동반되는 '그리움'의 감정은 다른 세대들과 구분되는 공통 경험의 퇴적물을 기반 삼아 기억과 감정의 공동체로서 주관적 · 집합적 노스탤지어를 구성한다.

이처럼 세대적 노스탤지어는 비슷한 시기에 태어나 성장하면서 공유한 지적 · 문화적 · 역사적 · 정치적 경험에 바탕을 둔다. 그리고 세대의 공통 경험은 시간의 양식과 더불어 변주되지만, '우리'라는 감정을 만드는 특징적인 세대 정서, 즉 세대적 아비투스의 토대가 되는 것이다. 이는 한국 사회에서 본격적인 세대의 탄생을 알린 정치 세대인 '386'에 대한 고찰을 통해서도 그 단면을 확인할 수 있다고 본다. 세대를 상상의 공동체로 규정한 마크 로즈먼Mark Roseman(로즈먼, 2014)의 주장을 원용하자면, 한국 사회의 무대에 등장한 386 세대는 어떤 세대들보다 청춘(특히 대학생) 개념과 세대 개념에 "온갖 종류의 감정 투사와 표상들"을 몰려들게 한 첫 번째 정치 세대다. 민중 지향, 연대와 전투적 저항, 자기희생적 실천, 변혁 지향, 세대 정체성 등의 "청년 숭배와 청년의 사명을 강조하는 수사학"(로즈먼, 2014: 249)은 그들 세대에 투사된 청춘상일 텐데, 이는 '포스트 386 세대'의 청춘 가치와 지속적인 비교 준거가 되고 있는 것이다.

이 글은 386 '세대 단위'들 중 '실제 세대' 범주에 포함된다고 상정되는 작가군을 대상으로 그들 작품에 투영된 1980년대 역사 경험에 대한 노스탤지어를 추적한다. 이를 위해 먼저 386 세대의 경험이 시간 양식 속에서 어떻게 변주되는지 그 감정의 양상을 세대론적 관점으로 살피고, 노스탤지어 개념과의 관계 설정을 위한 이론 틀을 제시한 후, 1990년대부터 오늘날에 이르기까지 '80년대, 변혁 운동'에 대한 경험과 기억을 공유한 386 '실제 세대' 작가군의 문학적 노스탤지어 양상이 어떤 변이 과정을 거치는지 추적한다. 이어 특정 세대의 경험에 투사되는 노스탤지어의 구조를 분석하고, 그것이 지니는 한계, 나아가 단순한 자기 양식화와 낭만적·패쇄적 노스탤지어를 넘어 미래 세대로 향하는 소통적 노스탤지어의 방향을 모색해보려 한다.

2. 세대 정체성과 노스탤지어: 경험과 기억의 공동체

한국에서 태어난 1960년대생들은 태어나 한 번도 대통령의 교체를 경험하지 못한 채 성장기를 보낸 세대다. 이들은 박정희 군사정권이 주도하는 성장주의 이데올로기에 동원된 부모 세대의 가치를 계승하며, 민족중흥의 역사적 사명과 나라의 발전을 개인의 발전보다 우선시하는 '국민교육헌장'을 학습하고, 새마을운동과 유신 체제, 국가주의와 집단주의, 반공·반북·친미·냉전 이데올로기 교육을 내면화하며 성장기를 보낸 세대인 것이다. 그러나 그들은 대학 입학 후 심한 가치관의 혼란을 경험하게 된다. 권위주의적 군부 문화가 깊숙이 내재화된 성장 과정과 달리, 상대적으로 비판적 사유가 가능했던 대학 공간을 통해 군사정권의 부정함과 허위성을 인식하게 되었기 때문이다. 1980년대의 이러한 대학 경험은 이들이 새로운 이데올로기로 무장하고 '군사정권 타도'를 위해 결집해 거리로 나서는 동기로 작용했다. 그러한 점에서 '386' 세대는 그들의 청년기인 1980년대에 대학 공간을 통해 '가치관의 전복'을 경험한 세대라 할 수 있다(김남옥, 2010: 280~281).

언론에 의해 유포되고 정치적 범주로 확대·재생산된 '386' 세대는 1960년대에 출생한 1980년대 학번의 청년 이미지를 중심으로 사후에 인위적으로 구성된 세대 범주다. 돌멩이, 화염병, 이념 서적, 이념 문화, 탈춤, 판소리, 위장 취업 등의 대중적 이미지에서 도출된 이념 지향, 가치 지향, 집단 지향, 정치 지향(김남옥, 2010: 278)은 386 세대의 표상들일 텐데, 이 표상의 핵심 모티프는 '80년대-대학 공간-운동 그룹-운동권 문화'다. 이는 절차적 민주주의의 실현과 현실 사회주의의 몰락, 정보화 · 세계화로 인한 생활양식의 변화, 소비문화와 개인화의 가속화 등 구조 변동이 일어난 사회의 영역 안에서 언론 및 광고 전략, 그리고 새로운 정치적 기획 등 여러 요소의 경합 속에 하나의 '청년 세대'가 생겨난 것으로 설명할 수 있다. 즉, 환상 · 기획 · 정체성이 얽혀 매우 특징적인 '정치 세대, 386'이 탄생하게 된 것이다.

1) 경험의 공동체, 세대들

세대 문제는 역사상 늘 있어왔던 것이지만, 한국 사회에서 세대 담론이 본격적으로 부각되기 시작한 것은 386 세대 담론부터다. 전술한 바와 같이 박정희 군사정권기에 태어나 반공적 국가주의와 군사적 규율화의 교육과정을 밟으며 성장했고, 1980년 5월 광주 항쟁과 신군부 집권기의 대학 공간에서 가치관의 전복을 경험했으며, 투쟁의 구호로 결집해 민주화의 성취를 이뤄냈으나, 그들의 이념적 토대였던 현실 사회주의권이 몰락하며 혼란을 맛보았던 특별한 역사 경험을 부각한 담론이 촉발된 것이다(김남옥, 2010: 208~283). 또 세대 담론의 부상과 더불어 세대가 새로운 사회학적 탐구 주제로 주목받기 시작했는데, 변동론적 관점을 취한 카를 만하임Karl Mannheim의 세대론이 이들 연구에 매우 중요한 개념적 자원으로 활용된 것도 주지의 사실이다.

만하임은 신분 · 계층 · 계급과 견줄 만한 지위를 갖는 하나의 사회적 범주로 세대 개념을 설정하고, 이를 사회학적 연구에 이용하고자 포괄적인 구조화 모델을 제시했다(만하임, 2013). 그의 모델에서 중요한 것은 세대 위치generationlocation, 실제 세대generationas actuality, 세대 단위generationunit라는 개념적 구분이다. 세대 위치는 경제구조와 권력 구조 내에서 유사한 운명과 위치를 갖게 되는 계급 지위(즉자적 계급) 개념에 비견되는, 운명적이고 객관적인 출생 코호트 그룹 개념이다. 이는 일차적으로 출생 시점의 유사성에 기초한 사회적 위치로 정의되지만, 세대 위치를 공유하기 위해서는 동일한 역사적 · 문화적 권역에서 출생 · 성장해야 한다는 전제가 필요하다(유라이트 · 빌트, 2014: 18~19; 만하임, 2013: 45; 박재흥, 2005: 82).

그러나 객관적인 세대 위치 자체가 사회변동의 직접적 요인은 아니다. 세대적 스타일과 세대 의식, 연대를 통해 세대적 운명에 참여할 수 있는 잠재적 가능성만 지닐 뿐이다. 그 잠재성이 표출될 때에야 비로소 실제 세대로 전화되는 것이다. 즉, 즉자적 계급에서 대자적 계급으로의 전화와 유사하게 세대 위치에서 실제 세대로의 전화는 "특수한 세대 위치를 확인하면서 유사한 태도, 유사한 감정과 사고방식"이라는 조건을 충족시켜야 가능한 것이다(유라이트 · 빌트, 2014: 20). 실제 세대는 다시 세대 단위들로 분화될 수 있다. 세대 단위들은 공통 경험에 대해 상이한 방식으로 소화하는 다양한 집단들로 구성되며, 각 세대 단위별 구성원 간의 유대감은 매우 강력할 수밖에 없다. 그것은 구성원들이 통일된 의식을 갖도록 하고 세대적 실천 연대로 결합할 수 있도록 추동하는 내용의 유사함 때문이다. 이 각각의 세대 단위들은 차별적 · 대립적일 수도 있으나 상호 연결되어 있다는 특성을 지닌다(만하임, 2013: 67; 유라이트 · 빌트, 2014: 19). 이는 내적인 동질성뿐만 아니라 같은 세대 내에서도 서로 다른, 심지어는 극단의 성향을 가진 집단들이 존재한다는 사실, 이로써 세대 내 갈등이 존재할 수 있다는 사실을 설명할 수 있게 하는 개념적 정의라 할 수 있다.

만하임의 이러한 세대의 개념적 구분은 문학장 내부의 '386' 세대 작가론으로 좁혀 논의할 수 있다고 본다. 1960년대에 태어나 1980년대에 청년기를 보낸 작가들 또한 공히 박정희 정권기에 성장기를 거쳐 1980년 5월 광주를 화두로 한 신군부 정권에 이르는 역사 경험을 공유하는, 공통의 세대 위치에 있는 작가들이다. 예컨대 방현석, 공지영, 김인숙, 권여선이나 신경숙, 전경린, 은희경, 하성란 등의 작가들은 공통의 세대 위치로 범주화된다. 일종의 코호트로서의 세대 범주에 해당하기 때문이다. 이들의 경계가 명료하게 구분되는 것은 아니나, 실제 세대 개념에 접근할 때는 서로 다른 그룹을 형성하게 된다. 386 세대의 표상이 운동 세대, 정치 세대라고 할 때, 권력의 불의를 인식하고 이에 대한 저항의 필요성을 자각함으로써 운동 또는 문화적 실천에 직간접적으로 참여한 일련의 작가 그룹을 실제 세대 작가로 규정해야 하기 때문이다. 물론 이 실제 세대 작가 그룹 내에는 다양한 세대 단위가 존재한다. 장르별 문화 실천 단위나 운동 분파별 단위들이 이에 속한다고 볼 수 있다. 공통적으로 겪는 1980년대의 정치 현실을 서로 다르게 이해하거나 해석함으로써 의식 또는 실천의 내용을 달리하는 것이다. 문학장의 386 세대 작가 그룹에서 세대 단위별 문학 실천 내용은 차이가 있을 것으로 본다. '386' 세대의 각 세대 단위들이 취하는 시대 해석과 수용은 '문제적 인물'로서 개별 작가의 세계관을 구성하는 핵심 요소로 작용할 것이고, 소설은 이 '세계관의 구현체'로 나타날 것이기 때문이다. 그런 점에서 작가가 지향하는 소설적 '유토피아'는 각 사회운동의 분파 또는 문화 실천의 분파에 따라 다른 양상을 나타낼 것으로 본다. 만하임의 "이데올로기와 유토피아와 세계관의 구성물", 루시앙 골드만Lucien Goldman의 "실제 의식과 가능 의식의 투쟁의 산물"인 작가의 세계관(송호근, 1983: 321)과 작가가 속한 세대 단위들의 이념적 지향의 관련성을 추적하면 의미 있는 결과가 도출될 것으로 본다. 예를 들어 386 실제 세대에 포함되는 작가들이라 할지라도 CA Constitution Assembly, NL National Liberation, PD People Democracy 등 상이한 운동 분파(작가 자신이 속해 있었거나 옹호하는 분파)에 따라 상이한 세대 단위들로 구분될 것이고, 구성원들을 결집시키는 세대 단위들의 이념 지향에 따라 세계관의 구현체인 소설 세계 또한 다른 양상을 띨 것으로 보기 때문이다. 그러나 이러한 분석은 심층적인 질적 연구를 통해 가능할 것이다. 따라서 이 글은 1980년대 변혁 운동의 직간접적 체험에서 세대 정체성과 세대적 아비투스가 형성되고, 이를 문학적 형상화로 연결시키는 작가들에 주목한다.

2) 향수 공동체: 세대 정체성과 노스탤지어

전술한 바와 같이 만하임에게 세대들이란 일종의 코호트로 해석된다. 특정한 역사적 시기에 출생한 사람들이라는 의미다. 그리고 이러한 세대들이 만들어지는 데 핵심적 요소는 공통의 역사적 체험이다(로즈먼, 2014: 247). 이는 세대가 '경험의 공동체' 개념으로 이해되는 것과 연결된다. 비슷한 연령집단의 구성원들이 특정 시기에 대한 역사의식을 공유하고, 연령대 특유의 경험을 공유했다는 동질감과 미래에도 기억될 어떤 정치적 · 문화적 사건을 공모했다는 자부심의 공유가 세대 개념의 중요한 구성요건이기 때문이다(송호근, 2003: 22). 이러한 세대적 동질감과 공통의 자부심을 낳은 세대 경험은 사고와 감정, 그리고 행동에서 어떤 전형적 속성을 지니게 하는 힘이 되는데, 이는 세대 경험이 세대 정체성과 긴밀한 관련을 맺고 있음을 말해준다. 그뿐만 아니라 역사적 · 사회적 사건에의 공동 개입과 참여에 대한 강렬한 기억은 과거 사건들에 대해 집단 특유의 관점을 공유시켜 훗날 그와 유사한 상황에 직면했을 때 행위 선택의 기준으로 작용하는 것이다(유라이트 · 빌트, 2014: 16; 유라이트, 2014: 348; 송호근, 2003: 22).

따라서 세대 경험은 세대를 규정하는 데 중핵을 이루는 요소라고 할 수 있다. 세대 정체성과 미래 기억 형성의 출발점이기 때문이다(로즈먼, 2014: 247; 올릭, 2011: 22). 특히 이 글에서 주목하려는 것은 바로 세대 경험이 시간과 관계를 맺으며 발현되는 세대 기억의 특수 양식인 세대적 노스탤지어다. 이는 물론 세대 경험과 세대 정서 혹은 세대 정체성, 그리고 시간성(과거와 현재적인 것)과의 복합적인 관계에서 형성되는 '노스탤지어의 결합태'다.

함께했던 경험은 지나가버린, 이미 존재하지 않는 것이 되어버린다. 하지만 마음은 '지금', '여기'에 있는 시간과 내면을 가로지르며 과거에 이끌리고, "마음의 떨림을 가져오는 그리움"에 젖어들기도 한다. "마음속에 유령처럼 자리 잡은 과거가 숨어서 기다리다" 갑자기 불쑥 덮쳐오면서 불러일으키는 정서다. 그런데 함께한 것에 대한 이러한 그리움의 정서는 표현됨으로써 '세대적'이 된다. "나의 세대가 갖는 우리라는 감정"으로 묶어주기 때문이다(이소마에 준이치, 2014: 23~25; 마제, 2014: 322).

이처럼 함께한 세대 경험에 관심을 두는 것에는 무언가를 많이 그리워하는 속성이 있다(마제, 2014: 318). 이는 대중문화 현상을 통해서도 확인할 수 있다. 민주화 이후 미디어의 단골 소재가 된 '7080 향수', 최근 1997년, 1994년, 1988년을 차례로 소환해 인기몰이를 한 TV 드라마 '응답하라' 시리즈, 1990년대 음악 향수 열풍을 몰고 온 〈무한도전〉의 '토요일 토요일은 가수다'(일명 '토토가')의 인기는 그 시대, 특히 젊은 시절의 문화적 기억을 간직한 세대들의 그리움이 결집되어 나타난 결과라고 볼 수 있다.

그런데 과거를 향한 시선, 과거에 대한 집단적 그리움에는 과거와 현재의 부정합이 자리한다. 세대적 공유 기억과 사회적 삶의 '불일치'는 결코 돌아갈 수 없으며 회복시킬 수도 없다는 상실감을 낳고, 이러한 상실감은 과거에 대한 그리움의 정서를 형성한다고 볼 수 있다.

스베틀라나 보임Svetlana Boym은 경험 지평과 기대 지평의 불일치에서 노스탤지어가 비롯된다고 주장한다. 이는 노스탤지어의 특징이 상실이므로 노스탤지어의 이중성과 노스탤지어가 바람직한 과거/바람직하지 않은 현재의 대조로 인한 불편함과 슬픔을 야기할 수 있다는 캐롤라인 윌크스Caroline Wilks와 캐서린 켈리Catherine Kelly의 논지와도 통한다(Wilks and Kelly, 2008: 130). 노스탤지어는 상이한 공간에 대한 갈망, 그러나 실제적으로는 상이한 시간에 대한 동경으로 나타난다고 할 수 있는데, 권력에 도전해 그것을 무너뜨린 경험이 있는 1980년대 청춘들에 대한 노스탤지어의 형상화 또한 이러한 맥락으로 이해할 수 있다. 그들 앞에 놓인 1990년대 또는 2000년대는 정치적 감수성으로 무장한 386 세대의 기대 지평, 즉 1980년대의 20대 청춘들이 대학 공간에서 꿈꿔온 세상과는 너무도 다른 것이었다. 이러한 불일치 때문에 생긴 노스탤지어 감정은 주로 상실감과 허무감, 우울과 고통, 그리움과 귀환 욕망의 복잡한 감정적 상태로 표상되곤 했다. 보임의 주장을 원용하자면 1980년대에 청춘을 보낸 386 세대의 '변혁 프로젝트'는 유토피아로 시작해 노스탤지어로 끝났다고 할 수 있다(Boym, 2001; Wilks and Kelly, 2008: 110). 이념의 자리에 시장이, 희생과 진정성의 에토스 자리에 개인성과 유희의 에토스가 자리한 1980년대 이후의 현실은 그들의 감수성과 불화할 수밖에 없는 환경이었다. 그럼에도 누구보다 빠르게 현실에 안주해 평범하게 살아가는 자기 세대의 모순적인 삶을 마주해야 하는 현실이었고, 여기에서 오는 좌절과 혼란, 그리고 상실감과 허무감은 1980년대를 향한 갈망과 그리움 또는 성찰의 감정구조에 연결되어 있다는 특징을 지닌다. 가장 치열했던 투쟁의 역사, 눈물의 함성, 뜨거운 청춘이 있었던 그때의 장소와 시간을 호명해내는 기억의 서사는 386 세대 작가들이 1980년대 노스탤지어를 형상화하는 방식이었다고 할 수 있다.

이에 대한 평가는 오랫동안 패배주의적이고 퇴행적인, 향수 추수주의로 수렴되는 양상을 보인다. 여기에는 노스탤지어를 퇴행적 · 병리적 의미로 이해하는 흐름이 내포되었다고 볼 수 있다. 그러나 이것이 부정적인 심상 구조로만 이해되는 것은 아니다. 더 이상 존재하지 않거나 결코 존재할 수 없는 것에 대한 동경으로 정의되는 노스탤지어는 상실과 회피의 감정이지만, 그것에는 또한 자기 자신의 판타지와의 로맨스 감정도 포함되어 있는 것이다(Boym, 2001). 윌크스와 켈리는 노스탤지어를 긍정성과 행복감을 포함한 긍정적 감정으로 개념화하는 심리학적 관점을 수용한다. 그들에 따르면 노스탤지어는 감정구조가 있고, 중요한 기능을 수행하며, 고통 또는 더 이상 존재하지 않는 과거를 갈망하는 씁쓸함이 제거된 기억을 수행하는 감정일 수 있다. 이는 세대 내 구성원들이 기억을 공유하는 데서 오는 즐거움, 즉 공감과 소통의 행복이나 정서적 결속이 가져다주는 '향수의 즐거움'과도 연결된다(Wilks and Kelly, 2008: 130; 마제, 2014: 318). 더 나아가 과거에 대한 철저한 성찰은 미래의 세대들과 소통할 수 있는 능력을 함축한다고 보아야 할 것이다. 보임은 지금까지 과거에 대한 부질없는 집착에서 오는 우울의 정조나 병리적 심리 상태로 평가되어온 노스탤지어 개념의 부정적 의미를 넘어서려 했다. 보임은 노스탤지어를 재건적 노스탤지어restorative nostalgia와 성찰적 노스탤지어reflective nostalgia의 두 유형으로 구분한다. 재건적 노스탤지어는 '귀환'을 의미하는 그리스어 'nostos'가 강조된 것으로, 상실된 집을 재구축하려는 감정에 닿아 있다. 이는 향수 자체를 생각하기보다는 진리와 전통, 절대적인 진리를 비호한다. 그리고 그 레토릭은 '과거'에 관한 것이 아니라 보편적 가치, 가족, 자연, 고향, 진리에 관한 것이다. 그러므로 재건적 노스탤지어는 근원적인 '고향', 그리고 타락 전 순간으로의 복귀라는 의미를 함축한다고 할 수 있다. 이때 향수 감정을 지닌 사람은 자신이 노스탤지어에 사로잡혀 있다고 생각하기보다는 오히려 그것이야말로 진실이자 전통이라고 생각하며 절대적인 역사를 옹호하려는 것으로 보인다. 즉, 재건적 노스탤지어는 역사에 대한 공통된 기억과 관련해 잃어버린 과거의 찬란한 시대를 되돌리고 싶다는 감정을 부추기며 '국수주의' 같은 패쇄적 성격의 '상상의 공동체'를 재건하려는 노스탤지어라고 할 수 있다. 그것은 한쪽으로 치우친 광적인 감정을 환기하고, 마이너리티 등 타자에게 전통적인 고국을 빼앗겼다는 '음모론conspiracy theory'을 경유해 '타자'에 대한 혐오감을 불러일으키는 배타적 정책을 실시하기 위한 노스탤지어이기도 하다. 반면 성찰적 노스탤지어는 고통을 뜻하는 'algia'를 강조한다. 이는 'algia', 즉 고통의 반사실적 계기가 중요하고, 아이러니컬한 특성이 강하게 나타나며, 절망적으로 '귀환'을 지연시키려는 경향이 있다. 성찰적 노스탤지어는 귀환 불가능성에 대한 인식, 인간의 동경과 귀속 의식의 모순된 감정 속에 존재하며, 절대적인 사실이자 자명한 것으로 여겨져온 것에 대해 의혹을 불러일으킨다. 한 번에 많은 장소에 정주하며 다른 시간 영역을 상상하는 것이 가능한 것 또한 성찰적 노스탤지어의 특징이다. 이는 또한 재건적 노스탤지어가 만들어낸 것을 해체해버리는 것과 같은 재귀적이고 적극적인 계기도 포함한다. 이것은 과거를 재건할 수 없다는 점을 인식하면서도 과거에 열망했으나 이루지 못한 꿈을 다시 회복하려는 마음이다. 그러므로 성찰적 노스탤지어는 모순적이며 파편적이다(Boym, 2001: 41~48). 결국 성찰적 노스탤지어는 과거에 대한 개인적·문화적 기억이며, 잃어버린 과거를 되돌리는 것이 아니라 현재와 과거의 차이를 개탄하고 경과한 시간이나 시대를 희구하는 노스탤지어라 할 수 있다.

3. 기억과 시간의 변주, 노스탤지어의 문학적 구성

"어쩌다 80년대에 이십대를 보낸 어느 청춘, 싱그러우며 황폐했던 봄날의 추억이었습니다." 『청동정원』(2014)의 '작가의 말'에서 최영미가 들려주는 고백이다(최영미, 2014). 이 고백은 "정말이지 나는 80년대의 기억으로부터 자유로워지고 싶었다"라는 『고등어』(1994) '작가 후기'에서 공지영의 진술(공지영, 1994)과 분위기가 사뭇 다르다. 이는 1990년대 중반에 1980년대 '운동의 추억'을 다룬 작품들에서 카오스적 혼란, 환멸, 고통, 상처, 죄의식 등으로 형상화되었으나, 2000년대 후반으로 갈수록 점차 모든 것을 바쳤던 1980년대 청춘들의 초상이 성찰적 그리움과 추억의 서사로 이동해가는 경향을 보이는 것과 맥락을 같이한다.

이제 1980년대의 20대 청춘은 영영 돌아올 수 없는 '강'을 건너고 말았다. 그리고 오래전, 그 시절에 마주한 경험은 원본이 사라지고 이미지 또는 해석되어야 할 텍스트가 되었다. 그런 의미에서 노스탤지어는 기억의 흔적을 드러내는 여운이자, 다가가고 싶은 그리움의 정서다. 노스탤지어는 기억의 여운에 상상력을 입혀 또 다른 감정으로의 전이를 만들어낼 수 있는 잠재력을 지니는 것이다. 386 세대 작가들의 문학 행위는 '광주'라는 원죄를 안고 태어난 1980년대를 업고 있다. 1980년대 세대는 변혁 운동의 실천으로, 1990년대의 혼란과 허무감으로, 2000년대 이후 그리움의 감정으로 '운동의 시대' 1980년대를 향하고 있는 것이다. 1980년대, 대학, 청춘, 운동은 그들이 돌아가고픈, 혹은 상흔을 간직한 그리움의 대상으로서 근원적 '고향'이다. 1980년대 청춘에 대한 문학적 노스탤지어는 시간의 흐름에 따라 다르게 변주되고 있으나, 그들이 근원적 고향을 1980년대, 스무 살 시절로 인식하고 있음을 알 수 있다.

1) 1990년대의 1980년대 회상 문학: 재건적 노스탤지어

1990년대에 그들은 여전히 젊다. 20대에서 그리 멀지 않은 길 위에 있다. 1980년대의 터널을 통과해 나왔을 때 그들에게 1990년대는 혼란과 방황 그 자체로 인식되었다. "시대를 껴안고, 꿈꾸고, 싸우고, 건설하려는 자들이 사라진" 시대가 왔다. 동구권이 무너졌고, 자본주의의 독주가 시작되었으며, 싸워야 할 적이 보이지 않았다. 그리고 '386 세대'라는 조악한 호칭도 얻었고, 금기의 상징인 '민중'은 인기 있는 상품으로 시장에 팔려나갔으며, 운동의 경력이 '훈장'과 등치되기도 했다. 그러나 무엇보다 1990년대는 집단의식과 연대의 시대에서 탈정치화, 개인화, 신세대 문화, 사이버 문화, 소비문화 시대로의 이행이 이루어진 시기로, '386' 운동 세대들에게는 혼란과 방황, 우울과 환멸의 정서를 안겨준 시기라고 할 수 있다. 이는 '바람직한 1980년대와 바람직하지 못한 현재(1990년대)'라는 이분법적 사고에 기인한다. 자신들이 곧 청춘이었던 1980년대가 힘겨웠지만 아름다울 수 있었던 과거라면, 진정성의 아우라가 사라진 1990년대는 오랫동안 간직해온 꿈이 훼손된 참담한 현실로 받아들이는 것이다.

그렇기 때문에 1980년대, 대학 시절, 혁명의 꿈, 치열한 투쟁 등으로 상징되는 자신들의 청년기에 대한 회상이 그대로 작품에 투영되어 있다고 볼 수 있다. 공지영이 1994년에 발표한 장편소설 『고등어』에 등장하는 인물인 1980년대 운동권 출신 명우는 "강물은 흘러갔고 꽃은 지고 대궁은 삭아 문드러졌으며 낙엽은 휘날리는 것이다. 우리 청춘은 조로하였다"라고 토로한다. 그리고는 "이제 아름답다는 것도 아무짝에도 쓸모없이 그저 박제된 풍경으로 남을 것"이라는 좌절을 드러낸다. "겨우 삼십 년을 살고 나서, 과거가 그래도 아름다웠다고 추억하는 세대는 얼마나 불행한가"라고 읊조리며

울고 있는 명우는 1980년대를 돌아보는 1990년대 문제적 개인의 전형이라고 할 수 있다. 1980년대를 향한 이 같은 정서는 공지영의 '작가 후기'와 겹친다. "무언가 불안했고 그리고 그 뒤안에서 홀로 쓸쓸하던 기억들 ……"은 1980년대에 20대였던 자신들과는 아주 다른 1990년대의 젊은이들을 보며 불현듯 1980년대를 돌아보게 만든다. 자신들의 20대와 다른 모습을 한 현재의 젊은이들은 1980년대를 향한 기억의 창이다. "90년대에 이십대를 맞이하는 젊은 그들과 어울려, 생각보다 요즘 젊은이들이 참 예쁘고 건강하구나 느꼈지만 그렇게 생각하고 기쁜 뒤에도 남는 어떤 허전함과 아쉬움 같은 것들 ……", "정말이지 나는 1980년대의 기억으로부터 이제 그만 자유로워지고 싶었다"라는 작가의 고백은 1990년대의 변화된 현실 또는 다른 세대와의 불화에서 비롯되는 고통으로 이해할 수 있다. "강한 감정의 즉흥적인 범람"(아스만, 2012: 139)은 1980년대에 대한 1990년대의 기억 양상이라 할 수 있겠는데, 이러한 기억 작용이 이른바 1980년대의 노스탤지어로 향하는 회상문학을 탄생시키는 계기가 되었던 것이다.

김인숙의 작품에 대한 해설에서, 열정으로 가득했던 스무 살 시절에 대한 "회상을 소설화할 수 있는 세대는 김인숙의 세대밖에 없을 터"(차미령, 2005: 257)라는 차미령의 언급은 386 세대의 고유 경험과 정체성 사이에 높은 밀착도가 존재함을 강조하는 말이다. 그리고 이는 그들이 "푸르른 스물의 나날들을 울분과 좌절과 피와 눈물로 채워나갔다"(박상우, 1992)고 기억되는, 그들의 "이십대가 고스란히 놓여 있는 그 팔십 년대"(공지영, 1994b)를 자신의 소설 공간으로 들여와 재의미화하는 작업을 지속하는 이유이기도 하다. 그들의 펜 끝에서 탄생한 문제적 주인공들은 1980년대에 20대 청춘이었고, 이로부터 10년, 20년이 훌쩍 지나가버린 어느 날 그들은 종로 거리에서, 시청 광장에서, 그리고 광화문 광장에서, 더 나아가 중국, 러시아, 베트남 등지에서 불쑥불쑥 오래된 1980년대의 기억과 마주하게 되는 것이다. 연애도 출세도 부끄러워해야 할 정도로 대의를 위한 투쟁에 적극 참여했으나, 결국 희망은 좌절된 채 방황하는 외로운 세대는, 그래서 더욱 그리운 1980년대 청춘이었노라는 자기 고백적 서사 구성에 적극적인 모습을 보이는 것이다. 그것은 그들의 강고한 정체성의 근원이 "더위와 최루탄과 땀 냄새가 떠오르는" 1980년대, "연애는 부끄러운 것이었으며 가장 내가 아름다웠을 그 시절"(정미경, 2006: 289)에 있음을 시사하는 것이라고 볼 수 있다.

김인숙은 1980년대 운동의 중심에 섰던 대학 시절에 대한 노스탤지어를 서사화한 대표적인 작가다. 이에 해당하는 작품은 단편집 『칼날과 사랑』(1993), 『유리구두』(1998), 『브라스밴드를 기다리며』(2001)에 이어 2006년 발표한 장편소설 『봉지』에 이르기까지 수많은 작품이 있다. 이들 중 1990년대 중반까지의 작품 상당수는 1980년대 운동의 시대에 열정을 바친 청춘들을 추억하는 내용을 담고 있다. 그리고 그 작품들에 깔린 정서는 대부분 환멸과 우울이며, 이는 "절망과 분노의 시대에 젊음을 바쳤"던 숭고했던 1980년대 청년기의 한 시절에 대한 상실에서 비롯된 것이다. 즉, 김인숙의 작품에는 우울과 허무감이 밀려드는 '지금, 여기'에서 수시로 끄집어내는 기억의 편린들이 등장하는데, 그것은 긍지와 자부심이 포함된 1980년대의 청년 시절에 대한 향수인 것이다. 그 시절은 "절망과 분노의 시대에 젊음을 바쳤던"(김인숙, 1993) "인생의 절정기"(김인숙, 2001)요, "우리들의 대학 시절, 아직 청춘만이 전부일 수 있었을 때, 그 청춘에 순결한 믿음과 희망만이 불길처럼 타오르고 있을 때"(김인숙, 2002)였고, "황홀한 청춘의 시대가 오리라고 믿었던" 시절이었다. 그래서 행복했고, 그래서 우울했던 것이다. "존재는 비극적"이었으나 "그 시기에는 특별함"이 있었고, "그 특별함에 바칠 열정"이 있었던 시절이기에 행복했으며, 순수한 그 시절을 상실했기에 고통스러웠던 것이다.

이처럼 김인숙이나 공지영의 인물들은 "어떤 상황이라 하더라도 옳으면 승리한다는" "믿음을 먹고 자란", "팔십 년대의 아들이며 딸들"이 곧 자신들의 세대(공지영, 1994b)라고 선언할 수 있는 확고한 세대 정체성을 간직한 사람들이다. 이러한 세대적 자긍심은 "운동가요는 더 이상 부르지 않는 이때에, 요즘 인천하고 부평하고 울산에서는 말이야 …… 라고 더 이상 말하지 않는 이때에 …… 운동? 너 아직도 그런 거 이야기하니, 하고 말하면 웃음보가 터지는 이즈음"이 허허롭게만 느껴지는 것이다(공지영, 1994b). 과거의 한 시절이 아름답고 찬란했다고 생각될수록 그들은 현실이 초라하며 참담하다고 느껴져 가슴이 저려오는 것이다. 김인숙의 「유리구두」도 특별한 시기의 특별함에 함께 열정을 바치며 그때 그 시절을 함께했던 '그'와 '유선'이 아무 조건 없는 섹스 파트너로만 관계를 유지해나가는 나른한 일상을 보여준다. 그리고 그 시절은 "이제 그들에게 추억이었다"라고 진술한다. "어느 날 아침 눈떠 보니 그들은 추억 밖의 세상에 던져져" 있었고, "모두 그렇게 살고 있는 세상에 저만은 대단한 의미로 살아지리라고 믿었던 그 시절의 기억들은 …… 이제 …… 앨범 속에 갇혀버렸다"는 상실감을 드러내는 것이다. 또한 「풍경」의 주인공은 산사에 들렀다가 만난 95학번 남학생이 "80년대 초반에 대학을 다니셨으면 데모도 많이 하셨겠네요?"라는 질문에 "그땐 그랬죠"라고 웃으며 대답했는데, 그렇게 말한 자신이 싫어진다고 고백한다. '그때'라는 말이 아니라 "달리, 달리 할 수 있는 말은 없었을까요?"라고 자신에게 반문하는 것이다. 그것은 "그래도 그때가 내겐 전부였기 때문"이라고 말하고 싶었기 때문이다.

이러한 소설적 인물들은 곧 '386' 세대 정체성을 지닌 1980년대 청춘들의 초상인 것이다. 방현석의 장편소설 『당신의 왼편』(2000)의 '작가 후기'는

386 세대 작가들이 창조해낸 소설 속 인물들이 자신들의 세대 정체성으로 빚어진 것임을 알 수 있게 해준다. 그는 "80년대 세대가 가진 명예가 있다면 경멸할 것은 경멸할 줄 알았던 용기였다. 민중을 핍박하는 권력, 불의를 외면하고 일신의 영달에 눈먼 자들을 멸시할 수 있었던 용기, 그것은 80년 세대의 양보할 수 없는 긍지와 자부심이다"라고 적고 있는 것이다. 그들이 추억하는 1980년대 청춘들의 초상은 "세상에 두려울 것이라고는 아무것도 없던 스무 살…… 최루가스가 안개처럼 뒤덮였던 진입로, 빗속의 서울역 회군, 문무대 연병장을 둘러싸고 조여오던 공수부대의 총검 ……"으로 상징되는 "아름다운 저항"의 모습으로 그려지는 것이다. 그는 "80년대를 폭풍처럼 살아낸 이들에게 가해진" 새로운 시대에 "80년 세대가 가졌던 하나의 희망이 최종적으로 좌절했다는 것을 이제야 나는 인정한다"고 선언하기에 이른다(방현석, 2000). 그런데 이러한 강력한 어조의 좌절 선언의 기저에는 1980년대를 향한 그리움의 정서가 놓여 있다고 할 수 있다.

이처럼 1990년대에 왕성하게 발표된 1980년대 회상 문학의 가장 두드러진 특징은 1980년대로의 귀환 욕망이라고 볼 수 있다. 왜소하고 비루해졌다는 지금의 우울과 환멸의 심상은 아름다웠던 1980년대, 청춘의 시절을 상실했다는 비감悲感에서 야기되는 감정인 것이다. 그렇기 때문에 그들이 그리는 1980년대 청춘들의 초상은 도덕 감정에 충실하고 절대 진리를 이루려 한 '이상적인 세대'라는 '환상'으로, 다시 건설해야 할 성소聖所로 치환된다. 그러므로 이 시기의 1980년대 회상 문학에서 형상화된 1980년대 청춘들의 초상은 재건적 노스탤지어의 표상이라 할 수 있다. 그들에게 1980년대, 청춘이 생동했던 대학 공간은 "잃어버린 낙원"이요, 클로드 레비스트로스Claude Lévi-Strauss가 말한, 신화를 만든 주체인 '원시 정신'이 살아 있는 '신화의 공간'이 되는 것이다. 이는 미르체아 엘리아데Mircea Eliade가 말하는 낙원에의 노스탤지어, 개체성 · 일상성 · 유한성으로부터의 탈출을 통해 참된 인간으로 존재하려는 욕구인 존재에의 노스탤지어인 것이다(김현자, 2001: 42, 63).

2) 2000년대 이후의 1980년대 회상 문학: 성찰적 노스탤지어

1980년대가 지나간 자리, 즉 1990년대에 시작된 1980년대 '운동의 추억'에 대한 서사가 대체로 혼란과 방황, 환멸과 좌절의 정조를 띠고 나타났다면, 1990년대 말부터는 서서히 1980년대에 대한 기억의 회피 또는 희화화 전략으로 이동한다. 이는 '후일담 문학론'의 유행과 그에 대한 비판의 '유행', 그리고 리얼리즘과 거대서사의 종언과 더불어 사소한 일상이나 유희가 새로운 가치로 부상하게 된 것과 관련이 있다. 1990년대 말부터 서서히 밀려든 1980년대 서사에 대한 피로감과 새로운 문학적 스타일에 따를 수밖에 없는 시대적 상황, 1980년대를 회피하려는 작가의 의식 등이 복합적으로 작용했다고 볼 수 있다. 그들은 1980년대 운동의 기억을 회피했고, 그 결과 1980년대 서사는 양적으로 크게 감소했다. 그러나 1980년대가 여전히 상상력의 텃밭이었던 몇몇 작가는 전면적이거나 진지함을 내세우지 않고 가볍게 형상화하는 전략을 택했다고 볼 수 있다. 김영하의 단편 「전태일과 쇼걸」(1997)은 제목부터 진지하지 않다. 비장미의 상징인 '전태일'과 퇴폐적 '쇼걸'의 배열은 어울리지 않으며, 운동권이었던 인물이 '광주 비엔날레'를 향하는 모습도 희극적이다. 운동권 선후배가 우연히 만나 각자 나란히 개봉된 〈아름다운 청년 전태일〉과 〈쇼걸〉 상영관을 향하며, 두 영화의 공통점은 "혼자 보기 좋은 영화"라는 것을 확인할 뿐이다. 박민규도 이런 계열에 속한다. 여전히 1980년대의 서사화로 이어지는 김인숙, 공지영, 공선옥, 방현석, 조용호, 김형경의 1980년대 청춘에 대한 기억도 초기 단계와는 다른 양상을 보이기 시작한다. 1980년대가 전면적으로 드러나기보다는 기억을 환기시킬 수 있는 장소에서 불현듯 떠올랐다 사라진다. 지나가버린 그들의 청춘은 아픔이고 상처이며 안쓰러움으로 다가선다.

그런데 이러한 시도는 하나의 분기점이 되었다고 볼 수 있다. 2000년대에 걸쳐 그들이 1980년대를 추억하는 방식이 달라지고 있음이 드러난다. 양은 감소했으나 2010년대까지도 1980년대 청춘들에 대한 이야기는 이어진다. 1980년대 청춘은 이제 멀어져간 '옛사랑의 추억'이 되었다. 그들은 교수, 의사, 국회의원, 소시민으로 살아가는 '쉰' 세대가 되었다. 혼란, 방황, 좌절을 거쳐 이제는 자신들의 청춘에 애정과 위로를 건넬 수 있을 만큼 시간의 다리를 건너온 것이다. 서둘러 봉인해버린 청춘을 다시 꺼내 보며 청춘을 어떤 식으로든 정리하려 한다. 또한 자신들이 옳았고 자기 세대를 "이십 세기 몇 안 되는 유랑아"(공지영, 1995)라고 하는 선민의식의 모습으로 형상화하는 것이 아니라, 얼떨결에 시위대에 서거나, "거창하거나 화려한 현실로 남아 있지 않으나 묵묵히 제자리로 돌아온 사람들"의 이야기(김인숙, 2006), 운동권 내부에서 일어난 성폭행, 또는 '해방'을 외치던 운동권 선배가 자기 여자에게 휘두르는 폭력, 가해자의 뻔뻔함, 이데올로기 과잉 시대에 대한 회한, 자신들이 항상 옳은 것은 아니었다는 성찰적인 모습도 그려낸다. 또한 독재자를 몰아내자고 결연히 돌을 들었던 자신이 독재자의 아들이 경영하는 출판사에서 일하면서도 1990년대식의 환멸로 응대하지 않는다(권여선, 2012). 최영미의 『청동정원』(2014) 또한 돌아보면 '굉장한' 나이, 성숙한 판단과 확실한 신념을 가졌다고 생각한 자신들의 20대 나이가 얼마나 어렸는지도, 그래서 어설펐을지도 모른다는 느낌을 보여준다. 그리고 '이후'를 살아가면서 한때는 부담스럽고 버거워 1980년대의 기억, 같은 길을 걸었던 사람들의 기억을 외면하고 싶어 했던 것 또한 386 세대의 자화상이었음이 드러난다. 이러한 변화는 자기 세대들이 건너온 과거의 한 시절에 대한 냉철한 응시와 성찰의 과정을 거쳐왔기 때문에 가능한 결과다.

"나도 1980년대를 이해하는 데 수십 년의 세월이 걸렸다." 이는 최영미가 계간지 ≪문학의 오늘≫ 2013년 여름 호부터 소설 『토닉 두세르』(2014년에 『청동정원』으로 제목을 바꾸어 출판) 연재를 시작하며 ≪시사저널≫과의 인터뷰에서 한 고백이다. 그의 고백은 작가가 첫 시집 『서른, 잔치는 끝났다』로 논란의 중심에 섰던 이후, 지속적으로 자신의 20대를 제대로 기억하고 이해하기 위해 얼마나 씨름했는지를 가늠하게 하는 말이다. 최영미는 "386 세대라는 용어가 언론의 인기 상품이었던 때"는 오히려 '386'에 대해 침묵할 수밖에 없었지만, "언젠가는 끝내야 하는 숙제 같은 것"이었기에 "많은 이의 마음속에 트라우마로 남은 그 시절을 결국 쓰려 했던 것"이라는 고백도 덧붙인다(조철, 2013). 치열한 자기 성찰을 거친 이 같은 작가의 마음은 자신들의 20대 시절을 낭만적 노스탤지어의 틀에 묶어두지 않으려는 『청동정원』의 형상화 방식과 연결된다. 운동권 내부의 성폭력이나 언어폭력 문제, 그리고 그러한 문제에 대해 욕은 했지만 가해자를 공개적으로 비판하지 않았던 당시의 분위기, 운동권 선배로부터 성폭력을 당했더라도 "운동을 하려면 그보다 더한 일도 견뎌야 한다"고 설파하는 운동권 친구 등에 대한 그의 서사는 1990년대에 과잉 이상화된 1980년대의 틀을 깨는 것이라고 할 수 있다. 운동권 핵심 지도부였고 "명문대 정치학 강사, 인간해방을 외치며 투쟁의 한복판에 있었다던" 남편 동혁은 주인공에게 입에 담지 못할 쌍욕과 폭력을 휘두르기 일쑤고, 급기야는 이혼을 요구하면서 엉뚱하게도 위자료까지 청구한다. 이는 변혁 운동의 중심에 섰던 인물에게 이중적이고 불완전한 모습도 있었음을 드러내는 장치다.

1996년 등단작 『푸르른 틈새』부터 꾸준히 '80년대 청춘들'을 소환해온 권여선 역시 운동 세대의 정당성만을 기억하는 방식을 피한다. 그 역시 운동권 동료로부터 성폭행을 당한 오정연을 등장시킨다. 2012년에 발표된 권여선의 장편소설 『레가토』는 성폭행을 당한 후 미혼모가 되어 동료들의 기억 속에서도 사라진 오정연, 그녀의 딸 오하연, 국회의원이 된 성폭력 가해자 박인하를 중심으로 1980년대 변혁 운동의 중심에 섰던 청춘들의 초상을 더듬는다. 그가 광주 민주화운동을 다루고자 하는 의도로 출발한 소설에서 이러한 기억들을 끄집어내는 것은 고통일 수 있다. 그럼에도 그는 낭만화된 과거에 집착하지 않고 찬찬히 기억의 파편들을 건져올린다. "이 소설을 좀 어렵고 힘들게 썼다. 쓰고 나서도 혼란스럽고 힘들었다"(이윤주, 2012.11.13)는 권여선의 고백은 고통을 수반한 성찰 과정을 거쳤음을 말해준다. 2005~2006년에 발표된 단편을 모은 소설집 『분홍리본의 시절』, 2007년 발표한 단편소설 「내 정원의 붉은 열매」를 비롯한 상당수의 작품은 1980년대에 대한 회상을 담고 있다. 그러나 그 회상은 결코 "애틋하거나 아름다운 기억이 아니라 …… 자신의 과오와 어둠과 죄에 얽힌 기억"을 더듬는 일이 될 수 있다. "돌아보려 하지 않아도, 기억은 언제나 시리고 소름 돋는 가시들로 가득"한 것이기에(권여선, 2006) 고통을 수반한 기억 행위일 수 있는 것이다.

그럼에도 불구하고 2000년대 작품 역시, 1990년대에 생산된 1980년대 회상 문학들과 마찬가지로 가장 근본적인 출발점은 스무 살 청춘들이 숨 쉬던 1980년대와 운동의 추억이다. "불온을 자처하는 친구들이 사복의 눈을 피해 교정 한 귀퉁이 고즈넉한 곳에서야 비로소 동지를 알은 척하는 첩보놀이에 목숨을 걸던 시절"(권여선, 2006)이고, "젊디젊은 우리의 어깨가 왜 '독재타도'와 '직선제 개헌'이라는 무거운 시대의 짐을 짊어졌는지 …… 군부의 총칼에 맞서 돌멩이를 들고 싸우던, 겁 없는 젊음이 역사를 바꾸었던"(최영미, 2014) 시절이었던 것이다. 결코 돌아갈 수 없는, 아픔과 상처인 시대였지만 그들에게는 추억이고 그리움의 시절이다. "오래전에 잊었다고 생각했던 일들이 어둠 속 등대 불빛처럼 깜빡깜빡 떠오르곤" 하거나 "순간 갑자기 내 머릿속에서 만두 속즙이 터지듯 기억의 물방울이 톡 터지면서"(권여선, 2007a) 옛 시절에 대한 기억이 밀려드는 것이다.

따라서 과거로의 귀환에 초점을 둔 1990년대의 재건적 노스탤지어와 달리 2000년 이후의 소설들에 나타난 1980년대 향수는 성찰적 노스탤지어의 양상을 띤다고 할 수 있다. 이는 고통에 초점을 맞추며, 낭만적 감정이입이 아니라 객관적인 거리를 두고, 결코 돌아오지 않는 과거의 이루지 못한 꿈을 유연하게 회복해나가길 희망하는 것이다. 또한 1980년대 치열했던 운동세대들만의 폐쇄적이고 자폐적인 노스탤지어에 머물지 않고 다음 세대들과도 소통할 수 있기를 바라는 것이다. "1980년대를 모르는 세대와의 단절감이 해소됐으면" 하는 최영미의 바람, "앞선 음이 아직 끝나지 않았는데 다음 음은 이미 시작되는, 그렇게 음과 음 사이를 이어서 연주하는 '레가토' 주법"과 같이 "이 소설이 과거의 흔적과 현재의 시간이 겹쳐 뭔가를 만들어내는 레가토 독법으로 읽히기를 소망하면서 썼다"는 권여선의 고백은 1980년대 청춘들이 품었던 꿈을 새롭게 건설할 뿐만 아니라 시간의 벽을 넘어 세대와 세대가 소통해 그들이 꾸었던 꿈을 새롭게 만들어갈 것을 주문하는 것이다.

3) 노스탤지어의 세대성: 공유된 노스탤지어와 감정의 공동체

하보 크노흐Habbo Knoch는 현대사회에 나타나는 이미지와 세대의 관계에 대한 탐구에서 공유된 '감정'의 중요성을 강조한다. 그리고 이 감정을 고무하는 것은 사후적으로 감정을 불러일으키는 이미지의 힘이라고 주장한다. 그는 혁명의 아이콘이었던 체 게바라Che Guevara가 이미지로 소비되는 사례를 통해 이미지가 사회적 감정을 고무하는 매개자로 작용할 수 있으며, 감각적이고 상징적인 형태로 과거의 시간을 현재화하면서 감정의 저장소로 존재할 수 있다고 주장한다. 그리고 이런 이미지들에 감정의 결속이 연결될 수 있다는 것이 그의 주장이다(크노흐, 2014: 406~407).

문학적 기억 행위 또한 '사후적'이다. 시간의 흐름 속에서 자기 성찰, 자기 왜곡, 소실된 기억의 보충, 창조적 기억을 통해 과거에 대한 자기 해석, 자기 의미화의 결과로 나타나는 기억의 수정본인 것이다. 따라서 386 세대의 특정 작가들에 의해 향유되는 1980년대에 대한 향수가 우울과 환멸의 정서에서 객관적이고 성찰적인 노스탤지어로 이동해간 것 역시 사후적인 기억 행위인 것이다. 그뿐만 아니라 이들이 형상화하는 노스탤지어는 동일한 역사 경험을 한 세대들의 감정 결속을 고무하는 매개자 역할을 할 수 있으며, 소통되는 노스탤지어의 스타일 또한 감정의 헤게모니로 이해될 수 있다. 그러므로 386 세대의 1980년대 청춘들에 대한 노스탤지어가 소통되고 소비되는 것 또한 경험의 원본이 아니라 현재와의 끊임없는 대화 속에서 형성된 것이며, 사회적으로 재구성된 것이라고 보아야 할 것이다.

그럼에도 과거의 역사 경험과 그 기억을 공유한 동일 세대는 친밀감과 정서적 동일시가 형성되는데, 이러한 감정적 동일시와 세대 기억에서 비롯되는 노스탤지어는 개인의 경험이나 감정만으로 간직될 때 결코 형성될 수 없다. 크노흐가 집단적으로 소통하고 공유할 수 있는 매체가 존재해야 세대 이미지 코드가 만들어지며 확산될 수 있다고 본 것과 마찬가지로(크노흐, 2014: 406~407), '386' 세대의 탄생은 어찌 보면 다양한 매체의 표현을 통해 만들어진 하나의 세대 '코드'일 수 있다는 것이다. 지금까지 살펴본 386 세대의 특정 작가들에 의해 형상화된 1980년대 향수 방식 또한 기억의 현재화를 통해 소통되고 공유될 수 있는 감정 헤게모니를 획득한 것으로 볼 수 있다.

그렇기 때문에 특정 세대들은 '경험-기억-감정'의 복합체로 구성된 공동체로서 규정될 수 있다.

그들의 작품에서 그들에게 '아름답다', '그립다', '돌아가고 싶다'의 지점은 자기 세대에 대한 긍정과 세대 정체성에 연결된 문제다. 역사의식을 공유하고, 함께 연대한 기억을 공유함으로써 세대 경험이 이후 행위의 기준으로 작용한다는 것은 1980년대 문학적 노스탤지어가 어떤 방식으로 전유되는지 확인할 수 있는 기제가 된다. 1980년대 향수의 스타일 및 스토리 전개의 다양함에도 불구하고 소설적 기억 행위는 1980년대 청춘들이 어디에 있었고, 무엇을 위해 싸웠으며, 무엇을 이뤄냈는가 이 세 가지 질문으로 수렴되고 있는데, 이에 대한 답이 386 세대 정체성의 특성을 포착해낼 하나의 기제가 될 수 있다고 본다. 386 세대 작가들의 1980년대 회상 문학에 나타난 청춘들은 스무 살 청춘 시절에 대학 공간으로 상징되는 저항의 '광장'에 있었고, 그곳에서 민중 · 민주 · 민족의 가치 실현을 위해 격렬하게 투쟁했으며, 그 결과 민주주의 세상으로 사회를 바꾸었다는 답변으로 수렴된다. 즉, 광주의 비극, 불의 인식, 운동의 조직화, 전투적 투쟁, 6월 항쟁, 군부독재 타도로 압축되는 일련의 주체적 행위가 그들의 세대 정체성을 구성하는 요소들임을 알 수 있다. "지금 생각하면 어린 나이였는데, 그 어린 시절에 반독재, 민중 · 민주 · 민족의 가치를 가지고" "같이했던 우리들에겐 청춘과 삶 전체를 걸었던 날들"(정미경, 2005)이 있었기에 "군부독재를 끝장내버렸다는 기억"(최영미, 2014)을 지닐 수 있었던 것이다. 그래서 자신들의 청춘은 순결하고 고귀했다는 생각을 공유한다. 이러한 기억의 공유는 그들만의 아비투스와 느슨한 연대 의식을 이루는 중요한 요소가 되는 것이다. 최영미 소설 속 인물의 진술과 같이, 특정한 역사적 터널을 통과하면서 얻는 것은 그 세대 특유의 정서라고 할 수 있다. 이 정서가 공감을 유발함으로써 감정적 결속을 이루는 하나의 기제로 작용하는 것이다.

> 80년대가 내게 남긴 것은 이념이 아니라 '정서'이다. 이념이나 사상은 변할 수 있지만, 정서는 변하지 않는다. 옷을 고르는 취향, 타인을 대하는 태도, 말버릇이나 헤어스타일은 한번 굳어지면 평생을 간다. 작은 것들에 대한 연민, 정의에 대한 갈증, 돈과 악수하지 않는 손, 권력에 굽실거리지 않는 허리를 그 시절은 내게 물려주었다.
>
> _ 최영미, 『청동정원』

> 그 시절 함께했던 연대의식은 여전히 소중해. 내게. 아직도 우리 마음의 밑바닥에 친밀감의 한 조각이라도 남아 있다면 함께한 고난의 시간 때문일 거야. 행복한 연인들의 시간만이 추억의 전부라면 조금은 쉽게 잊을 수 있었을 거라는 생각이 들어.
>
> _ 정미경, 『이상한 슬픔의 원더랜드』

4. 맺음말: "노스탤지어의 피드백 제곱"을 위하여

검토한 바와 같이, 386 세대 의식과 연계된 1980년대 청춘들에 대한 노스탤지어는 특징적인 정서를 함축하고 있다. 이 글에서 문화적 기억과 노스탤지어가 사후성을 지닌다고 강조했는데, 1980년대 운동의 중심부 또는 그 언저리를 배회했던 386 세대 작가들의 손끝에서 탄생한 1980년대 회상 문학에서는 '시대에 몸을 던졌던 순결한 청춘', '민주화 열망', '도덕성', '민중에 대한 배려', '진정성'으로 표상되는 젊음에 대한 향수로 나타났다. 그런데 회상 문학 초기에는 1980년대로의 귀환에 초점을 둠으로써 현재와의 불화를 특징으로 하는 우울과 환멸의 정서가 주를 이루는 재건적 노스탤지어로, 2000년대 중·후반의 작가들에게는 고통에 초점을 둔 성찰적 노스탤지어로 나타났다. 후자는 귀환 불가능성, 과거와의 비판적 거리두기, 과거에 이루지 못한 꿈을 새로운 방식으로 건설하려는 감정에 연결되는 노스탤지어다.

이러한 변화는 매우 고무적이다. 폐쇄적이고 자폐적이며 퇴행적인 환멸의 정서에서 과거에 대한 고통스러운 응시와 성찰을 기반으로 한 소통 지향의 정서로 이동해가고 있기 때문이다. 그러나 이 둘은 중첩적이라고 볼 수 있는데, 치열하게 투쟁한 1980년대의 순결한 청춘에 대해 자부심을 느끼며, 자신들이 다른 세대들과 구별되는 특별한 정서가 있다고 묘사하는 점은 이 두 유형의 노스탤지어가 묘사하는 공통적인 특징이라 볼 수 있다. 또한 이러한 이미지들은 동일한 경험을 한 세대들의 감정을 고무하는 매개가 된다. 예컨대 학생운동 집단 또는 그 언저리를 배회한 집단으로 묶인 '386 세대' 사람들에게 1980년대 청춘 서사는 감정 공유를 고무하는 감정의 공동체를 형성한다. 이 공유 감정은 세대 경험을 공유하는 집단들과 느슨한 연대를 이루는 힘, 즉 '사회적 에너지'로 발현될 수 있는 잠재성을 지닌다.

하지만 실제 세대들만의 감정 공유를 고무하는 노스탤지어의 세대성은 폐쇄적이고 자폐적인 세대성을 표출함으로써 세대 내 또는 세대 간 갈등으로 전화될 수 있는 위험성 또한 존재한다. 1980년대에 청년이었던 동년배 집단이라 하더라도 모두가 대학을 다닌 것은 아니고, 당시 대학생 모두가 변혁 운동에 참여했던 것도 아니며, 참여했더라도 모두 동일한 지향점을 지녔다고 볼 수 없다. 사람마다 경험과 기억, 나아가 노스탤지어의 결은 다를 것이다. 그뿐만 아니라 386 세대 이외의 세대들은 그들의 1980년대 향수 방식에 반감을 품을 수도 있다. 누군가에게는 감흥 없는 '전설'로, 누군가에게는 '신파'이거나 '흘러간 유행가 가락'으로, 심지어는 거부하고 싶은 '계몽'의 몸짓으로 인식될 수도 있기 때문이다.

최근 세대 담론이 어느 때보다 뜨겁게 부상하고 있다. 유사 이래 최고의 스펙을 갖추었음에도 실업 또는 비정규직 상태로 살아가야 한다는 포기의 정서로 응축된 청년 세대, 인구학적·정치적 함의를 지닌 베이비붐 세대, '100세 시대' 노인 빈곤 문제에 대한 우려를 야기하는 노인 세대론 등이 그것이다. 이 세대들은 각각의 역사적 국면에서 동일한 경험을 함으로써 유사한 감수성 또는 정서를 공유한 동년배 집단들이다. 세대 경험과 기억의 공유는 각각의 세대에게 '향수의 즐거움'을 제공함으로써 감정적 결속을 고무할 수 있다. 반면 각각의 세대 경험에 대한 향수 방식이 독선적거나 배타적일 때 세대 간 갈등이 첨예화될 수 있는 가능성 또한 존재한다. "노스탤지어와 정치의 혼합은 폭발적"이라는 보임의 언명은 한 세대의 노스탤지어가 사회적 에너지로 발현되거나 세대 갈등으로 전화될 수 있는, 이 같은 양가적 잠재성을 표현하는 것으로 보인다(Boym, 2001). 그리고 크노흐의 주장처럼 문학은 이를 매개하는 중요한 매체 중 하나가 될 수 있는 것이다.

그러므로 386 실제 세대의 문학적 노스탤지어는 과거와 현재의 끊임없는 피드백, 다른 세대들과의 피드백을 배가하기 위한 전략이 필요하다. 즉, 386 실제 세대의 1980년대 청춘에 대한 "노스탤지어는 피드백 제곱" – 이는 2012년 백남준 탄생 80주년 특별전 타이틀의 제목이다 – 의 힘이 발현될 수 있는 성찰적 노스탤지어 장치가 마련되어야 한다고 보는데, 이러한 문학적 노스탤지어의 피드백 장치는 곧 박제된 시대의 초상이 아니라 그들의 세대적 노스탤지어를 각 세대마다 나름의 방식으로 이해하고 해석할 수 있는 장치, 즉 '텍스트의 즐거움'을 제공해줄 수 있는 노스탤지어의 기획이 필요한 것이다.

참고문헌

공선옥. 2009.『내가 제일 예뻤을 때』. 문학동네.

공지영. 1994a.『고등어』. 웅진출판.

_____. 1994b.『인간에 대한 예의』. 창비.

_____. 1995.「모스크바에는 아무도 없다」. ≪창작과 비평≫, 겨울호.

권여선. 2006.『분홍리본의 시절』. 창비.

_____. 2007a.「내 정원의 붉은 열매」.『소진의 기억』. 문학동네.

_____. 2007b.『푸르른 틈새』. 문학동네.

_____. 2012.『레가토』. 창비.

김남옥. 2010.「'386'세대 경험의 문학적 형상화: 김인숙 · 공지영을 중심으로」. ≪사회와 이론≫, 16집.

김영하. 1997.「전태일과 쇼걸」.『호출』. 문학동네.

김인숙. 1993.「유리구두」. ≪문학과 사상≫, 11월호.

_____. 2001.「모텔 알프스」. ≪현대문학≫, 9월호.

_____. 2002.「바다와 나비」. ≪실천문학≫, 겨울호.

_____. 2006.『봉지』. 문학사상사.

김현자. 2001.「잃어버린 낙원을 찾아서」. 서울대학교 종교학연구소. ≪종교학 연구≫, 20호.

로즈먼, 마크(Mark Roseman). 2014.「'상상의 공동체'로서의 세대」. 한독젠더문화연구회 옮김.『'세대'란 무엇인가』. 한울아카데미.

류동민. 2013.『기억의 몽타주: 서울 1988년 여름, 말한 것과 말하지 않은 것』. 한겨레출판.

마제, 카스파르(Kaspar Masse). 2014.「다채로운 그러나 평이한: 탈영웅적 세대를 이해하기 위한 주해」. 이숙경 옮김.『'세대'란 무엇인가』. 한울.

만하임, 카를(K. Mannheim). 2013.『세대문제』. 이남석 옮김. 책세상.

박일문. 1992.『살아남은 자의 슬픔』. 민음사.

박재흥. 2005.『한국의 세대문제』. 나남출판.

방현석. 2000.『당신의 왼편』. 해냄출판사.

송호근. 1983.『칼만하임의 지식사회학 연구』. 홍익사.

_____. 2003.『한국, 무슨 일이 일어나고 있나: 세대, 그 갈등과 조화의 미학』. 삼성경제연구소.

아스만, 알라이다(Aleida Assmann). 2012.『기억의 공간: 문화적 기억의 형식과 변천』. 변학수 · 채연숙 옮김. 그린비.

올릭, 제프리 K.(Jeffrey K. Olick). 2011.『기억의지도』. 강경이 옮김. 옥당.

유라이트, 울리케(Ulrike Jureit). 2014. 「기억공동체로서의 세대」. 이영기 옮김. 『세대란 무엇인가』. 한울아카데미.
유라이트(Ulrike Jureit) · 빌트(Michael Wildt). 2014. 『'세대'란 무엇인가?』. 한독젠더문화연구회 옮김. 한울아카데미.
이소마에 준이치(磯前順一). 2014. 『상실과 노스탤지어』. 심희찬 옮김. 문학과지성사.
정미경. 2005. 『이상한 슬픔의 원더랜드』. 현대문학.
_____. 2006. 「수상소감: 언어의 찬광에서 삶을 캐내며」. 『이상문학상 작품집』. 문학과지성사.
차미령. 2005. 「슬픔과 환멸의 엑스터시를 넘어」. 『그 여자의 자서전』. 창비.
최영미. 2014. 『청동정원』. 은행나무.
크노흐, 하보(Habbo Knoch). 「감정공동체: 현대에서 나타나는 이미지와 세대」. 박은주 옮김. 『세대란 무엇인가』. 한울아카데미.
헤세, 헤르만(Hermann Hesse). 1986. 『목마른 영혼과의 대화』. 한태희 옮김. 문지사.

이윤주. 2012.11.13. "[인터뷰] 제45회 한국일보문학상 수상자 권여선 "안간힘 쓰고 나니 마음에 힘이 고일 자리 생긴 듯". ≪한국일보≫.
조철. 2013. "나이 쉰 넘어 20대 이야기를 시작했다". ≪시사저널≫, 1236호.
허문명. 2004.6.22. "386작가들 사비나 미술관서 '리얼링 15년' 展". ≪동아일보≫.

Boym, S. 2001. *The future of Nostalgia*. Basis.
Wilks, C. and C. Kelly. 2008. "Fact, Fiction and Nostalgia: An Assessment of Heritage Interpretation at Living Museums." *International Journal of Intangible Heritage*, 3.

제8장

캐주얼 게임의 부상

향수를 넘어 소통으로

길태숙

1. 머리말

본 연구의 목적은 2014년 현재 한국 사회에서 캐주얼 게임을 중심으로 한 게임의 대중화 현상을 디지털 문화 변동의 한 흐름으로 파악하고, 캐주얼 게임의 재생산과 대중화 현상에 대한 요인과 현황을 '향수'와 '소통'의 측면에서 분석하는 것이다. '캐주얼 게임'이라는 개념은 1990년대 후반부터 주목받기 시작했다. 캐주얼 게임은 복잡한 전투 기술을 숙련시키기 위해 엄청난 시간을 투자하거나 피 튀기는 묘사가 사실적으로 드러나는 '게이머를 위한 게임'이 아닌, 모든 연령대의 남성과 여성을 대상으로 해 쉽게 배울 수 있는 게임을 의미한다. 1980~1990년대에 인기를 끈 '갤러그', '팩맨', '테트리스' 등의 비디오게임과 '미스트', '비주얼드' 등의 게임을 말하며, 현재 한국 사회에서 SNS를 통해 많이 유통되어 플레이되는 '애니팡', '모두의마블', '드래곤플라이트' 등이 이에 속한다.

2012년 한국의 온라인 게임 시장이 전년도에 비해 8.8%의 성장을 이루었다면, 캐주얼 게임이 대부분을 차지하는 카카오톡과 라인과 같은 SNS 플랫폼을 통한 모바일 게임의 성장률은 89.1%로 증가했고, 2013년에는 온라인 게임 시장이 전년도에 비해 8.1%, 모바일 게임 시장이 51.4%의 성장률을 보인다(한국콘텐츠진흥원, 2013). 온라인 게임과 모바일 게임이 지속적으로 성장하는 가운데, 특히 SNS를 기반으로 한 캐주얼 게임의 이용자 중 40대 이상의 기존 비게이머들과 여성이 높은 비중을 차지한다는 점에서 캐주얼 게임 산업이 지속적인 성장세를 보일 것으로 전망된다(한국콘텐츠진흥원, 2012). 이러한 현상은 한국만의 상황이 아니라 전 세계적인 현상이라 할 수 있다.

그렇다면 캐주얼 게임의 대중화에 주요한 영향력을 행사하는 세력층은 누구이며, 왜 지금 한국 사회에서 캐주얼 게임이 부상하고 있는가?

캐주얼 게임의 부상을 설명하기 위해 먼저 캐주얼 게임의 디자인적 요소를 살펴볼 수 있다. 캐주얼 게임은 사용성 측면에서 최소한의 지식만 있어도 단계적으로 배울 수 있고, 직관적인 인터페이스 조작이 가능한 게임이다. 스마트 디바이스를 활용한 캐주얼 게임의 직관적 인터페이스는 게임에 익숙하지 않거나 게임 조작이 어려워 접근하기 힘들어했던 비게이머도 사전 학습 없이 쉽게 게임에 참여할 수 있도록 디자인된 게임이다. 또한 심리학적으로 긍정 감정을 이끌어내는 순화적이고 친근한 배경을 가지고 있으며, 시간 소비 패턴의 측면에서 하드코어 게임과 달리 장시간 게임에 매여 있지 않아도 된다는 특징이 있다(Jull, 2010). 곧, 캐주얼 게임은 온라인 게임 중 많은 비중을 차지하는 하드코어 게임에 접근하기 어렵거나 어렵다고 생각하는 플레이어층에 적합한 디자인 요소를 갖춘 게임으로, 이러한 캐주얼 게임이 스마트폰을 통해 재등장함으로써 게임 플레이어층의 확장을 가져온 것이라고 볼 수 있다.

게임 디자인적 요소 이외에, 캐주얼 게임의 부상을 사회문화적 · 인구통계학적 측면에서 설명할 수 있다. 카카오톡, 페이스북, 밴드, 라인 등의 SNS를 통해 전달되는 게임은 게임에 대한 정보가 없어도, 시간을 내어 일부러 찾지 않아도 게임에 쉽게 접할 수 있는 환경을 제공했다. 이미 형성된 사회적 네트워크를 통해 게임 플레이 그룹을 형성하며 게임이 소비 · 유통될 수 있도록 한 것이다. 기존 온라인 게임과 비교할 때 SNS를 통해 제공되는 캐주얼 게임은 게임에 접근하는 방법의 또 다른 차원을 이끌어낸 것이다. 인구통계학적인 측면에서 40대 이상의 기존 비게이머들의 대대적인 참여는 캐주얼 게임의 부상에 큰 몫을 했다고 볼 수 있다. 이들이 SNS를 통해 마련된 그들의 디지털 소통 현장에 캐주얼 게임을 끌어들이고, 캐주얼 게임의 소비와 전파에 핵심적 역할을 맡으며 게임 대중화의 문화 변화를 선동하게 된 것이다.

40대 이상의 기존 비게이머들이 그들의 가상 네트워크 공간에 게임을 끌어들이고 캐주얼 게임의 소비와 전파에서 핵심적 위치에 서게 된 현상을 어떻게 이해할 수 있을까? 이를 규명하기 위해서는 캐주얼 게임의 속성이 무엇인지 주목할 필요가 있다. 현재 캐주얼 게임의 대부분은 2000년대 들어와 새로 만들어졌다기보다는 40대의 연령층이 어리거나 젊었던 1980~1990년대에 유행했던 게임들과 유사한 게임들이다. 동시에 스마트 디바이스를 기반으로 한 신기술이 적극 활용된 게임이기도 하다. 캐주얼 게임은 1980~1990년대에 유행한 게임이라는 점에서 40~50대 연령층의 '향수' 코드와 맞물릴 수 있으며, 신기술이 적극 활용된 게임이라는 점에서 '뉴테크놀로지의 사용' 측면에서 접근할 수 있다. '향수'와 '뉴테크놀로지'의 이중적 속성을 내포한 캐주얼 게임이 SNS를 통해 마련된 디지털 소통 현장에서 공급되면서 40~50대 연령층의 게임 참여율 증가와 게임의 대중화 현상이 나타나게 되었다고 볼 수 있다.

그런데 이러한 40대 이상의 기존 비게이머들의 게임 플레이 현상은 일시적인 향수 소비나 뉴테크놀로지 향유 행태로 그치는 것이 아니다. 이들은 캐주얼 게임의 재생산에 일조하며, 게임을 통한 세대 간 소통을 유도한다. 곧, 40대 이상의 기존 비게이머들의 향수에서 비롯된 캐주얼 게임 접근은 그 세대끼리의 소비에서 그치는 것이 아니라 세대 간 소통에 이바지하는 문화적 현상을 이끌어내고 있다는 것이다.

2. 미디어의 발달과 향수 개념의 확장

수전 L. 홀락Susan L. Holak과 윌리엄 J. 헤이브레나William J. Havlena(Holak and Havlena, 1992)는 향수를 '과거와 관련된 것에 대한 반영으로 형성된, 긍정적으로 복합된 느낌feeling, 감정emotion, 무드mood'로 개념화해 향수의 특성을 과거와 관련된 감정으로 규정하고, 대상에 따라 사람people에 대한 향수 경험, 대상object에 대한 향수 경험, 이벤트event에 대한 향수 경험이 있다고 설명했다. 또한 향수 경험이 개인적인가 집단적인가, 혹은 간접적인가 직접적인가를 구분해, 향수는 개인의 직접경험뿐만 아니라 대인 접촉에 의한 간접경험, 동일 문화의 공유된 이미지를 기초로 한 경험, 매체와의 소통을 통한 직간접경험이 포함된다고 했다(Holak and Havlena, 1998).

그 개념이 개인적 · 직접적 경험의 차원을 넘어 간접적 · 집단적 · 세대적 공감의 코드를 바탕으로 한다는 점에서 향수는 마케팅 측면에서 중요한 변수로 주목받는다. 광고, 영화, 애니메이션 등 매체의 발달과 더불어 '계획된 재생'으로서 복고 문화의 소비적 접근부터, 과거에 대한 긍정적 그리움과 현재의 정체성 사이에서 느끼는 괴리의 감정 및 새로움과 낯설음의 미학을 동시에 어필하는, 과거를 끌어들인 현재의 미래적 지향으로서 기능에 이르기까지 상품의 소비 · 생산과 관련해 다양하게 실험되었다. 월트디즈니의 경우 만화영화를 7~10년 주기로 반복해 부모 세대에게는 향수의 감정을, 어린이 세대에게는 낯설고 새로운 감정을 느끼게 함으로써 반복적으로 이익을 창출했고, 비쥬의 「누구보다 널 사랑해」 뮤직비디오의 경우 1960~1970년대 한국의 평화로운 시골 마을을 배경으로 해맑은 어린이들과 순수함을 잃지 않은 어른들을 등장시켜 촌스럽지만 긍정적이며 이상적인 향수 감정을 부각시킨다(이희은, 2006).

엔터테인먼트 상품에 나타난 복고적 현상은 대중 · 집단의 경험과 관련이 있으며, 자신이 직접 체험하지 않은 문화적 현상, 비구상적인 하이퍼리얼리티나 시뮬레이션에 대한 경험을 포함한다. 과거 집단적 노스텔지어의 배경이 주로 정치적 · 역사적 성격의 인물 · 사건 · 장소와 관련한 것이었다면, 미디어의 발달로 인해 이는 미디어 창조물과 창조물에 대한 대중적 반응으로 확장되어 나타나고 있는 것이다.

이희은은 한국의 뮤직비디오에서 향수가 암울한 과거를 정확히 재생하는 것이 아니라 고통 없이 경험할 수 있는 방식으로 재현된, 그랬더라면 좋았을 현재 욕망의 반영이라고 해석한다. 결국 비쥬의 뮤직비디오에 재현된 시 · 공간은 실재하지 않으며, 따라서 실제적 경험이 있을 수 없다. 하지만 대중은 감정적으로는 이 뮤직비디오의 공간을 과거의 공간으로서 공유한다. 대중이 만들고 싶은, 실재하지 않는 과거의 이미지가 현재의 대중매체를 통해 향수 이미지로 생산되어 집단적으로 공유되고 있으며, 이는 다시 대중에게 실제 경험으로 작용하고 있음을 볼 수 있다. 이는 향수가 실제와 가상, 현실과 욕망이 착종된 상태를 포함하며, 과거보다는 현재와 더 관계가 있음을 의미한다. 또한 향수 개념은 대중의 직접적인 경험에서 오는 기억을 넘어 매체를 통해 대중이 공통적으로 공유하는 이미지에도 바탕을 둔다는 점에서 집단적으로 공유한 이미지를 통해 공동체의 정체성을 경계 짓도록 기능한다고 볼 수 있다. 문화 소비의 측면에서 대중매체와 관련된 향수의 개념은 이상적이고 기분 좋은 욕망의 실현이자, 커뮤니티 회복의 욕구와 커뮤니티 내 정체성 획득의 속성을 내포하며, 더 나아가 비주류에서 주류로 나아가려는 경향을 드러낸다고 볼 수 있다.

3. 게임의 복고 현상

미국 시장조사 기관 닐슨 리서치가 2013년 3월에 발표한 「모바일 인사이트Mobile Insights」에 따르면 가장 인기 있는 장르는 아케이드 게임과 같은 캐주얼 게임이다. 국내 스마트폰 사용자들의 경우에도 이와 유사한 경향을 찾아볼 수 있다. 표 8-1은 2012년 12월, 2013년 7월과 12월, 2014년 7월 현재 아이폰의 앱스토어와 구글의 플레이스토어에 기록된 상위 다섯 개의 국내 인기 게임이다.

2012년 7월 국내에서 '카카오톡 게임하기'가 출시된 이래 카카오톡을 기반으로 한 게임의 매출이 크게 상승했다. 이들 게임은 대부분 직관적 인터페이스를 가지고 있어 조작하기 쉬우며, 짧은 시간에 게임을 중단할 수 있고, 난이도가 높지 않은 게임들이다.

'드래곤플라이트'는 탑다운뷰top-down view의 슈팅게임이다. '아이러브커피'는 페이스북과 같은 SNS와 연계해 플레이하는 경영 시뮬레이션 소셜네트워크 게임의 하나로 커피숍 경영을 주제로 한 것이다. SNS 친구와의 교류

표 8-1 _ 앱스토어와 플레이스토어에서 국내 인기 게임 순위(2012.12~2014.7)

날짜	순위	앱스토어		플레이스토어	
		게임	장르	게임	장르
2012.12.15	1	드래곤플라이트 for Kakao	슈팅	드래곤플라이트 for Kakao	슈팅
	2	아이러브커피 for Kakao	경영 시뮬레이션	애니팡 for Kakao	퍼즐
	3	애니팡 for Kakao	퍼즐	아이러브커피 for Kakao	경영 시뮬레이션
	4	컴투스 홈런왕 for Kakao	스포츠	피쉬아일랜드	스포츠
	5	피쉬아일랜드	스포츠	모두의게임시즌2 for Kakao	미니(종합)
2013.7.15	1	모두의마블 for Kakao	보드	모두의마블 for Kakao	보드
	2	퍼즐앤드래곤	퍼즐	윈드러너 for Kakao	액션
	3	마구마구2014 for Kakao	스포츠	쿠키런 for Kakao	액션
	4	쿠키런 for Kakao	액션	마구마구2014 for Kakao	스포츠
	5	데빌메이커: 도쿄 for Kakao	카드RPG	애니팡 for Kakao	퍼즐
2013.12.15	1	몬스터길들이기 for Kakao	액션RPG	몬스터길들이기 for Kakao	액션RPG
	2	퍼즐앤드래곤	퍼즐RPG	캔디크러쉬사가 for Kakao	퍼즐
	3	모두의마블 for Kakao	보드	모두의마블 for Kakao	보드
	4	포코팡 for Kakao	퍼즐	쿠키런 for Kakao	액션
	5	캔디크러쉬사가 for Kakao	퍼즐	포코팡 for Kakao	퍼즐
2014.7.15	1	클래시오브클랜	전략 시뮬레이션	몬스터길들이기 for Kakao	액션RPG
	2	몬스터길들이기 for Kakao	액션RPG	블레이드 for Kakao	액션RPG
	3	블레이드 for Kakao	액션RPG	애니팡2 for Kakao	퍼즐
	4	세븐나이츠 for Kakao	액션	모두의 마블 for Kakao	보드
	5	모두의 마블 for Kakao	보드	클래시오브클랜	전략 시뮬레이션

자료: App Annie(http://www.appannie.com/apps/ios/top/south-korea/games/?date=2014-07-15&device=iphone)

를 통한 아바타 꾸미기와 커피숍 꾸미기로 구성되었으며, 원두 로스팅, 매장 관리, 직원 관리 등 실제 커피숍 운영의 요소를 반영하고 있다. '클래시오브클랜'은 전략 시뮬레이션 소셜네트워크 게임으로, 전투와 전략적인 운영을 바탕으로 한 경쟁 게임이면서도 친구와 도움을 주고받는 소셜네트워크 게임의 특징을 갖추었다. '애니팡', '캔디크러쉬사가', '애니팡2'는 배경 위의 오브젝트들을 움직여 세 개 이상 연결되면 점수를 얻는 퍼즐게임이고, '포코팡'은 한 줄로 연결된 블록을 제거하는 퍼즐게임이며, '퍼즐앤드래곤'은 퍼즐 시스템과 RPG Role Playing Game 요소가 합쳐진 게임이다. '컴투스홈런왕'과 '마구마구2014'는 야구게임이며, '피쉬아일랜드'는 낚시게임이다. '윈드러너'와 '쿠키런'은 달리기 액션게임이다. '몬스터길들이기'와 '블레이드'는 액션 RPG 게임으로, 전투와 스토리가 보강된 게임이다. 2012년 퍼즐과 스포츠, 슈팅의 캐주얼 게임이 인기를 끈 이후 보다 난이도 높은 복잡한 장르의 게임이 인기를 얻기 시작하지만, '애니팡'류와 '모두의마블'은 여전히 높은 순위를 차지하고 있다.

눈여겨볼 것은 '아이러브커피', '데빌메이커: 도쿄', '블레이드', '몬스터길들이기', '세븐나이츠', '클래시오브클랜' 등 몇몇 게임을 제외하면 대부분의 게임이 1980~1990년대, 혹은 2000년대 초반에 크게 유행한 게임과 매우 유사하다는 점이다. 2012년부터 크게 인기를 얻은 '애니팡', '애니팡2', '캔디크러쉬사가' 등의 퍼즐게임은 '비주얼드' 게임을 연상시킨다. 팝캡 게임즈에서 만든 '비주얼드'는 2001년에 출시된 게임이다. 게임 배경의 아래에 시간 막대기가 표시되어 있는데, 보석을 세 개 이상 모아 막대의 시간을 연장하면서 기록을 경신하는 단순한 게임이다. '비주얼드'와 '애니팡', '애니팡2', '캔디크러쉬사가'는 퍼즐 배경 안의 오브젝트를 세 개 이상 모아 점수를 올린다는, 단순하지만 강력한 룰을 가진 게임이라는 점에서 유사성이 있다.

'드래곤플라이트'는 '제비우스'에서 그 원류를 찾을 수 있다. '제비우스'는 1982년 남코에서 발매된 오락실 게임으로, 탑다운뷰의 종스크롤 슈팅게임이다. 날아가면서 아래에 숨어 있거나 공격하는 적을 찾아 슈팅하는 게임으

▎'비주얼드'(왼쪽)과 '애니팡'(오른쪽) 게임 비교

로 시간이 지날수록 난이도가 점점 높아지는 오락실 게임이다. '모두의마블'은 그 이름에서부터 알 수 있듯이, 보드게임인 '부루마블'을 스마트폰 플랫폼에 맞춰 개발한 게임이다. '윈드러너'와 '쿠키런'과 같은 달리기 액션게임은 '슈퍼마리오' 시리즈에서 그 원류를 찾을 수 있다.

'애니팡'류, '드래곤플라이트', '모두의마블', '쿠키런'과 같은 게임은 스마트폰으로 플랫폼이 전환되면서 조작 방법이 변화했고, 그래픽 차원에서는 귀엽고 아기자기한 그림으로 원작 게임과 차별화한 것을 알 수 있다. 또한 카카오톡 같은 소셜네트워크와 연계해 게임 구조 안에 사회적 연결고리를 갖도록 디자인된 것이 특징이다. 그러나 이러한 변화와 차별된 특성에도 불구하고 쉽게 원작 게임을 상상하기에 충분하도록 원작의 게임 요소와 특징이 활용되었다.

최근에는 캐주얼 게임 외에 MMORPG Massive Multiplayer Online Role Playing Game(대규모 다중 사용자 온라인 롤플레잉 게임)의 경우도 복원되기 시작했다. '리니지'나 '바람의나라'의 경우 온라인 게임의 특성상 지속적으로 버전이 업데이트되는 특성이 있지만, 게임업체 넥슨은 2014년 5월 말 온라인 게임 '바람의나라' 초기 버전을 복원했다. 마우스로 클릭하지 않고 직접 명령어를 입력해 감정을 표현하고, 게임 스킬 사용 방식이나 680×480 해상도에 256컬러의 소박한 그래픽 환경 등 옛 모습을 그대로 재현했다. 첫 두 달 만에 170만 명이 '바람의나라1996' 버전을 다운로드했다. 엔씨소프트도 '리니지2'의 2004년 버전 '리니지2 클래식 서버'를 10년 만인 2014년 5월에 재출시했다. 클래식 서버가 열리자마자 많은 게이머가 접속했는데, 이 중 40%가 휴면 계정자들이었다(박수련, 2014.7.26). 이외에 플랫폼이 스마트폰으로 바뀌어 서비스되는 게임들이 있는데, '파이널판타지', '발더스게이트', '몬스터헌터' 등이 그것이다. 물론 플랫폼이 바뀐 경우 그 조작 방법이 게임 컨트롤러나 키보드 사용에서 터치로 바뀌기는 했지만, 캐주얼 게임이 유사하게 리메이크되는 것과 달리, 초기 버전과 거의 똑같이 복원되었다는 특징이 있다.

4. 향수에서 게임 커뮤니티로

야스퍼 율Jesper Juul(Juul, 2010)은 미국의 캐주얼 게임 부상에 대해 접근성, 난이도, 게임 시간, 모방적 인터페이스 등의 요인으로 설명했다. 캐주얼 게임의 경우 PC를 이용해 다운로드하기 쉽고, 하드코어 게임에 비해 난이도가 낮으며, 특별한 기술 없이도 게임을 할 수 있고, 중간에 게임을 끝낼 수 있어 일상에서 일하며 게임을 할 수 있다는 점 때문에 일이 바쁜 중·장년층은 캐주얼 게임을 하게 되었다고 했다. 곧, 캐주얼 게임을 하는 40대 이후 중·장년층의 증가로 캐주얼 게임이 부상하게 되었다는 것이다.

뉴테크놀로지의 상징이던 스마트폰은 이제 국민 대다수의 필수품이 되었으며, 이를 통해 언제 어디서든 실시간 게임을 즐길 수 있게 되었다. PC에 다운받는 것보다도 훨씬 더 게임에 대한 접근성이 좋아진 것이 현실이다.

스마트폰을 활용해 게임을 다운받는 방법으로는 애플리케이션 마켓이나 통신사 마켓을 이용하는 방법과 SNS 플랫폼을 활용하는 방법이 있다. 국내 45세 이상 중·장년층이 스마트폰을 활용해 게임을 다운로드할 경우 상대적으로 다른 연령대에 비해 애플리케이션 마켓이나 통신사 마켓보다 카카오톡, 마이피플, 라인 등의 SNS 앱을 통해 다운받는다고 보고되었다(한국콘텐츠진흥원, 2013).

페이스북, 카카오톡 등의 개방형 SNS뿐 아니라 밴드와 같은 폐쇄형 SNS를 활용한 40대 이후의 커뮤니케이션 활동은 과거 싸이월드에서 보인 '아이러브스쿨'의 붐을 넘어선다고 할 수 있다. SNS에서는 일부러 게임을 검색해 찾지 않아도 친구의 초대로 쉽게 게임에 접근할 수 있으며, 초대받은 당사자도 다시 다른 친구를 게임의 세계로 불러들일 수 있다. 곧, 사이버 공간에 모인 어린 시절 친구들에게 게임은 서로의 추억을 이어주는 매개체로 작용하고 있음을 짐작할 수 있다.

표 8-2는 2013년 7월 현재 6개월 이상 1일 활동 유저Daily Active Users: DAU 10만 명 이상 게임의 주요 연령층에 대한 것이다. 40대가 주로 한 게임이 '다함께차차차', '드래곤플라이트', '애니팡'이라는 점은 향수의 측면에서 시사하는 바가 많다. 40대는 1980~1990년대에 10대나 20대를 보낸 이들로, 당시 주류 게임으로 '제비우스', '비주얼드' 등을 직간접적으로 경험한 세대이기도 하다. 과거 혹은 어린 시절에 한번 맛본 즐거움의 경험은 잠재적 의식 안에 묻혀 있다가 어떤 계기나 자극이 주어졌을 때 되살아나면서 다시 그것을 찾아 즐기게 만든다.

40대 이후 카카오톡 게임을 시작한 일반 게이머의 경우, 어릴 적 '부루마블'이나 '제비우스', '슈퍼마리오', '비주얼드' 등의 게임을 경험하지 못한 경우도 많이 있다. 그런데 그들이 SNS 안에서 게임을 하는 이유 중 하나는 공

표 8-2 _ 6개월 이상 DAU 10만 명 이상 게임의 주요 연령층(2013년 7월 현재)

게임	장르	출시일	주요 연령층(%)	성비(%) 남/여	최근 6개월간 평균 DAU	현 DAU
다함께차차차	레이싱	2012.12.	40대(36.11)	70.39/29.61	2,293,744	863,276
드래곤플라이트	슈팅	2012.06	40대(36.03	61.53/38.47	1.487.796	830.001
룰더스카이	SNG	2011.04	30대(60.98)	47.81/52.19	240,704	273,276
확산성밀리언아서	TCG	2012.12	20대(32.96)	69.95/30.05	202,017	142,848
아이러브커피	SNG	2012,08	30대(37.1)	32.5/67.57	86,677	564,591
애니팡	퍼즐	2012.07	40대(34.77)	49.53/50.47	2,697,279	2,321,886
윈드러너	달리기	2013.01	30대(37.13)	65.67/34.33	2,070,447	1,425,522

자료: 황지영(2013.7.26).

동체의 향수 기억을 통해 사회적 네트워크 안에 있는 자신을 발견하는 데 있다. 공동체가 생산한 과거의 향수 이미지는 각 개인이 직접적으로 경험하지 않았어도 그 이미지를 공유한다는 것만으로 공동체의 사회적 네트워크에 편입할 수 있기 때문이다. 사이버 세계에서 연결된 어릴 적 친구들과 점수를 비교하며 즐기는 가벼운 경쟁과 도전은 문방구 앞 또는 오락실에서 친구들과 게임하거나 훈수를 두며 느꼈던 짜릿하고 즐거운 기억을 소환한다. 이 순간 사이버 세계 안에서 이들은 젊은 하드코어 게이머에게 게임 문화 소비의 주도권을 내준 비주류가 아니라, 향수를 통해 형성된 게임 경험을 공유함으로써 주류가 되어 있는 그들만의 세계를 구축하고 있는 것이다.

반면 하드코어 게이머의 경우, 카카오톡 게임을 즐겨 하지 않는 경향을 보인다. 그들은 게임할 때 그야말로 게임을 즐기고 싶어 플레이하기 때문에 게임성이 매우 중요한데, 카카오톡의 게임은 그들을 만족시킬 만한 난이도나 게임성이 없다고 여긴다. 그렇지만 이들 또한 바쁜 일상으로 현재 서비스 중인, 시간 할애도나 난이도가 높은 게임을 즐기기에는 어려움이 있다.

현재 광고 회사에서 그래픽과 기획을 담당하는 30대 중반 남성 A씨의 경우 카카오톡 게임은 하지 않는다고 밝혔다. 그러나 게임을 좋아하며, 현재 바빠서 게임하는 데 시간을 많이 할애할 수 없어 과거 자신이 했던 '몬스터헌터', '파이널판타지', '킹오브파이터즈' 등의 게임을 스마트폰으로 다운받아놓고 시간이 있을 때마다 플레이한다고 했다. '몬스터헌터'는 2004년에 출시된 게임으로서 몬스터를 사냥해 재료를 수집하고, 이것으로 다시 아이템을 제작하는 액션게임이다. '파이널판타지'는 1990년대에 만들어진 콘솔게임으로 최근 스마트폰용으로 시리즈가 출시되었다. '킹오브파이터즈'는 1994년에 출시된 원조 대전격투게임이다. 스마트폰으로 구현된 '킹오브파이터즈는' 3 대 3 팀 배틀 대전 방식을 비롯해, 원작의 최대 장점인 시원한 타격감과 조작감을 터치 방식으로 구현하면서도 캐릭터 뽑기, 레벨업 등 RPG 기능을 새롭게 추가했다.

A씨는 20대에 게임 회사에서 기획과 그래픽 일을 한 경험이 있으며, '월드오브워크래프트'에서 공대장을 하는 등 하드코어 플레이어로서 출중한 게임 플레이 능력의 전문가라고 할 수 있다. A씨는 '몬스터헌터', '파이널판타지', '킹오브파이터즈' 등의 게임이 과거에 만들어진 게임이지만, 현재 서비스되는 어느 게임과 비교해도 뒤지지 않을 만큼, 아니 화려한 그래픽만 강조하는 게임에 견주어 스토리 · 음악 · 그래픽이 어우러진 훌륭한 게임이라고 평가했다. A씨의 경우는 아니지만, 이러한 게임을 기억하고 즐기는 사람들은 이들 게임을 명작이라 일컬으며, 스마트폰에 맞춰진 터치나 탭 등의 조작 방법보다는 과거에 게임했던 당시의 조작하는 손맛을 기억하고 그리워하기도 한다. 온라인 게임이면서도 '리니지'나 '바람의나라'가 과거 콘텐츠 그대로 제작해 서비스하게 된 데는 이러한 욕구를 충족시키려는 것과 관련이 있다고 할 수 있다.

현재 콘텐츠 기획 · 제작 회사에서 음악 · 음향 제작을 담당하는 40대 중반의 B씨는 카카오톡의 게임뿐 아니라 스마트폰으로 게임을 잘 하지 않는다. 본인이 게임을 많이 하거나 아주 잘하는 것은 아니지만 게임 음악을 제작하며, 주변에 게임을 좋아하고 즐겨 하는 20~30대 동료가 있어 게임에 대해 잘 알고 있었다. B씨는 보통 PC에 다운받아 게임을 하며, 즐겨 하는 게임으로는 '바이오쇼크', '콜오브듀티' 등이 있다고 했다. '바이오쇼크'는 2007년 2K보스턴(현 이래셔널 게임즈)에서 제작한 PC와 콘솔 버전의 FPS First-person shooter이다. 주요 내용으로는 1960년대 비행기 추락 사고로 의문의 해저 도시 랩처 Rapture를 방문한 주인공 잭의 생존 스토리를 담고 있다. 2K게임즈차이나가 모바일로 컨버팅된 '바이오쇼크' 오리지널 버전을 가을에 애플 앱스토어에 선보일 계획이라고 발표한 게임이기도 하다. '콜오브듀티' 또한 2003년에 출시된 PC와 콘솔 버전의 FPS로, 제2차 세계대전의 보병과 통합 작전 부대 전투를 바탕으로 한 전쟁게임이다. B씨는 이들 게임이 요즘 게임과 다르게 조작 방법이 어렵지 않으며, 상상력을 자극하는 이야기를 제공하고, 짜릿한 손맛을 느끼게 해주는 게임이라고 했다. B씨는 또한 과거 우리 때는 다양한 게임이 있어서 취향에 맞게 골라 즐겁게 할 수 있었는데, 요즘 사람들은 자신이 원하는 게임이 아니라 유행에 따라서, 남들이 하니까 즐겁지 않아도 게임을 한다고 비판했다.

A씨와 B씨의 경우 그들이 하는 과거의 게임에 대해서 있는 그대로 훌륭한, 현재의 게임이 따라올 수 없는 특별한 특징이 있는 게임으로 평가하고 그 게임들을 향유하는 것이라고 할 수 있다. 그들 개인에게 과거 게임이 주었던 재미와 즐거움의 긍정적인 감정뿐 아니라 과거 게임을 하며 몸으로 느꼈던 쾌감 혹은 체험 또한 다시 맛보고 싶은 그리운 기억으로 작용하는 것이다. 따라서 이러한 게임들은 최대한 과거 게임 그대로 복구되는 경향이

있다.

현재 카카오톡을 통해 서비스되는, 40대 이상의 일반 게임 플레이어들이 즐기는 '애니팡', '모두의마블', '드래곤플라이트' 등의 캐주얼 게임에서는 있는 그대로의 훌륭함, 다른 게임이 따라올 수 없는 특별한 특징을 찾기가 쉽지 않다. 그야말로 과거 특별한 게임의 아류작이기 때문이다. 앞서 말한 것처럼 이들 게임이 40대 이상의 세대들에게는 향수를 불러일으키는 익숙함과 친근한 감정의 게임이지만, 10대와 20대에게는 촌스럽고 단순한, 그렇기 때문에 새로운 게임으로 접근된다. 그래서 이들 게임의 공간은 다양한 연령대의 만남과 소통이 가능했던 세계이기도 했다.

그런데 이러한 아류작의 게임을 분석해 비교하면 이들 게임이 결코 단순하거나 촌스러운 과거의 게임에 머물러 있지 않고 점점 진화하고 있음을 알 수 있다. 그리고 상대적으로 복잡한 규칙이 있는 캐주얼 게임 게이머들의 연령별 비율도 그전 게임에 비해 크게 달라지지 않은 것을 볼 수 있다.

2012년 여름에 출시된 '애니팡'은 그야말로 '비주얼드'의 게임을 연상시키는 단순한 게임이라고 할 수 있다. 기본적인 게임의 규칙은 7×7 블록으로 구성된 게임 배경에 랜덤으로 뿌려진 동물의 얼굴을 움직여 1분 동안 빨리 세 개 이상을 연결시켜 점수를 얻는 것이다. 이때 세 개 이상 연결을 연속하여 성공하거나 네 개나 다섯 개의 블록을 한 번에 연결하면 특별한 기능이 있는 블록이 생성되고, 더 높은 점수를 얻을 수 있다. SNS와 관련된 규칙으로는 SNS에 연결된 지인으로부터 하트를 주고받을 수 있으며, 주간마다 SNS에 연결된 지인들 간의 랭킹이 공개된다.

그러나 이후 출시된 '캔디크러쉬사가'와 '애니팡2'는 상대적으로 전략적이며 단순하지 않은 게임 요소를 수반한다. 기본적으로 세 개 이상 연결해 점수를 얻는 것은 동일하지만, 게임 배경이 일정하지 않으며, 다양하게 디자인된 게임 배경 자체가 장애물로 작용한다. 게임 시간도 1분 등 시간의 양으로 제한하기보다는 오브젝트인 캔디를 이동하는 횟수로 제한한다. 오브젝트를 네 개 혹은 다섯 개로 연결하면 다른 기능의 오브젝트를 생성할 수 있게 했고, 이렇게 생성된 오브젝트의 결합을 통해 새로운 파워를 행사하도록 했다. 또한 매 단계마다 플레이어에게 게임의 목표를 제시함으로써 단순히 빠르게 세 개의 오브젝트를 맞추는 기계적 행동에서 벗어나 전략적으로 게임의 목표를 달성할 수 있도록 했다.

이처럼 단순치 않아 보이는 규칙 때문에 40대 이상의 세대들은 처음 '캔디크러쉬사가'에 접근하는 데 어려움을 호소하지만, '애니팡'을 했던 이들이 '애니팡2'로 넘어가는 데는 큰 어려움을 느끼지 않는 것으로 보인다. 따라서 '애니팡'의 플레이어들은 '애니팡2'로 자연스럽게 이전할 수 있었다. 이로써 40대 이상 플레이어들이 '애니팡'을 통해 과거 친구 이외에 젊은 세대와 맺어진 네트워크는 다시 '캔디크러쉬사가'와 같이 상대적으로 세련된 게임 안에서 지속되고 있는 것이다. 그리고 이러한 2차적 단계로의 세대 간 만남 이행은 향수의 의미보다는 가상 세계 안에서 게임 커뮤니티 간 소통의 구조로 이해될 수 있다.

5. 맺음말

현재 한국 사회에서 캐주얼 게임을 중심으로 한 게임의 대중화 현상을 '향수'와 '소통'의 측면에서 살펴보았다. 40대 이상의 일반 게임 플레이어들이 즐기는, 2014년 현재 카카오톡을 통해 서비스되는 캐주얼 게임은 40대 이상의 세대들에게 향수를 불러일으키는 익숙함과 친근한 감정의 게임들이다. 이들이 SNS를 통해 복고적 게임을 하는 이유는 공동체의 향수를 공유함으로써 향수 이미지로 형성된 감정을 향유하는 데 있다고 볼 수 있다. 40대 이상의 캐주얼 게임 플레이어들이 각자의 게임 경험과 결과를 소셜네트워크를 통해 보이고, 비교하며, 즐기는 과정은 이들이 SNS 공동체의 구성원으로 편입되어 그들과 소통하고 커뮤니티 내의 사회적 정체성을 회복하려는 욕구를 드러내는 것에 다름없다.

카카오톡을 통해 서비스되는 캐주얼 게임들은 10대와 20대에게는 촌스럽고 단순하지만 이전에 경험해보지 못한 게임이라는 점에서 새로운 게임으로 인식되었다. 덕분에 SNS로 제공되는 이들 캐주얼 게임의 공간은 다양한 연령대의 만남과 소통이 가능했던, 이상적 세계이기도 했다. 그러나 단순한 게임에 식상한 젊은 세대들의 이탈로 게임 공간에서 세대 간 만남이 꾸준히 지속되기는 어려워 보인다. 독창성이 강화된 몇몇 캐주얼 게임에서 세대 간 소통이 이어지는 모습을 찾아볼 수 있지만, 게임 공간에서의 세대 간 소통은 그를 위한 노력이 실행될 때 가능한 일이라 여겨진다.

결론적으로 SNS를 기반으로 한 캐주얼 게임의 대중화는 40대 이상의 세대를 중심으로 한 게임 플레이어들의 '향수' 감정과 연관되어 있으며, 그 향수의 개념은 기분 좋은 욕망의 실현으로서 커뮤니티 회복의 욕구와 커뮤니티 내 정체성을 획득하려는 경향을 드러내고 있음을 알 수 있다.

참고문헌

율, 야스퍼(Jasper Juul). 2012. 『캐주얼게임 비디오게임과 플레이어의 재창조』. 이정엽 옮김. 커뮤니케이션북스.

이희은. 2006. 「과거만들기와 미래발견하기」. ≪언론과 사회≫, 14권 2호, 7~40쪽.

한국콘텐츠진흥원. 2012. 『2012 대한민국게임백서』.

_____. 2013. 『2013 대한민국게임백서』.

박수련. 2014.7.26. "응답하라 1996: 다시 싸이질, 게임도 아 옛날이여". ≪중앙일보≫(http://joongang.joins.com/article/aid/2014/07/26/14939252.html?cloc=olink|article|default).

황지영. 2013.7.26. "모바일게임 특집④ 30-40대 '성님들' 장수게임 키웠다". ≪헤럴드경제≫ 인터넷판(http://news.heraldcorp.com/view.php?ud=20130726000289&md=20130729003433_BK).

App Annie(http://www.appannie.com/apps/ios/top/south-korea/games/?date=2014-07-15&device=iphone).

Holak, Susan L. and William J. Havlena. 1992. "Nostalgia: An exploratory study of themes and emotions in the nostalgic experience." *Consumer Research*, 19, pp.380~387.

_____. 1998. "Feelings, fantasies, and memories: An examination of the emotional components of nostalgia." *Journal of Business Research*, 42(3), pp.217~226.

찾아보기

인명

ㄱ

ㄴ, ㄷ

ㄹ

ㅁ

용어

노래

영화, 드라마

알리는 글

이 책에 실린 글들 중 이 책을 위해 새로 집필한 서론을 제외한 나머지 장들은 다른 학술지에 게재된 바 있습니다. 현재의 글은 원래의 논문을 그대로 싣거나 이 책을 위해 일부 수정한 것입니다. 원래 글의 제목, 발표 지면, 발행 기관은 다음과 같습니다.

제1장 박형신. 2015. 「음식향수: '어머니 손맛'의 사회동학과 감정동학」. 동양사회사상학회. ≪사회사상과 문화≫, 18권 2호.

제2장 정미량. 2016. 「베이비 붐 세대와 학창시절 향수-'교복 추억 여행'을 중심으로」. 한국사회사학회. ≪사회와 역사≫, 110집.

제3장 이창호. 2016. 「재외국민의 향수와 고향의 의미-중국 선양, 단둥 지역을 중심으로」. 역사문화학회. ≪지방사와 지방문화≫, 19권 1호.

제4장 홍성민. 2015. 「감정구조와 대중정치학: 박정희 향수에 대한 문화이론적 접근」. 한국정치사상학회. ≪정치사상연구≫, 21집 1호.

제5장 정수남. 2016. 「'첫사랑'의 후기근대적 운명과 노스탤지어에의 '차가운' 열정」. 한국학중앙연구원. ≪정신문화연구≫, 39권 1호.

제6장 김왕배. 2015. 「향수: 대중음악과 '칠공팔공(7080)' 세대의 그리움에 대하여」. 연세대학교 사회발전연구소 · 한국사회조사연구소. ≪사회연구≫, 통권 28호.

제7장 김남옥. 2016. 「80년대 청춘의 초상(肖像): '386'세대 정체성과 문학적 노스탤지어」. 동양사회사상학회. ≪사회사상과 문화≫, 19권 2호.

제8장 길태숙. 2014. 「캐주얼 게임의 부상: 향수를 넘어 소통으로」. 한국컴퓨터게임학회. ≪한국컴퓨터게임학회논문지≫, 27권 3호.

이 책은 감정과사회연구회(구 사건과사회연구회)의 세 번째 기획연구 성과물입니다. 이 연구는 한국연구재단의 지원(NRF-2013S1A5A2A03045156)을 받아 수행되었습니다.

지은이

김왕배

연세대학교 대학원에서 사회학 박사 학위를 취득하고, 시카고 대학교 사회학과 조교수를 거쳐 현재 연세대학교 사회학과 교수로 재직 중이다. 저서로 『도시공간과 생활세계』(2000), 『산업사회의 노동과 계급의 재생산』(2001), 『사건으로 한국사회 읽기』(2011, 공저), 『감성사회』(2014, 공저), 『세월호 이후의 사회과학』(2016, 공저) 등이 있다.

박형신

고려대학교 대학원에서 사회학 박사 학위를 취득하고, 현재 연세대학교 사회발전연구소 연구교수로 일하고 있다. 저서로 『정치위기의 사회학』(1995), 『감정은 사회를 어떻게 움직이는가』(2015, 공저), 『한국의 종교와 사회운동』(2010, 공저), 『사건으로 한국사회 읽기』(2011, 공저), 『오늘의 사회이론가들』(2015, 공저) 등이 있다.

정미량

연세대학교 사학과를 졸업하고, 한국학중앙연구원에서 교육학 박사 학위를 받았다. 현재 한국학중앙연구원 책임연구원으로 일하고 있다. 주요 저서로는 『발로 찾아 쓴 조선족 근현대 교육사』(2016), 『1920년대 재일조선유학생의 문화운동: 개인과 민족, 그 융합과 분열의 경계』(2012), 『열풍의 한국사회』(2012, 공저) 등이 있다.

이창호

한국학중앙연구원에서 인류학 박사 학위를 취득했고, 현재 한양대학교 글로벌다문화연구원 연구교수로 일하고 있다. 저서로는 『한국의 다문화 공간』(2011, 공저), 『연해주 지역 북한 노동자의 실태와 인권』(2015, 공저), 『동아시아 관광의 상호시선』(공저, 2016) 등이 있고, 역서로는 『글로벌시대의 문화인류학』(2013, 공역) 등이 있다.

홍성민

서울대학교 외교학과를 졸업하고 파리 10대학에서 정치학 박사 학위를 받았다. 현재 동아대학교 정치외교학과 교수로 재직하고 있다. 저서로 『문화와 아비투스』(2000), 『피에르 부르디외와 한국사회』(2004), 『지식과 국제정치』(2008), 『문화정치학 서설: 한국 진보정치의 새로운 구상』(2009), 『취향의 정치학』(2012) 등이 있다.

정수남

한국학중앙연구원에서 사회학 박사 학위를 취득했다. 한국학중앙연구원 학술연구교수를 지냈고, 현재는 고려대학교에서 강의하고 있다. 주요 저서로는 『감정은 사회를 어떻게 움직이는가』(2015, 공저), 『열풍의 한국사회』(2012, 공저) 등이 있고, 역서로 『감정의 거시사회학』(2007, 공역), 『사회이론의 역사』(2010, 공역) 등이 있다.

김남옥

고려대학교 대학원 사회학과에서 박사 학위를 취득하고, 현재 고려대학교 민족문화연구원 연구교수로 일하고 있다. 저서로는 『마누엘 카스텔』(2016), 『오늘의 사회이론가들』(2015, 공저), 『우리는 어떤 사회에 살고 있는가?』(2017, 공저) 등이 있다. 「고도기술시대의 몸1/2」(2013/2014, 공저) 등의 논문을 발표했다.

길태숙

연세대학교 대학원 국어국문학과에서 박사 학위를 받았고, 현재 상명대학교 역사콘텐츠학과 교수로 재직하고 있다. 주요 논문으로는 「인터랙티브 동화 콘텐츠에서 유저 인터페이스의 최소화 문제에 대한 고찰」(2016), 「행위서사로서의 게임스토리텔링의 본질」(2011), 「동양 철학에서의 소리의 속성과 감성 유형」(2010) 등이 있다.

한울아카데미 2008

향수 속의 한국 사회

지은이 | 김왕배 · 박형신 · 정미량 · 이창호 · 홍성민 · 정수남 · 김남옥 · 길태숙
펴낸이 | 김종수
펴낸곳 | 한울엠플러스(주)

편집책임 | 이수동
편집 | 정경윤

초판 1쇄 인쇄 | 2017년 8월 16일
초판 1쇄 발행 | 2017년 8월 30일

주소 | 10881 경기도 파주시 광인사길 153 한울시소빌딩 3층
전화 | 031-955-0655
팩스 | 031-955-0656
홈페이지 | www.hanulmplus.kr
등록번호 | 제406-2015-000143호

Printed in Korea.
ISBN 978-89-460-7008-0 93330 (양장)
978-89-460-6370-9 93330 (학생판)

※ 책값은 겉표지에 표시되어 있습니다.
※ 이 책은 강의를 위한 학생용 교재를 따로 준비했습니다.
강의 교재로 사용하실 때는 본사로 연락해주시기 바랍니다.